KANT

BIBLIOTHÈQUE DES PHILOSOPHIES

Directeur : Michel MALHERBE

KANT

L'INVENTION CRITIQUE

par

Monique CASTILLO

PARIS
LIBRAIRIE PHILOSOPHIQUE J. VRIN
6, Place de la Sorbonne, Ve

—

1997

Printed in France
ISBN 2-7116-1300-3

LISTE DES ABRÉVIATIONS

AK, *Kants Gesammelte Schriften*, Akademie Ausgabe, Berlin.

AK, XV, *Reflexionen zur Anthropologie.*

AK, XIX, *Reflexionen zur Moralphilosophie, Reflexionen zur Rechtsphilosophie.*

APP : *Anthropologie du point de vue pragmatique*, trad. A. Renaut, GF, 1993.

CRP : *Critique de la raison pure*, trad. A. Tremesaygues et B. Pacaud, PUF, 1965.

CRPr : *Critique de la raison pratique*, trad. F. Picavet, PUF, 1971.

CFJ : *Critique de la faculté de juger,* trad. A. Philonenko, Vrin, 1965.

CF : *Le conflit des facultés,* in *La Philosophie de l'histoire*, trad. S. Piobetta, Aubier, 1947.

Dissertation : *Dissertation de 1770*, trad. P. Mouy, Vrin, 1964.

DD : *Doctrine du droit*, (*Métaphysique des mœurs*, 1ère partie), trad. A. Philonenko, Vrin, 1971.

DV : *Doctrine de la vertu* (*Métaphysique des mœurs*, 2e partie), trad. A. Philonenko, Vrin, 1968.

IHU : *Idée d'une histoire universelle du point de vue cosmopolitique*, in *La Philosophie de l'histoire*, trad. S. Piobetta, Aubier, 1947.

FMM : *Fondements de la métaphysique des moeurs*, trad. V. Delbos, Le Livre de Poche, 1993.

Leçons : *Leçons de métaphysique*, trad. M. Castillo, Le Livre de Poche, 1993.

MM : *Métaphysique des mœurs*, Introduction générale, trad. A. Phinonenko, Vrin, 1971.

OP : *Opus postumum*, trad. F. Marty, PUF, 1986.

PI : *Première introduction à la Critique de la faculté de juger*, trad. L. Guillermit, Vrin, 1975.

PP : *Projet de paix perpétuelle*, trad. J. Gibelin, Vrin, 1975.

PPMN : *Premiers principes métaphysiques de la science de la nature*, trad. J. Gibelin, Vrin 1971.

Prolégomènes : *Prolégomènes à toute métaphysique future qui pourra se présenter comme science*, trad. J. Gibelin, Vrin, 1965.

Progrès : *Les progrès de la métaphysique en Allemagne depuis Leibniz et Wolf*, trad. L. Guillermit, Vrin, 1973.

R : *La religion dans les limites de la simple raison*, trad. J. Gibelin, Vrin, 1972.

Rêves : *Rêves d'un visionnaire expliqués par des rêves métaphysiques*, trad. F. Courtès, Vrin, 1977.

TP : *Théorie et pratique*, trad. L. Guillermit, Vrin, 1972.

CHAPITRE PREMIER

L'IDÉE D'UNE SCIENCE POSSIBLE

La tâche qui s'impose à la philosophie, celle qui mobilise les ressources des trois *Critiques*, est d'en finir avec le dogmatisme en métaphysique. La métaphysique s'étant présentée jusqu'ici comme la fin suprême de l'usage théorique le plus complet de la raison, son examen critique doit prendre la forme d'une critique de la raison par la raison elle-même. De sorte que la philosophie donne à connaître les raisons d'ériger la métaphysique en science.

De l'utilité de la philosophie

C'est en partant de la nature du projet critique que les Introductions aux différentes *Critiques* entendent donner accès aux contenus et aux divisions de l'œuvre. Si l'on accorde à ces justifications introductives une signification indirectement autobiographique, on constate que le projet critique naît dans un climat de désenchantement à l'égard de la philosophie, climat jugé d'ailleurs caractéristique des temps modernes[1]. De la pratique de la philosophie résulte une insatisfaction qui s'apprécie selon des repères externes (le succès des sciences), aussi bien que par des raisons intrinsèques (la philosophie ne dispose d'aucune méthodologie assurée). Alors que les sciences de la nature se sont déjà engagées avec assurance dans la voie du progrès, la science de la sagesse reste encore à inventer. Le plus utile, c'est-à-dire le plus indispensable des savoirs, demeure encore, sur le plan spéculatif, au stade des simples prétentions, si bien que « la philosophie n'est que la simple idée d'une science possible qui n'est donnée nulle part *in concreto* » (CRP, 561). Et les faits semblent laisser présumer que cette

1. *Critique de la raison pure*, trad. A. Tremesaygues et B. Pacaud, PUF, 1965, p. 6.

situation pourra durer encore longtemps: «ce que l'un construit, l'autre le démolit»[1]. Le philosophe peut donc, sans déchoir, découvrir le besoin d'une utilité de la philosophie, c'est-à-dire d'un usage qui lui appartient en propre.

Or la philosophie paraît cultiver d'elle-même l'art de se rendre inutile. Quand elle s'attache à maintenir la souveraineté de l'ancienne métaphysique, en habillant de neuf le vieil appareil scolastique, elle contribue à la décadence de la philosophie qu'elle voue à la reproduction d'un héritage. Le savoir philosophique n'est plus que le savoir de ce qu'a été la philosophie. Son inutilité peut s'assimiler à un «luxe de l'entendement», à l'irresponsabilité d'un éloge suspect du désintéressement, celui qui fait de la pratique de la spéculation une joie privée et de l'érudition une source d'indifférence au destin historique de la pensée. Kant dit avoir appris à se garder de ce type de plaisir spéculatif, en estimant que le philosophe ne saurait être «plus inutile que le commun des travailleurs»[2]. Le philosophe est toujours menacé du danger de prendre les mots pour les choses elles-mêmes. En substituant à la quête de certitude un bavardage savant propre à masquer des aspirations chimériques, la pratique de la métaphysique voue la philosophie à la stérilité au lieu d'en constituer le couronnement spéculatif. Le critère de l'utilité vise à rabaisser la morgue des philosophes professionnels et à porter atteinte au «despotisme des écoles».

Les philosophes peuvent donc constituer par eux-mêmes un obstacle épistémologique à la constitution de la philosophie. En témoignent encore les adeptes d'une philosophie populaire qui choisissent de s'appuyer sur l'expérience vulgaire comme prétexte à faire valoir des opinions qui s'épargnent les détours et les rigueurs du travail philosophique. Le succès gagné à peu de frais (sur la base d'un hédonisme sommaire le plus souvent) nuit tout autant à l'utilité de la philosophie, ainsi réduite à une anthropologie empirique, à une sorte de moralisme à l'usage du peuple[3], qui fait de l'indifférence au savoir une source simplement paresseuse de tolérance intellectuelle. Il est toujours possible de faire de l'indifférence à la philosophie, et de la méfiance envers l'abstraction des principes[4], un motif consensuel élé-

1. *Leçons de métaphysique*, trad. M. Castillo, Le Livre de Poche, 1993, p. 129.

2. *Remarques touchant les observations sur le sentiment du beau et du sublime*, trad. R. Kempf, Vrin, 1980, p. 66.

3. Ce qu'explique en particulier la Préface aux *Fondements de la métaphysique des mœurs*.

4. L'«indifférentisme» caractérise un état de crise de la philosophie; il se signale par un mépris des concepts, de leur abstraction (*Leçons*, p. 129), un dégoût propre à identifier le savoir aux ténèbres (CRP, p. 6).

mentaire. Sous le couvert d'un « sens commun » uniquement invoqué pour son désir d'ignorance, on a alors renoncé à la philosophie en lui déniant toute utilité intrinsèque, et en lui substituant des desseins arbitraires, individuels et finalement privés. Le recours à l'expérience vulgaire ne saurait donc servir de mesure à l'utilité de la philosophie, ni de raison qui suffise à condamner la métaphysique.

La philosophie est donc une discipline constamment menacée d'échec par des vices tout intérieurs. Cette situation prédispose à une critique philosophique de la philosophie. Si cette déficience n'avait pas, en effet, une origine interne, il ne serait pas possible de la traiter comme une discipline rationnelle et de ressusciter par une critique « le véritable esprit philosophique »[1]. Pour dénoncer les voies qui conduisent à sa stérilisation, l'appel à l'exigence de scientificité doit servir à en réveiller la vocation rationnelle. Il s'agit de faire renaître dans la philosophie le souci de sa propre fécondité théorique. La Préface à la deuxième édition de la première *Critique* fait valoir trois critères de scientificité philosophiquement déterminants : la progressivité, l'apriorité et la systématicité.

Scientificité et progressivité

Pour manifester qu'elle est une discipline pleinement rationnelle, la philosophie doit pouvoir entrer dans la voie du progrès. L'importance de ce critère est confirmée, après la publication des trois *Critiques*, par une mise au point, en 1793, sur *Les progrès de la métaphysique en Allemagne depuis Leibniz et Wolf*. Dans la première *Critique*, les progrès des mathématiques et de la physique donnent la mesure du risque de stérilité qui menace la philosophie. Si l'on suppose que cette référence majore le critère du succès dans la production des savoirs, l'exégète pourra se demander si le criticisme ne fait pas le projet d'édifier simplement une théorie de la connaissance en vue d'assurer au discours philosophique un minimum d'objectivité crédible dans le contexte moderne du primat de l'objectivité scientifique. Si le progrès des connaissances ne s'évalue que par des succès quantifiables et cumulables, il est tentant de croire que la philosophie doit se délivrer simplement de la métaphysique au motif qu'elle la prive d'efficacité, de maîtrise sur le réel ou d'utilité empirique. De là l'image d'un kantisme positiviste ou prépositiviste, visant à délivrer la

1. *Prolégomènes à toute métaphysique future qui pourra se présenter comme science*, trad. J. Gibelin Vrin, 1965, p. 182.

philosophie de la métaphysique en introduisant dans son domaine l'esprit et les méthodes qui font le succès des sciences de la nature.

Cette conclusion, pourtant, ne peut prévaloir qu'au prix d'une mutilation et d'une dénaturation du projet critique. Le criticisme n'est pas en quête d'une spécialisation de la philosophie dans un domaine régionalisé, ni dans un langage professionnalisé, ni dans un doctrinarisme définitif. Soucieux de faire cesser la conflictualité en tant que méthodologie polémique délétère, il se refuse à encourager le vice qu'il dénonce, à savoir la partialité doctrinale, par le triomphe d'une école de pensée particulière. Pas plus que la paix entre les Etats ne peut être attendue d'une monarchie universelle, la paix entre les écoles ne peut consister à imposer une philosophie parmi d'autres ; elle aura pour juridiction les conditions de possibilité de la philosophie telles qu'elles correspondent à un usage irréductible de la raison. Si l'entreprise critique se bornait au constat que la métaphysique est une finalité impossible ou absurde, il serait légitime de considérer que le criticisme est un scepticisme. Mais il deviendrait en même temps impossible de comprendre l'obstination de Kant, après l'insuccès de la *Critique de la raison pure*, à présenter encore la philosophie critique sous le titre de *Prolégomènes à toute métaphysique future qui pourra se présenter comme science*.

En réalité, la référence aux sciences s'effectue selon le procédé de l'analogie. Au stade introductif du projet critique, la Préface doit justifier *a priori* la nécessité de traiter la philosophie comme une activité rationnelle pure, et l'analogie porte sur l'urgence d'une progressivité interne au savoir philosophique. C'est par leur propre méthode que les sciences sont entrées dans la voie du progrès, et la philosophie doit découvrir aussi le pouvoir d'avancer par elle-même dans la certitude. Le critère de progressivité est un critère d'indépendance scientifique à l'égard de l'arbitraire et de l'accidentalité des connaissances.

Imposer l'impératif d'un progrès revient à admettre qu'en philosophie, la critique doit précéder la doctrine, étant donné que l'usage doctrinal des concepts conduit à une conflictualité perpétuée qui maintient la philosophie dans la stagnation. Il s'agit de faire valoir un principe de responsabilité théorique devant les conséquences, aussi bien populaires (dans le public) que philosophiques (dans les écoles), de cette stagnation entretenue par l'usage polémique de l'argumentation. Le discrédit de la métaphysique a des retombées populaires dont sont responsables les doctrinaires eux-mêmes, soit qu'ils inclinent à une passion de savoir simplement délirante (CRP, 7), soit qu'ils abandonnent délibérément la métaphysique à une disqualification publique.

Aspects déontologiques

Si la philosophie est invitée à s'engager, elle aussi, dans la voie d'un progrès des connaissances humaines, c'est afin de donner au savoir, plutôt que l'efficacité d'un luxe de l'entendement, une valeur. Le critère de progressivité ne s'impose donc nullement comme un critère pragmatique d'efficacité, mais comme un critère déontologique de scientificité. L'utilité de la philosophie dépasse tout utilitarisme quand il y va de l'intérêt le plus général de l'humanité. La raison n'est pas un pouvoir dont se servent uniquement les spécialistes et les professionnels de la spéculation, elle est une faculté dont tout homme se sert et doit pouvoir se servir. De là l'examen, dans les trois *Critiques*, des règles de validité des jugements, sans limitation à leur usage spéculatif, mais étendues à leur usage pratique et réflexif. L'usage que les hommes font de la raison suppose une extension et une temporalité transindividuelles de l'activité rationnelle possible, sans lesquelles le projet d'une Critique ne se concevrait pas dans toute son envergure. Les peuples en général et l'histoire humaine en son ensemble sont le support d'une raison qui se cesse de se cultiver et dont la science, la métaphysique, la religion ou la législation juridique constituent phénoménalement les expressions théoriques et pratiques. De là l'étendue du domaine de la philosophie, celui des jugements qui concernent également l'art, l'anthropologie, la pédagogie, la politique.

Si « jusqu'ici on ne peut apprendre aucune philosophie » (CRP, 561), c'est qu'il n'existe pas de philosophie achevée, pas de métaphysique consommée pour le reste des temps. L'histoire de la raison (CRP, 569) montre tous les penseurs en quête d'un usage complet de la raison. Il est donc décisif que la tension vers la raison fasse partie de l'œuvre même de la raison, ce qui caractérise d'emblée l'antidogmatisme de la Critique. Car toute tentative, idéaliste ou empiriste, peut s'interpréter comme un pas vers une destination commune, une manière d'« apprendre à philosopher ». L'exigence de progressivité, qui demande à la philosophie d'entrer dans la voie d'un progrès possible, n'est donc pas un critère de scientificité importé dans la philosophie par imitation d'un modèle étranger. Il n'existerait pas de progrès possible en métaphysique, et donc pas de critique, si la tension vers la raison ne participait pas de la rationalité tout entière et ne permettait pas d'affirmer qu'« il n'est jamais trop tard pour devenir raisonnable » (*Prolégomènes*, 8).

Si le progrès des connaissances peut valoir comme une déontologie philosophique, c'est que la philosophie impose le devoir de penser aussi au-delà de son propre temps. Faire de l'humanité le support du devenir de la raison revient à promouvoir et à étendre l'usage philosophique de la raison au-delà des limites de toute philosophie actuelle. Elle permet à la Critique de fonder la philosophie en dépit des philosophes et des partis philosophiques, et de lui « promettre pour l'avenir un développement illimité » (*Prolégomènes*, §6, 41). Les *Critiques* se consacrent à la fondation d'une objectivité philosophique, dirigée contre toute appropriation subjective, partiale et professionnelle : la science ne possède pas plus la raison que la philosophie ne crée le besoin de rationalité. L'une et l'autre ne sont que législatrices, quand elles ne se fourvoient pas, de l'usage qu'elles font du pouvoir de penser dans leur domaine. Cette appréhension de la scientificité ne peut être positiviste car elle n'identifie pas la raison à l'autorité des contenus de la connaissance. L'usage de la raison peut être pur, libéré de toute subordination à des contenus empiriques ou à des intérêts doctrinaux, puisque l'apriorisme de chacune des *Critiques* n'explore que la forme objectivement valide des jugements : « on peut appeler *raison pure* la faculté de la connaissance par des principes *a priori* »[1]. La même chose vaut pour la morale et la théologie : ni la science, ni la morale ni la religion ne sont la propriété des écoles, elles sont d'abord des biens publics, des biens communs de l'humanité. En revenant ou en *régressant* aux principes législateurs des usages possibles de la raison, la Critique les soustrait à toute confiscation, puisque la raison ne saurait constituer la propriété des théoriciens eux-mêmes.

L'utilité de la philosophie étant de concevoir l'usage parfaitement désinstrumentalisé, ou parfaitement pur de la raison, la Critique accomplit la tâche préalable, ou propédeutique, de montrer que la raison n'est mobilisée que par elle-même, qu'il s'agisse d'étendre les connaissances, de déterminer les principes de l'action ou de comprendre la signification des jugements. La Critique ne fait elle-même qu'accomplir le rôle dévolu au philosophe, celui de « législateur de la raison humaine » (CRP, 562). La déontologie du discours philosophique, ou la conception de la philosophie comme tâche, n'est pas conclue *a posteriori*, à la manière d'une règle empirique de prudence,

1. *Critique de la faculté de juger*, trad. A. Philonenko, Vrin, 1965, p. 17.

mais *a priori*, comme projet d'assumer les conséquences entières de la démarche critique, conséquences qui concerneront inévitablement le statut de la liberté et de la foi.

Aspects historiques

La formule: «notre temps est celui de la critique» (*Leçons*, 129) désigne l'*Aufklärung* en tant que mouvement d'émancipation qui incite la pensée à se constituer comme pensée sans préjugés, ce que Kant nomme aussi «entendement sain» ou «sens commun» (CFJ, §40, 128). Mais il en évalue les limites autant qu'il apprécie les impulsions données à l'exigence et au courage de «penser par soi-même». En effet, si les Lumières définissent le but (échapper à l'hétéronomie de la pensée), elles ne sont pas en mesure de résoudre le problème de la métaphysique. Elles sont encore une pratique naïve de la critique dont la portée n'est que négative (*ibid.*, note). Bien qu'il ne cesse de penser avec les Lumières, Kant pense également par-delà les Lumières et parfois contre elles. Par la place historique qu'il se donne, le criticisme contribuera à l'*Aufklärung* par une œuvre d'élucidation plutôt que de protestation.

L'exigence de scientificité philosophique, ou de fécondité théorique en philosophie, ne s'impose pas seulement contre les errements de la métaphysique dogmatique; elle s'adresse tout autant à ces produits des Lumières que sont la philosophie populaire et le scepticisme critique. Le représentant le plus éminent du scepticisme, et le plus digne d'intérêt, Hume, s'étant arrêté sur le chemin qui mène de la critique à la philosophie (*Prolégomènes*, 15), il faut produire une philosophie qui contienne *a priori* l'ensemble des progrès possibles des connaissances humaines afin d'achever le parcours sceptique de la critique.

Bien qu'elles aient majoré le critère du progrès dans la légitimation du savoir et de son utilité, les Lumières laissent à penser qu'il pourrait bien n'y avoir, en philosophie, que des progrès négatifs. Or la critique négative est celle qui détruit la foi dans la raison. Par une critique négative, la raison se limite, mais sans se développer. Il y va donc de l'«esprit philosophique» des Lumières elles-mêmes: la liberté de la pensée ne peut servir à interdire la liberté de la pensée, même dans la forme de la liberté de croyance[1]. C'est en ce sens que la Préface à la première *Critique* met en accusation les «libres

1. *Les progrès de la métaphysique en Allemagne*, trad. L. Guillermit, Vrin, 1973, p. 60.

penseurs », ceux qui instituent la liberté comme négation de la liberté et qui imposent l'incrédulité comme un nouveau dogmatisme. Une philosophie critique doit ajouter aux soupçons du scepticisme une dimension déontologique qui s'interdit d'ignorer le pouvoir de signifier des idées soumises à l'examen (CRP, 24).

Il faut appliquer les principes des Lumières aux Lumières elles-mêmes et aller au bout du projet qui consiste à faire de la raison une source de satisfaction théorique aussi bien que pratique, un principe de satisfaction des besoins de savoir, de vouloir et d'espérer. Cette satisfaction ne se limite pas au cercle des penseurs éclairés. Sans le projet de donner entièrement satisfaction à toute demande rationnelle possible, les Lumières risquent de demeurer à un stade prépositiviste d'une simple satisfaction cognitiviste, négativement limitée au savoir de l'erreur. Elles risquent de se constituer elles-mêmes, ainsi que l'on leur reprochera par la suite, comme un simple préjugé moderniste, le préjugé qui consiste à croire que la destruction des préjugés est par elle-même un savoir, un savoir qui serait magiquement pourvu d'efficacité pratique[1].

H G. Gadamer[2] avance l'idée que les Lumières, en Allemagne, ont su préserver un préjugé fondateur, celui du christianisme. L'argument s'applique difficilement au criticisme kantien, du fait que celui-ci entend conserver entière la liberté de croyance, affranchie de toute influence et désolidarisée de tout dogmatisme théologique : « une éthique théologique (de la raison pure) est impossible » (CFJ, 285). Car le préjugé, inscrit dans la continuité d'une tradition, représente une autorité salutaire et intégrative, au lieu que le criticisme radicalise le combat des Lumières contre les préjugés en substituant, à l'efficacité coutumière et historique du préjugé, la question des conditions de possibilité de tout jugement. Les objets théologico-métaphysiques doivent donc pouvoir être compris, reconstitués rationnellement à partir d'une méthodologie qui puise ses sources dans les opérations des facultés de l'esprit.

En identifiant le kantisme, par commodité, à l'âge des Lumières, on risque de traiter comme une conclusion ce dont, en vérité, il part : au moment de la rédaction de la première *Critique*, Kant a assumé les désenchantements sceptiques et les espérances parfois désespérantes

1. « Le processus d'éclaircissement (*Aufklärung*) que permettent les sciences est critique, mais la dissolution critique des dogmes ne libère pas, elle rend indifférent : elle n'est pas émancipatoire, mais nihiliste », J. Habermas, *Connaissance et intérêt*, trad. G. Clémençon, Gallimard, 1976, p. 323.

2. H. G. Gadamer, *Vérité et méthode*, le Seuil, 1976, p. 111.

des Lumières ; il ne s'agit pas de refaire le parcours sceptique. Il s'agit d'entrer dans un temps nouveau de la promesse philosophique, de rendre possible la possibilité d'une métaphysique qui ne confisque plus l'accès au savoir des principes. La philosophie critique s'élabore dans un contexte sceptique où ni Dieu, ni l'âme, ni la liberté, ni l'immortalité ne sont décrétés connaissables, ces objets de la pensée ayant été dénoncés par la critique sceptique comme des fictions ou des illusions sans objectivité et sans réalité ; dans cet espace spéculatif, de tels objets ne peuvent plus être pensés que comme des concepts que les hommes élaborent eux-mêmes. Or que des fictions, en général, soient sans portée objective empirique, n'est pas douteux ; mais que la fabrication d'Idées dépourvues de tout enracinement empirique soit pourtant dotée d'une véritable réalité rationnelle qui puise dans l'activité rationnelle de chaque sujet, dans l'histoire même de la pensée, les raisons de cette élaboration, est une manière d'aborder autrement l'idée d'une science possible et future. Ce qui fait l'objet d'un nouveau savoir possible et indispensable, c'est la raison pour laquelle la raison fabrique des Idées, la raison pour laquelle cette fabrication, inévitable, fait partie de la destination même de la raison.

Scientificité et apriorité. L'objection d'impopularité.

L'annonce de cette promesse philosophique s'accompagne, dès la Préface à la première *Critique*, de sa condition de possibilité méthodologique : l'apriorité de tout principe philosophique. Le critère de l'apriorité engage le statut de la philosophie en tant qu'elle se donne le *droit* de critiquer la raison, un droit qui ne peut être légitimé qu'à la condition de concevoir la Critique comme le moyen d'une science possible. Là encore, le critère en est didactiquement repris aux sciences de la nature, qui ne connaissent de l'expérience que les conditions de leur propre activité, à savoir l'exercice de l'entendement : « que l'on essaie donc enfin de voir si nous ne serons pas plus heureux dans les problèmes de la métaphysique en supposant que les objets doivent se régler sur notre connaissance » (CRP, 19). Il convient donc d'introduire en métaphysique une révolution analogue à la révolution copernicienne dans les sciences de la nature, et ce, afin que la métaphysique adopte des procédures résolument aprioriques.

L'apriorité s'oppose, en tant que principe de transparence conceptuelle, à la philosophie populaire. La méthode et le langage d'une philosophie de la raison pure doivent ainsi courir le risque d'être impopulaires (CRP, 9), leur facture demeurant « scolastique », c'est-à-dire savante (CRP, 26). Bien que Kant ait également en vue l'utilité publique de la philosophie, et tout particulièrement de la philosophie morale, il ne conçoit pas la responsabilité de la philosophie face au public comme une manière de la mettre au service du « jugement de la foule » (*Prolégomènes*, 12). Le public est celui qui ignore la forme savante de l'argumentation théorique, il ne juge que sur les conséquences, par l'enthousiasme, quand le dogmatisme l'y pousse, ou par la joie de mépriser la pensée, quand le scepticisme l'y incite. Si le droit du public, ou de l'entendement sain, impose au philosophe, en tant qu'homme de savoir, le devoir de rendre universellement communicables ses pensées (CRP, 513), ce devoir consiste à faire d'autrui, en tant qu'être de raison, un objet public de respect. Pour ne pas traiter le public comme un concept anthropologique et empirique, la philosophie respecte, dans le peuple, le droit de la raison. Le philosophe se donne alors la tâche de faire valoir, devant le peuple, une autre figure du savant et une autre figure de la science : celle qui fait accéder à la possibilité d'accorder les savants, de les mettre d'accord « sur la manière dont il faut poursuivre un but commun » (CRP, 15).

C'est là aussi l'une des raisons de régresser aux conditions *a priori* de la pensée, dans le contexte moderne de la philosophie, afin de résoudre d'abord scientifiquement, conceptuellement, les conflits doctrinaux, sans compter sur les intérêts empiriques de la subjectivité et sans prétendre mesurer le succès d'une philosophie à sa popularité [1]. La philosophie peut ne pas être populaire, elle n'en n'a pas moins le souci de traiter le savoir comme un bien public.

Apriorisme et scepticisme

L'apriorisme paraît s'imposer d'autant plus naturellement qu'il peut se pratiquer pour ainsi dire spontanément en philosophie, l'esprit humain n'ayant affaire qu'à lui-même : « je m'occupe uniquement de la raison et de sa pensée pure, et je n'ai pas besoin de chercher loin autour de moi pour en avoir une connaissance explicite, puisque je la trouve en moi-même » ; de sorte que la philosophie pure peut prendre la forme de « la connaissance de soi-même » de la raison (CRP, 7).

Pourtant, s'il faut, pour assurer pleinement à la philosophie une méthodologie entièrement apriorique, étudier les facultés supérieures de connaître « d'un point de vue subjectif » (CRP, 8) le grief d'anthro-

1. On sait que la première *Critique* ne fut pas comprise et que Kant en a reproduit les principes dans l'ouvrage plus populaire que sont les *Prolégomènes*.

pologisme[1] paraît légitime. Or le criticisme soumettra lui-même à l'examen la part d'anthropomorphisme qui se trouve impliquée dans les démarches de la métaphysique – au niveau de la téléologie notamment, lorsque la représentation d'un « être suprême » est tirée d'une analogie avec l'entendement humain –; mais il s'emploiera précisément à surmonter tout risque de mystification anthropomorphique en attribuant aux facultés humaines la raison d'être de l'analogie, en faisant la preuve de son origine *a priori* dans l'esprit. Mais surtout, cette objection d'anthropologisme, qui sera ultérieurement utilisée pour condamner son entreprise, il lui a fallu l'opposer pour sa propre genèse méthodologique au scepticisme philosophique. L'un des points forts de l'argumentation empiriste tient à l'origine subjective des connaissances humaines, trop originellement humaines. Le scepticisme fait de la source subjective du savoir philosophique le meilleur adversaire du dogmatisme théorique. Mais la théorisation empiriste de cette origine des pouvoirs de connaître implique l'impossibilité, définitive, de constituer la métaphysique comme une science.

Or la connaissance peut être considérée, subjectivement, de deux manières, elle est « ou historique ou rationnelle » (CRP, 560). Pour que l'origine subjective de nos savoirs puisse constituer un argument de nature à en invalider la portée objective, il faut que la subjectivité soit radicalement extérieure à la rationalité, au titre d'une subjectivité exclusivement, originellement, historique. Il s'agit alors d'une subjectivité empiriquement déterminée, par l'expérience ou par un tiers (la lecture ou l'enseignement), formée à l'écart de toute genèse personnelle des idées. Elle a admis d'être instruite par « une raison étrangère » et son savoir ne peut dépasser le stade d'une simple imitation (CRP, 560), reproduction ou répétition, soit des sensations empiriquement vécues, soit d'une information ou formation reçue. Mais comment concevoir qu'une telle subjectivité « subjectiviste », extra-rationnelle, si l'on ose dire, que cette subjectivité historiquement fixée puisse entreprendre, en philosophie, de rejeter ses propres connaissances (qui la constituent comme telle), ou qu'elle puisse jamais les concevoir comme irrationnelles dès lors qu'elle ne saurait en attribuer les insuffisances à sa propre raison ?

1. Le recours à une subjectivité transcendantale aurait, par exemple, « la signification d'un fait anthropologique universel », Husserl, *Philosophie première*, trad. A. L. Kelkel, PUF, 1970, Première partie, p. 284, dans la mesure où les facultés de l'âme apparaissent des « notions mythiques déroutantes » (Husserl, *Recherches Logiques*, trad. H. Elie, PUF, 1959, Tome premier, p. 232).

« Les connaissances rationnelles, qui le sont objectivement (c'est-à-dire qui ne peuvent résulter originairement que de la propre raison des hommes), ne peuvent donc porter aussi ce nom subjectivement que si elles ont été puisées aux sources générales de la raison d'où peut résulter aussi l'intention de critiquer et même de rejeter ce que l'on a appris, c'est-à-dire si elles sont tirées de principes » (CRP, 560). Autrement dit, dans le même sujet, c'est encore la raison qui est condition originaire de la distinction entre objectivité et subjectivité.

L'argument empiriste qui voudrait utiliser la subjectivité pour invalider l'objectivité rationnelle des savoirs ne va donc pas au bout de lui-même, il reste « sur la rive » disent les *Prolégomènes*. Il se borne à une critique du rationalisme sans s'aventurer dans une critique de la raison, une critique qui ferait du point de vue subjectif, celui de la connaissance de soi des facultés de connaître, l'étalon de l'objectivité reconnaissable des possibles rationnels. Un apriorisme radical s'affranchit du risque d'anthropologisme subjectiviste en considérant la philosophie comme l'expérimentation que la raison fait d'elle-même. La raison peut se regarder elle-même selon divers points de vue, celui de l'expérience aussi bien que celui des Idées (CRP, 19 note), de la physique aussi bien que celui de la métaphysique. Par suite, la science expérimentale des Modernes, aussi bien que la métaphysique la plus dogmatique des Anciens, peut apparaître, non plus comme un corps étranger que la subjectivité empirique et historique recevrait d'un autre, mais comme une connaissance de soi ou comme une forme de l'expérimentation de soi de la raison elle-même.

Pour surmonter la différence entre la subjectivité historique et la subjectivité rationnelle, il faut transporter dans tous les domaines du pensable la règle d'or de la méthodologie critique : la raison ne connaît que ce qu'elle contribue à élaborer : « on ne saisit et on ne comprend parfaitement que ce que l'on peut faire soi-même et exécuter d'après des concepts » (CFJ, § 68, 201). Elle intègre par là-même l'histoire empirique et dialectique de son savoir dans une histoire rationnelle de la pensée. Elle est cette raison qui se cultivera désormais, moins par l'accumulation contingente des savoirs, que par le savoir de ses facultés de connaître [1].

1. Kant comprend de cette façon la différence entre les Anciens et les Modernes (CFJ, § 32, p. 119) : le modèle des Anciens n'incite pas à l'imitation servile, il élève didactiquement aux « sources même où il puisait », la communication entre les âges se faisant par la redécouverte subjective d'un modèle d'objectivité.

C'est pourquoi, en adoptant un tel point de vue transcendantalement subjectif sur l'objectivité elle-même, Kant peut surmonter la méthode sceptique en la radicalisant, c'est-à-dire en la soumettant au critère d'une philosophie qui se vise elle-même comme une science possible. S'il juge que la position sceptique ne peut être « sérieuse » (*Progrès*, 15), ce n'est pas pour sa volonté de critiquer la raison. Tout au contraire, il tient cette tentative pour un choc salutaire dans le contexte dogmatique de la philosophie, et il en salue la fécondité. Mais le scepticisme manque de sérieux quand il met en doute la connaissance sensible elle-même, uniquement évaluée comme une fiction probable, car il outrepasse alors la fécondité empirique de ses propres principes pour devenir dogmatiquement métaphysique à son tour. Quittant la voie d'une investigation méthodique des savoirs subjectifs, il adopte une maxime, supra-expérimentale ou supra-sensible, qui décide de l'impossibilité de toute connaissance *a priori*. Il tombe alors dans une sorte de contradiction performative, en rendant contradictoire le projet d'une critique de la raison, ce que Kant formule en disant qu'il est impossible de « prouver par la raison qu'il n'existe pas de raison »[1]. Pour ne pas justifier le projet critique par une maxime infondable, et ne pas succomber à l'illogisme qui consiste à condamner le savoir au nom de l'impossibilité de savoir, ou comme le savoir d'un non-savoir, il faut comprendre *a priori* la philosophie comme le refus de l'erreur, et donc comme le projet d'un savoir possible. La philosophie ne peut poser *a priori* la désillusion comme finalité ultime de la critique, cette décision sceptique revenant à refuser *a priori* tout progrès rationnel (*Progrès*, 14).

L'enjeu de cet affrontement n'est rien moins que la rivalité entre deux « esprits philosophiques » ou entre deux sagesses, l'une qui répond par le savoir au danger des fausses sciences, l'autre qui combat le même risque en enseignant à faire le deuil de la certitude. Pour que l'exigence de scientificité l'emporte, il faut que le criticisme accepte aussi la perspective d'un renoncement au savoir, que Kant a incontestablement tirée de l'enseignement du « pénétrant Hume ». Il est possible qu'une *Critique de la raison pure* n'ait à constater que son « utilité négative » (CRP, 492). Il n'en demeure pas moins qu'il faut achever l'entreprise sceptique parce qu'il ne suffit pas de révéler la source des erreurs métaphysiques, mais qu'il faut encore la tarir (CRP, 25). « La critique de la raison finit donc nécessairement par conduire à la science » (CRP, 45) dès lors que l'on aura de la métaphysique une

1. *Critique de la raison pratique*, trad. F. Picavet, PUF, 1971, p. 9.

connaissance, non de ses bornes – comme si la raison était bornée par l'expérience – mais de ses limites, celles qui définissent en même temps les frontières de son pouvoir théorique et l'extension qu'elle pourra se donner en matière pratique.

Apriorisme et dogmatisme

Une question reste en suspens : à quel titre refuser à la métaphysique traditionnelle le statut de science philosophique, puisque le rationalisme classique, de Platon à Wolf, en passant par le panthéisme spinoziste, veut précisément faire de la métaphysique une science ? Et c'est de la métaphysique traditionnelle elle-même que Kant tient la conception qui fait de la métaphysique une connaissance *a priori* par concepts. Mais en ramenant les concepts dont se sert la spéculation dans ce « pays de leur naissance » qu'est l'entendement humain (CRP, 86), il s'agit de surmonter un apriorisme par un autre. La Critique s'engage à se faire le savoir *a priori* de l'*a priori* des métaphysiciens, et elle fondera le pouvoir d'user des concepts sur le droit *(quid juris)* d'en user.

Le « procédé dogmatique » en philosophie (CRP, 26) qualifie un procédé démonstratif en vue de connaissances apodictiques (*dogma*). En ce sens descriptif et technique, il caractérise la méthode *scolastique*. C'est ainsi que la partie analytique de la Critique est parfois nommée *dogmatique* par opposition à la partie *dialectique*, et que Kant emploie aussi le terme, dans la troisième *Critique*, comme synonyme de jugement *déterminant*. Les progrès que la Critique introduit dans la métaphysique sont eux-mêmes dits *dogmatiques* quand ils lui apportent, dans la connaissance pratique, un degré de certitude jamais atteint en la matière (*Progrès*, 68).

Mais si le rationalisme métaphysique doit être combattu comme *dogmatisme*, au sens rejeté par la Critique, c'est qu'il procède sans l'examen préalable de son pouvoir de connaître (CRP, 26), sans aucune auto-légitimation théorique, en s'aventurant dans la science sans critère de scientificité. Les griefs contre le dogmatisme sont bien connus : il a été incapable d'empêcher le scepticisme qu'il a indirectement provoqué. Il a, en quelque sorte, trahi la mission scientifique qu'il s'était donnée : procurer une entière réalisation du pouvoir rationnel de connaître. Sa décadence signifie qu'il s'est constitué comme un obstacle à la visée métaphysique elle-même. Selon les *Progrès de la métaphysique en Allemagne*, il faut combattre le dogmatisme pour accomplir les promesses de la métaphysique : permettre un accès légitime, objectivement fondé, au suprasensible.

Pour Jacobi, le rapport de la philosophie transcendantale à la métaphysique mène à une impasse ; ou bien la raison pure est « une perception qui ne perçoit que soi »[1], et elle conduit à la science en tombant dans le scepticisme ; ou bien « il faut admettre dans l'esprit humain un lieu plus élevé que le lieu du savoir de la science »[2], et l'on n'échappe au scepticisme qu'en sortant de la science. Dans ses rapports embarrassants à la métaphysique, qu'il souhaite à la fois détruire et rétablir, le criticisme n'atteint-il pas un point d'impossibilité théorique radicale, s'il n'échappe au dogmatisme qu'en devenant sceptique, et si le scepticisme ne peut être évité que par le dogmatisme ? Mais on ne saurait confondre une visée « dogmatique », c'est-à-dire « savante » – Kant ne faisant que reprendre une manière usuelle de désigner l'homme de science – avec le dogmatisme rationaliste. Le vœu critique est de prendre en charge l'élaboration d'une métaphysique dans le but d'éviter toute métaphysique aberrante, despotique, ou hétéronome parce qu'elle ne serait pas fondée dans la raison humaine. Il faut soumettre la métaphysique à l'exigence de scientificité, il faut qu'elle invente son critère de scientificité, pour empêcher qu'elle ne se reconstitue indéfiniment comme fausse science.

Il faut donc fonder *a priori* une exigence antidogmatique de scientificité philosophique. Le critère « copernicien » de l'apriorité s'oppose à l'apriorisme dogmatique sur le terrain de l'objectivité, par sa fondation dans la raison pure comme unique source de scientificité. En plaçant directement le concept à la hauteur d'objets qui ne sont pas sensibles, le dogmatisme spéculatif se met en quelque sorte naïvement à l'abri du subjectivisme. Tandis que le kantisme, auquel on a tant reproché, par la suite, son « objectivisme », entreprend d'« aprioriser » le concept de science afin de le délivrer de l'obsession, toute dogmatique, de la chose en soi, de la représentation de tout objet comme une chose. Intentions, évaluations, sentiments et croyances, qui ne sont jamais des choses en soi, mais toujours des jugements, peuvent devenir des objets philosophiques légitimes. Le rôle de la philosophie est de mettre au jour les formes pures du langage rationnel[3], ses

1. F. H. Jacobi, *Lettre à Fichte*, in *Oeuvres philosophiques*, trad. J. J. Anstett, Aubier, 1946, p. 313.

2. *Ibid.*, p. 317.

3. En décomposant « les concepts transcendantaux, nous aurions une *grammaire transcendantale* contenant le principe du langage humain, et qui dirait par exemple comment le présent, l'imparfait et le plus-que-parfait se situent dans l'entendement, ce que sont les adverbes etc. » (*Leçons de métaphysique*, p. 192).

formes les plus dépouillées de tout intérêt clandestin, afin d'atteindre, au niveau des règles du jugement, un niveau de sens où les représentations, spéculatives, éthiques, esthétiques et théologiques, peuvent se communiquer et se partager.

Scientificité et systématicité

La systématicité est le critère de scientificité qui assure à une science son indépendance théorique. Si elle n'était pas en mesure de se donner l'unité *architectonique* d'un système, qui est celle d'un tout, d'« un édifice existant pour lui-même » (CFJ, § 68), une science ne serait qu'une *technique*, procédant empiriquement, au hasard de buts accidentellement découverts ou arbitrairement poursuivis (CRP, 558). Le critère expérimental ne suffit donc pas à définir la scientificité d'une science, il lui faut encore une autonomie théorique suffisante pour qu'elle ne soit ni une annexe d'un savoir existant, ni une « domestication » de concepts étrangers (CFJ, *ibid.*), ni une collection ininterprétable d'informations hétérogènes. S'il est vrai que toute « connaissance commence avec l'expérience », il faut bien qu'elle « n'en dérive pas », pour qu'il lui soit possible d'affirmer sa prétention à l'objectivité. L'*Opus postumum*, réassumant l'enquête des *Premiers principes métaphysiques de la science de la nature*, signifie tout particulièrement, sur l'exemple de la physique, que la spécificité d'un savoir scientifique tient à cette condition que les règles y sont toujours dérivées de principes. Une loi scientifique n'est pas un savoir pragmatique ou technique, elle vérifie l'unité architectonique d'une science.

Le critère de scientificité sera dit *métaphysique* toutes les fois qu'une connaissance est dérivée de principes, et non pas conclue à partir d'événements ou de convictions contingents. S'il peut exister une Métaphysique de la nature, comme il peut exister une Métaphysique des mœurs, c'est que la législation de l'une et de l'autre peut être dérivée de concepts *originaires*, qui sont respectivement la nature et la liberté. Kant nomme aussi *Doctrine* cette partie de la philosophie qui en constitue le *système*, ou encore la *science*. La Critique en constitue la propédeutique, au sens où elle est la fondatrice de la scientificité des savoirs : en ce cas, elle « se borne à rendre compte de la raison pure, de ses sources et de ses limites comme une *Propédeutique* du système de la raison pure » (CRP, 46). Son office est alors de montrer que les jugements n'ont pas de genèse objective extérieure à la raison. Mais on peut dire également que la Critique fait elle-même partie du système de la raison pure en tant qu'objet de la connaissance philosophique (CRP, 563). En ce sens, elle doit pouvoir être comptée au nombre des activités qui étendent la sphère de l'intelligibilité rationnelle, et qui inclut l'ensemble des règles objectives, lois naturelles et lois pratiques, *a priori* connaissables.

Le critère de systématicité est opératoire pour le savoir philosophique puisqu'il en assure la scientificité au sens de son objectivité. Il fait, à ce titre, le partage entre les différentes parties de la philosophie pure; l'hétérogénéité de leurs concepts originaires est fortement soulignée (CRP, 564), qui annonce la différence radicale, l'abîme qui sépare le domaine de la naturalité de celui de la liberté (CFJ, 25). Ce qui fait de l'impossibilité d'importer dans les mœurs les méthodes du savoir expérimental un acte initial philosophiquement décisif du criticisme. Si la philosophie est en mesure de promettre l'accès à un savoir objectif, c'est qu'elle peut étendre le critère de la systématicité à un nouveau type d'objectivité, à une fondation des concepts moraux qui est théoriquement indépendante de la science de la nature. Si bien que la deuxième *Critique* révolutionne à sa manière le modèle de la science, la science physique n'étant pas l'unique système possible de l'objectivité rationnelle. S'il était importé dans le droit, la morale ou la religion, il y rendrait impossible l'émergence d'une législation pratique pure, il les réduirait à une anthropologie empirique. Si une Métaphysique des mœurs est possible, c'est que les mœurs ne sont pas exclusivement théorisables comme une technique de l'administration pragmatique des besoins et des relations humaines à la manière de l'« économie domestique, rurale, politique », de la médecine ou encore des règles coutumières de la morale sociale (CFJ, 22). Le critère de systématicité, entendu comme principe de distinction entre les sources originaires du savoir et du vouloir, fait découvrir l'autonomie rationnelle des fondements de la pratique. Il faut comprendre *théoriquement* la nature et *pratiquement* la liberté, comme deux domaines de législation rationnelle, distingués par le mode de signification de leurs concepts respectifs. Les concepts de l'entendement légifèrent pour la nature, d'où ils tirent leur signification objective, théorique. Les concepts de la raison légifèrent pour la faculté de désirer, ils sont des Idées qui tirent de la liberté leur signification objective, pratique.

Enoncer que les parties de la philosophie correspondent aux divisions d'un système fondées dans les *usages* de la raison surmonte à la fois la conception sceptique (CRP, 364) et la conception dogmatique (CRP, 505) de la philosophie, puisque les limites de la science de la nature ne constituent nullement les bornes de la rationalité. Si les concepts de l'entendement sont, en effet, limités, pour leur succès, au domaine immanent des phénomènes, si le schématisme des catégories délimite la frontière de leur signification exclusivement sensible ou intuitive, cette frontière définit en même temps le champ des Idées de la raison, le domaine de la pensée qui excède le savoir. De là l'image de «territoires» (CFJ, 23) pour l'usage des concepts. Les objets suprêmes de la métaphysique traditionnelle, Dieu, l'âme et l'immortalité peuvent faire l'objet d'un autre type d'intelligibilité rationnelle, qui ne sera plus théorique, mais pratique. En ce sens, la philosophie donne à connaître ce que la science de la nature ne comprend pas.

Du système de la philosophie transcendantale

Si le système de la philosophie s'arrêtait là, le kantisme se bornerait au constat d'un dualisme insurmontable entre le savoir et la volonté, entre le sensible et l'intelligible, entre les concepts et les Idées. On serait fondé à en limiter les fruits, soit à une philosophie renouvelée de la science, en privilégiant la première *Critique*, soit à une morale qui a su s'imposer au premier rang des raisons de philosopher, en privilégiant la deuxième. Le problème de la métaphysique ne serait pas résolu pour autant, cette partition dualiste ayant pour effet d'encourager ou de reproduire les vices dénoncés par le kantisme, soit en confirmant «l'omnipotence de la raison théorique»[1] au détriment de la morale, soit en cultivant une promotion paresseuse de la vertu, qui s'autorise à ignorer le labeur et l'utilité du savoir.

Le même problème peut être formulé autrement: comment annoncer l'idée d'une science qui n'existe pas et dont la Critique sape peu à peu toutes les fondations illusoires? *Les Progrès de la métaphysique en Allemagne*, ainsi que les paragraphes consacrés à la théologie morale dans la troisième *Critique*, montrent que le kantisme a trouvé le principe de sa solution, à l'intérieur de la métaphysique traditionnelle, dans la raison d'être de la métaphysique elle-même: c'est celui d'un *passage* du sensible au suprasensible. Prétention transcendante, infructueuse dans le rationalisme leibnizien, mais que la troisième *Critique* convertit transcendantalement en une extension du système de la philosophie: «si un tel système, sous le nom général de métaphysique, doit un jour être réalisé (il est possible de l'établir tout

1. *Doctrine de la vertu, Métaphysique des mœurs*, deuxième partie, trad. A. Philonenko, Vrin, 1968, p. 47.

à fait et ce serait extrêmement important sous tous les rapports pour l'usage de la raison), il faut d'abord que la critique ait sondé le sol de cet édifice jusqu'à la profondeur où se trouvent les premiers fondements de la faculté des principes indépendants de l'expérience» (CFJ, 18).

Ainsi, c'est en approfondissant la connaissance des raisons de juger[1], dans un système fondé sur l'ensemble des facultés, que la *Critique de la faculté de juger* assume à son tour les finalités de la métaphysique. Le système de la philosophie pure ajoute alors à l'hétérogénéité des principes (respectivement appliqués à la nature et à la liberté) la dynamique d'un *passage* de la nature à la liberté, c'est-à-dire de l'entendement à la raison. Adoptant le point de vue des facultés de l'âme en leur ensemble, la *Critique de la faculté de juger* fait du sujet engagé dans le monde l'instance qui associe, par le recours à la finalité, son être à son devoir-être. Le sujet du jugement réfléchissant est le sujet qui évalue (selon le beau et le sublime), qui espère (au niveau de la téléologie) et qui croit (au niveau de la théologie). S'il est permis de considérer que le sujet de la première *Critique* est la science[2], du physicien comme du métaphysicien, que le sujet de la deuxième *Critique* est l'être raisonnable en général, pur sujet de devoirs et de droits, on peut dire que le sujet de la troisième *Critique* est la raison *existant* dans un être sensible, dans un être fini qui doit assumer, dans la vie qui l'habite, la question d'un but final de l'existence. L'homme y apparaît comme un être dans l'expérience duquel il appartient de dépasser l'expérience.

C'est ainsi que la méthodologie transcendantale trouve, dans la raison humaine, un indéracinable besoin de métaphysique dont elle explore les objets et l'extension. La métaphysique n'est pas uniquement l'objet des philosophes professionnels, elle est naturelle à l'homme, auquel il est si difficile d'habiter le monde. A l'homme qui habite le monde, et qui fait le lien entre le monde et Dieu[3], entre le sensible et le suprasensible, correspond le point de vue cosmique de la philosophie, qui consiste à rattacher les savoirs aux fins dernières de la raison (CRP, 562). Définition qui convient à la sagesse dont la

1. «C'est le recours au jugement réfléchissant qui permet d'expliciter et d'élaborer la solution de l'unité de la philosophie», A. Renaut, *Critique de la faculté de juger*, Aubier, Présentation, p. 49.

2. Cf. A. Philonenko, article *Kant*, Dictionnaire des philosophes, PUF, Tome II, 2ème éd., 1993, p. 1545.

3. *Opus Postumum*, trad. F. Marty, PUF, 1986, p. 215.

philosophie voudrait être, avec et par-delà la science, la connaissance (OP, 263).

Que la philosophie s'auto-constitue comme un système n'est donc pas un principe statique, mais un principe dynamique de sa légitimité et de son indépendance théoriques : « le tout est donc un système organique (*articulatio*) et non un ensemble désordonné (*coacervatio*) ; il peut, à la vérité, croître par le dedans, mais non par le dehors » (CRP, 558). Son unité architectonique n'est pas arbitrairement décidée par le philosophe, elle est intérieure à la raison, dont la progression est celle d'un auto-développement : « les systèmes (...) avaient tous leur schème, comme un germe primitif, dans la raison qui se développe elle-même » (CRP, 559).

L'*Opus postumum* confirme ces orientations en mettant l'accent sur la systématicité de la philosophie transcendantale. Rédigé dans les dernières années de la vie de Kant, il s'agit d'un texte demeuré à l'état de brouillon, et qu'il est impossible, à la différence d'autres textes du *Nachlass*, de confronter à une œuvre publiée. Quoique la question de l'âge de Kant au moment de sa rédaction vienne inévitablement en question, il faut convenir qu'on a là « des pages d'une grande vigueur spéculative, dont l'ignorance ferait tort à l'intelligence des possibilités effectivement présentes dans la pensée critique »[1]. L'un des éléments remarquables est celui qui présente la philosophie transcendantale comme une auto-production de soi de la raison : « la philosophie transcendantale n'est pas un agrégat, mais un système, non de concepts objectifs mais d'idées subjectives que la raison elle-même produit et cela non hypothétiquement (*problématiquement* ou *assertoriquement*), mais *apodictiquement*, en se produisant elle-même. La philosophie transcendantale est la faculté du sujet s'auto-déterminant par le complexe systématique des idées » (OP, 232), ce que résume une formule peu élégante, mais suggestive: « Tout comme *se faire soi-même* » Il en ressort que la philosophie est bien connaissance de soi de la raison, d'une raison qui se produit elle-même comme objet, une raison-sujet qui se fait elle-même objet de soi. Si bien que la philosophie peut être définie comme idéalisme ou « principe absolu de se déterminer idéalistiquement soi-même en un système de connaissance synthétique *a priori* à partir de concepts (ou par eux) en vue de la connaissance de soi » (OP, 236). La philosophie de Spinoza peut servir d'exemple à cet idéalisme quand il est dit que « l'esprit de l'homme est le Dieu de Spinoza » (OP, 238). La formule semble faire

1. F. Marty, *Opus postumum*, Présentation, p. XVI.

écho à une autre formule de la troisième *Critique* : Spinoza « ramenait tous nos concepts de ce qui est final dans la nature à la conscience de nous-mêmes dans un être comprenant tout » (CFJ, § 73, 209).

Faut-il comprendre que l'intelligibilité entière de la systématicité philosophique engage dans la voie d'un idéalisme intégral dont Hegel aurait peut-être été, par la suite, le meilleur représentant ? Il reste audacieux de faire choisir à Kant lui-même le versant postcritique de cette interprétation. Faut-il comprendre que Kant entend mener à bien l'effort entrepris depuis le début, qui est de conférer à la méthode philosophique, parce qu'elle est une connaissance par concepts et non, comme sont les mathématiques et la physique, une connaissance par construction de concepts, son propre critère de scientificité ? Il est possible que la question, quand il s'agit de découvrir une œuvre, vaille mieux que la réponse.

CHAPITRE II

DU RÉEL ET DU RATIONNEL

Le plus grand péril, celui qui menace d'impuissance théorique l'enquête philosophique, est que la raison soit par elle-même source de contradictions – Kant parle alors de raison humiliée –. Pourtant, l'usage philosophique de la raison provoque spontanément de telles contradictions, que les trois *Critiques* analysent successivement en tant que Dialectique de la raison spéculative, de la raison pratique et de la faculté de juger. Si la contradiction ne relevait pas d'un abus du jugement et d'un malentendu sur le sens des concepts, elle concernerait, plus que l'usage de la raison, sa nature même ; la raison verrait alors son usage limité à une simple autodestruction de ses prétentions, et l'on serait inévitablement conduit au « désespoir sceptique ».

Du dogme à l'argument

Le but d'une Critique de l'usage pur de la raison est donc primordialement de sauver la rationalité du verdict sceptique tel qu'il est interprété par Kant : il n'y a pas de raison. L'attaque sceptique étant menée sur la terrain de la connaissance, la première *Critique* doit prouver, par la raison, qu'il existe une raison. Pour conduire cette preuve, il faut soumettre à l'examen les contenus de la métaphysique afin d'en tirer des conclusions critiques et non sceptiques. En adoptant la *méthode sceptique*, sans adhérer à aucun scepticisme spéculatif, il est possible de combattre le scepticisme sur le terrain d'élection de ses attaques : l'âme conçue comme substance, le monde conçu comme une totalité achevée et Dieu conçu comme la plus haute réalité[1]. En

1. Les cours de Kant sur la métaphysique reprennent les divisions et les objets de la doctrine leibnizienne et wolfienne, transmise par Baumgarten : ontologie, cosmologie, psychologie et théologie. Cf. *Leçons de métaphysique*. Mais le

choisissant d'associer le sort de la raison au salut de ses prétentions métaphysiques, Kant paraît avoir fait un choix périlleux, mais qui doit se révéler décisif. La Dialectique ne saurait, en effet, conduire à des solutions médianes (comme le serait une théorie des jugements simplement *vraisemblables*) : les assertions de la raison doivent être déclarées nulles ou fondées. Le succès critique de l'entreprise en dépend, car si la raison reconnaît par elle-même l'impossibilité de traiter comme des objets de science de telles réalités transcendantes, elle dévoilera alors par là que l'origine de ses Idées est entièrement *a priori*, ne procédant que d'elle-même ; elle prouvera que ses ambitions métaphysiques ne sont nullement dérivées du domaine phénoménal des sciences empiriques, ou encore qu'elles ne peuvent consister en une simple copie des opérations de l'entendement. L'illégalité empirique de la métaphysique n'implique pas son illégitimité rationnelle dès lors que les Idées de la raison ne sont pas une imitation de la connaissance de la nature, à laquelle elles ne donneraient qu'une extension abusive et chimérique. La preuve sera faite qu'elles affranchissent bien plutôt l'usage des facultés de connaître des limites de l'empiricité afin de leur donner une destination qui n'est pas expérimentale. La Dialectique constitue bien ainsi une méthode de connaissance de soi de la raison, portant sur la genèse spéculative des objets métaphysiques. Le verdict empiriste étant admis, qui décrète que l'expérience ne leur confère aucune validité, les Idées de la raison se retrouveront à leur place à l'origine des raisons de savoir, de vouloir et de croire des hommes, qui sont des *manières de penser*. Preuve sera faite aussi que le scepticisme ne détruit que la métaphysique non critique (CRP, 523).

Le réel, la question de l'essence de la réalité, est la première source des conflits qui divisent la philosophie entre des partis-pris théoriques radicalement hétérogènes. L'idéaliste affirme pouvoir connaître l'essence de l'âme, l'unité du monde et la réalité de Dieu, tandis que l'empiriste fait valoir les raisons de mettre en doute l'existence de réalités si difficiles à distinguer des productions fictives de l'imagination. Le premier allègue le pouvoir spécifique de la raison, qui est le pouvoir de connaître par concepts, le second met en avant l'expérience, fil conducteur unique de certitudes qu'il ne conclut

criticisme les traite comme des problèmes. A l'ontologie classique se subtitue la Critique. La cosmologie rationnelle donne lieu à des *antinomies* et la psychologie rationnelle à des *paralogismes*. La théologie rationnelle, qui a pour contenu les preuves spéculatives de l'existence de Dieu, aboutit, dans le criticisme, à *l'Idéal de la raison pure*.

qu'avec prudence. S'il existe entre ces fondations du réel une totale incompatibilité, si elles ne peuvent être vraies qu'en se détruisant réciproquement, la raison et la philosophie se condamnent à l'anéantissement des ressources théoriques que, pourtant, elles engendrent. C'est cependant ce qui ressort, dans la première *Critique*, de l'énoncé des Antinomies, dont les thèses et les antithèses sont successivement formulées dans les termes de positions philosophiques antagonistes qui s'excluent l'une l'autre. Ce qui caractérise aussi l'*usage polémique* de la raison dans la philosophie, où s'affrontent deux ontologies rivales, celle qui affirme la réalité transcendantale[1] – *a priori* accessible par concepts – de la notion de chose en général (d'*etwas*), et celle qui affirme la réalité irréductiblement empirique de toute existence phénoménalement constatable.

Or ces conclusions antithétiques ne résultent que de la dogmatisation des thèses en présence. Autrement dit, les deux conceptions adverses posent également la réalité à l'extérieur des facultés de connaître, en présupposant qu'elle existe préalablement à l'exercice de la rationalité. Pour combattre au nom des choses elles-mêmes, qu'elles soient sensibles ou idéales, il faut, en effet, adopter ce que Kant appelle un mode de penser dogmatique : c'est-à-dire qu'une thèse qui porte sur l'être tout entier se donne pour but de contredire et détruire une autre thèse sur la nature complète de l'être. Mais ce dogmatisme polémique ne conduit qu'à nier la raison en tant que pouvoir de juger, en la condamnant à la réitération indéfinie d'antithèses spéculatives égales en contrariété et en lui ôtant le pouvoir de justifier jamais ni l'objectivité de l'expérience, ni la validité des idéalités théoriques dans le processus de la connaissance. Si l'on veut mettre fin aux conflits dialectiques et permettre la mise en œuvre opératoire d'une Méthodologie critique, il faut dénoncer l'absurdité de ces deux manières de dogmatiser, chacune ayant le même présupposé, à savoir que l'intuition se réglera toujours sur une réalité préexistante (CRP, 19).

La révolution copernicienne en métaphysique, qui consiste à mesurer les pouvoirs de la raison à ses conditions d'exercice subjectivement connaissables, utilise à son tour la *méthode* sceptique quand elle examine les intérêts qui sont en jeu au niveau des pouvoirs que les parties en présence attendent du savoir. La troisième antinomie (CRP, 350), particulièrement explicite sur ce point, se révèle ainsi décisive pour le contenu et les enjeux de la philosophie critique. Les engagements théoriques qui opposent l'idéalisme et l'empirisme, quand il

1. Le mot est alors employé pour désigner des représentations dogmatiquement suprasensibles.

s'agit de comprendre le statut de la causalité, vont bien au-delà d'un intérêt pour la nature, ils s'instituent comme deux fondations de l'usage de la connaissance dont l'enjeu n'est autre que la morale et la religion. Si l'idéalisme tend vers des conclusions dogmatiques, vers des certitudes apodictiques, c'est afin de garantir l'union du réel et du rationnel, l'harmonie entre l'individu, le monde et Dieu ; son intérêt est que la spéculation ne contredise pas la religion, mais assure sa concordance avec la moralité. Si l'empirisme, de son côté, tend vers des conclusions sceptiques en matière religieuse, c'est afin de limiter tout intérêt spéculatif à la science de la nature et d'éviter ainsi de prendre des êtres idéaux pour des êtres réels ; son intérêt est celui d'un usage strictement immanent de la causalité, propre à garantir une sorte de neutralité métaphysique du réel. Thèse et antithèse ne peuvent être dogmatiquement vraies en même temps parce que chacune s'approprie un intérêt de la raison au détriment d'un autre : son *intérêt pratique*, quand il s'agit de la thèse, son *intérêt spéculatif*, quand il s'agit de l'antithèse (CRP, 360).

La troisième antinomie dévoile ainsi la source d'un dualisme intenable par lequel on ne peut établir en même temps l'objectivité de la nature et celle de la liberté. Quand l'idéalisme affirme ses prétentions idéales-réalistes sans admettre les limites de l'expérience, il trahit son ignorance et son mépris à l'égard de la nature, en faisant comme si la nature n'était pas pourvue d'une consistance réelle propre, garantie par des lois déterminées, nécessaires et universelles. Quand l'empirisme opte pour une « *physiocratie* transcendantale » (CRP, 351), il étend le règne de la nature en en chassant la liberté, la possibilité morale d'un choix libre ne pouvant que ruiner la continuité et l'homogénéité de l'expérience.

Jacobi a retraduit à sa manière cette antinomie entre l'intérêt spéculatif de la raison et son intérêt pratique, en en donnant une conclusion à la fois désastreuse et exemplaire : si la science naturalise toute vérité, elle est *nihiliste*[1] et réduit à rien ce qui fait la substance de la réalité ; ne connaissant qu'elle-même dans les formes du savoir, elle se borne à rendre impossible l'accès à une authentique réalité, supérieure à la précarité des phénomènes sensibles ; inversement, pour que la raison soit l'organe ou le canal par quoi se fait le don sans médiation du réel en soi, il lui faut révoquer la science de la nature pour son incompétence métaphysique. L'intention polémique de Jacobi, qui vise à imputer à la philosophie critique la responsabilité de

1. F. H. Jacobi, *Lettre à Fichte*, *op. cit.*, p. 328.

cette antithèse, l'amène à faire du dualisme entre la nature et la raison la fracture définitivement caractéristique de la pensée moderne, pour en tirer la conclusion du non-sens du concept de la philosophie comme science. Aussi son témoignage est-il particulièrement instructif quant aux conséquences d'un dualisme philosophique porté à ses conséquences extrêmes : si l'intérêt de la science est qu'il n'y ait pas de Dieu, il ne reste pas d'autre légitimité à la philosophie que d'être une religion.

Le criticisme, qui a pour but de sauver la philosophie de son anéantissement dialectique, doit découvrir des solutions théoriques authentiquement rationnelles, des solutions qui n'ont pas été découvertes par les parties en conflit du fait que leur finalité polémique conspire, précisément, à les occulter. De là les exhortations répétées de Kant à la loyauté intellectuelle des combattants, exhortations qui ne sont pas surajoutées à l'exigence théorique, mais qui la constituent directement en tant que travail de dévoilement des ressources de la pensée. Adopter l'une ou l'autre des thèses de la Dialectique revient à accepter l'« euthanasie » (CRP, 328) de la raison, en ne sauvant l'un de ses intérêts qu'en détruisant l'autre. La légitimité de la philosophie est de surmonter la dialectique en vue de préserver *à la fois* la nature et la liberté qui sont les intérêts que la raison ne peut nier sans se renier. La méthode critique devra faire la preuve de la genèse également rationnelle de ces deux intérêts, la preuve que l'on peut philosopher sans perte et sans gaspillage théorique. La critique remplira ainsi son contrat introductif : sortir de l'unilatéralité des points de vue sur la réalité. La raison philosophique est celle qui examine ce qu'est une chose aussi bien du point de vue du phénomène et que de celui du noumène (CRP, 23).

Par suite, prouver l'impossibilité de la méthode dogmatique, c'est convertir la finalité polémique de la spéculation en une finalité argumentative capable d'instaurer une paix philosophique durable devant le tribunal de la raison elle-même ; l'antithétique doit faire place à la nomothétique possible de la raison (CRP, 337). La révolution copernicienne en métaphysique doit ainsi mettre fin à l'illusion la plus pernicieuse, celle d'une dualité insurmontable entre la nature et la liberté. Ce ne sont pas les choses elles-mêmes qui peuvent être en conflit, mais seulement des jugements qui statuent sur les choses (CRP, 426). Si les conflits d'arguments ne recouvraient que les intérêts arbitraires de penseurs particuliers, il suffirait de les imputer aux passions qui sont en jeu, c'est-à-dire à une absence d'arguments. Mais pour que l'étape dialectique soit surmontée par une rationalité pacificatrice, il faut que les intérêts respectifs de l'empirisme et de l'idéalisme soient également identifiés comme des intérêts originaires de la raison elle-même. C'est à cette condition que, sur le plan de la spéculation, des intérêts qui furent d'abord vécus comme des antagonismes peuvent devenir des intérêts méthodologiques différenciés dont la collaboration est ce qu'il y a de plus souhaitable dans l'intérêt suprême de la raison. Il n'y a, dans cette voie, plus rien à craindre de la liberté de penser et de juger, la censure pouvant s'effectuer à l'intérieur de la philosophie. La république des savants peut être constituée de libres citoyens qui n'ont rien à redouter, hormis les blessures narcissiques, pour le sort de la philosophie, puisque tout déficit (toute erreur) lui devient un gain (une certitude). La Critique cherche ainsi à abolir ce qui fait du dogmatisme et du scepticisme des finalités philosophiquement destructrices, afin de préserver, dans l'empirisme et dans l'idéalisme, des demandes de rationalité qui doivent être également prises en compte : l'intérêt rationnel de l'entendement dans la connaissance de la nature, l'intérêt, pour la raison, de connaître les fins de son usage suprême.

Des rêves de certains métaphysiciens

L'ouvrage consacré aux *Rêves d'un visionnaire* (1766) porte sur la question de la représentation de l'âme : l'âme peut-elle se représenter son existence comme celle d'un esprit ? Les conséquences théoriques d'une telle représentation sont capitales pour la science aussi bien que pour la philosophie. Pour la science, car s'il peut exister une intuition sensible de l'en-deçà et de l'au-delà de la vie corporelle, le but du savoir est définitivement transcendant. Pour la philosophie, car si des lois d'action entre des esprits sont possibles, alors « le monde immatériel conquiert son unité morale »[1], et le monde moral n'a de réalité qu'entre de purs esprits. La question atteint, par voie de conséquence, la liaison entre la science et la philosophie par le biais du statut de la vie, puisque l'âme est ce qui appartient à deux mondes à la fois. On remarque que le vocabulaire substantialiste esquisse l'ébauche, en version immatérialiste, des trois sujets de la critique : la connaissance du réel, la réalité de la morale et le lien de la vie à un au-delà de la vie. Mais il le fait suivant un réalisme hyperphysique qui rend la science de la nature impossible et qui ramène la philosophie au « voyage extatique » de certains individus au naturel enthousiaste et mystique « à travers le monde des esprits » : les âmes communient dans

1. *Rêves d'un visionnaire*, trad. F. Courtès, Vrin, 1977, p. 69.

une société de purs esprits, elles entrent en communication avec l'esprit des morts, tandis que la réalité spirituelle de la morale est concentrée dans un contact immédiatement éprouvé avec le ciel et l'enfer. Le philosophe n'est que le visionnaire de l'au-delà, qui perçoit les réalités que lui désigne la théologie.

Pour surmonter le risque d'une tentation délirante de l'hyperréalisme, il faut, mais il ne suffit pas de dénoncer que sa conception est suprasensible. Il le faut, parce que le suprasensible avec lequel l'enthousiaste entre en communication ne désigne pas seulement le manque ou l'appel d'un au-delà meilleur dont chacun peut ressentir le besoin dès lors qu'il éprouve le sentiment de la finitude ou du vide de son existence empirique. Le suprasensible du visionnaire est, bien davantage, une réalité qu'il croit effectivement saisir et posséder grâce à une extension de sa sensibilité au-delà de toutes les bornes de sa vie corporelle. La sensibilité est ainsi traitée comme une sorte de pouvoir trans-sensoriel, comme un pouvoir de connaître l'immatériel au-delà du sensible[1]. Kant n'aura pas de peine à mettre en évidence la contradiction manifeste d'une telle prétention : elle veut connaître de manière sensible le suprasensible, elle veut traiter comme une réalité quasi-matérielle une réalité immatérielle, c'est-à-dire en faire un objet de science.

La troisième *Critique* s'interrogera sur la question de savoir si l'enthousiasme, illégitime pour la spéculation, n'est pas susceptible d'une légitimité esthétique. Mais l'enthousiasme esthétique, l'envol de l'âme vers une destination sublime doit être distingué de la *Schwärmerei*, qui est un enthousiasme fanatique et fantastique « qui consiste à voir quelque chose par delà toutes les limites de la sensibilité » (CFJ, 111). Ce penchant ne peut pas même être esthétiquement justifié parce qu'il est une passion plutôt qu'un sentiment, une maladie de l'âme qui prétend s'autoriser de la raison elle-même pour donner libre cours à un délire. Le réalisme spiritualiste, autrement nommé *pneumatisme*, n'est pas une sublimation de la raison, mais une destruction de la raison. En plaçant ses attentes dans une capacité surhumaine de saisir immédiatement des vérités éternelles et transcendantes, il met fin à la légitimité du questionnement rationnel, et il retire toute validité au concept, simplement humain, de science possible. La sensibilité, étendue à la dimension d'un pouvoir métaphysique, peut ainsi conduire au fanatisme entendu dans le sens kantien : la négation du plus irréductible des droits des hommes qui est

1. Kant parle alors d'« intuition transcendante », *Qu'est-ce que s'orienter dans la pensée*, trad. A. Philonenko, Vrin, 1983, p. 76.

le droit de penser rationnellement et de mettre dans la raison la plus entière confiance.

C'est pourquoi il importe de délimiter l'extension légitime du domaine de la sensibilité, délimitation qui permet de comprendre que le réalisme immatérialiste adopte une position qui n'est pas seulement suprasensible, mais également supra-rationnelle. Et il faut que « cette recherche se tourne en une philosophie qui juge sa propre démarche et connaît non seulement les objets, mais aussi leur rapport à l'entendement de l'homme » (*Rêves*, 114). Pour le *Schwärmer*, en effet, le sentiment est admis comme la saisie directe, sans médiation discursive, d'une vérité transrationnelle. En limitant la sensibilité aux conditions immanentes de l'espace et du temps, le criticisme préservera les droits de la pensée elle-même en rétablissant le pouvoir de la raison dans la philosophie. A l'irrationalisme des enthousiastes, il oppose la nature résolument subjective de la sensibilité humaine, la nécessité de la traiter comme une faculté de l'âme et non comme une propriété divine, l'esprit humain n'étant pas autre chose qu'un ensemble de facultés, dont la plus haute, la raison, mérite seule d'être qualifiée de divine.

La *Dissertation de 1770* témoigne que le premier acte critique a consisté à opérer une distinction claire, généalogique et non logique, entre la connaissance sensible et la connaissance intellectuelle. Le criticisme n'étant encore qu'à l'état d'élaboration, il s'agissait alors de montrer qu'une connaissance intellectuelle du monde – connaissance par concepts – est à la fois possible et métaphysiquement souhaitable. C'est donc dans l'intention de préserver le principe d'une connaissance rationnelle pure en philosophie que la *Dissertation* va restaurer l'opposition platonicienne entre les sensibles et les intelligibles dans un vocabulaire nouveau : la réalité de la différence entre les deux sources, irréductibles l'une à l'autre, de la connaissance humaine, à savoir la sensibilité, faculté de percevoir le sensible tel qu'il apparaît, et l'entendement, faculté de concevoir le réel tel qu'il est. La *Dissertation* énonce ainsi la première des thèses critiques, l'idéalité de l'espace et du temps, formes radicalement subjectives de la sensibilité, conditions sensibles de la sensibilité elle-même. Aucun concept ne peut se substituer à la sensibilité pour constater que le réel est sensible ; il n'y a que la sensibilité à l'origine du sensible. Lorsque Herder parle des « lunettes du philosophe *a priori* »[1] pour signifier que les concepts empêchent de voir la réalité sensible du monde, il pense

1. J. G. Herder, *Une autre philosophie de l'histoire*, trad. M. Fouché, Aubier, 1964, p. 115.

acculer les théoriciens des Lumières à une contradiction stupide, mais il définit, sans le savoir, une position fondamentalement critique : le concept ne sert pas à voir, il n'a pas la compétence des visions. Et du fait qu'il se trouve affranchi du rôle dévolu à la sensibilité, il devient impossible de tenir le fanatisme pour un intérêt jamais possible de la raison.

Critique kantienne de l'abstraction philosophique

La *Dissertation de 1770* ne représente qu'une étape dans la réalisation du projet critique ; la distinction entre l'apparence[1] sensible et le réel rationnel fait encore de l'intérêt spéculatif de la métaphysique ce qui doit être sauvegardé pour la philosophie. Martial Gueroult[2] estime, avec juste raison, que les visées cosmologiques de la réflexion de 1770 situent le kantisme dans un contexte leibnizien. Or la métaphysique dogmatique de Leibniz et de Wolf n'est pas assimilable à un enthousiasme sentimental. Et pourtant, chacun d'eux a des raisons de cultiver aussi une conception hyperphysique de l'âme, du monde et de Dieu, mais des raisons qui se donnent pour rationnelles et métaphysiques. Aussi, en dénonçant l'illégitimité de leur point de vue dans l'examen des Antinomies entre les Idées cosmologiques, c'est sa propre position, celle qu'il avait adoptée dans la *Dissertation*, que Kant révise entièrement dans la première *Critique*. Dans la mesure où l'usage *réel* de l'entendement [3], ou la prétention de connaître la réalité intelligible des choses telles qu'elles sont en soi, apparaît aussi comme un obstacle à la science, au sens de la connaissance physique de la nature, la conception métaphysique et dogmatique de la science doit encore reculer d'un pas : il faut admettre que la science, qui est l'application des concepts de l'entendement à l'expérience, n'atteindra jamais que des certitudes phénoménales. La première *Critique* – qui conserve la même fin, sauvegarder la possibilité de la métaphysique – procède ainsi à une nouvelle division, qui ne distingue plus seulement entre l'entendement et la sensibilité, mais entre l'entendement et la raison. A ce prix, la raison pourra identifier la nature exacte de sa démarche métaphysique : elle consiste à sortir des limites de l'expérience. L'apparente contradiction de la méthode critique, qui veut

1. *Schein*, à distinguer du concept critique de phénomène, *Erscheinung* (CRP, p. 251).

2. M. Gueroult, *La dissertation kantienne de 1770*, Archives de philosophie, 41, 1978.

3. *Dissertation de 1770*, trad. P. Mouy, Vrin, 1964, § 5.

sauver la métaphysique tout en sapant les fondements, se révèle une manière de libérer la métaphysique de ce qu'en ont fait les métaphysiciens.

L'idéalisme rationaliste se veut une connaissance par concepts qui soit en même temps une connaissance de l'être tel qu'il est en soi. Ce sont là, pour Kant, deux prétentions au lieu d'une et qui sont incompatibles entre elles. Toutes deux conjuguées, elles aboutissent à nier tout à la fois la science de la nature et la possibilité de la liberté (CRP, 400). La critique de ces prétentions mènerait tout droit au scepticisme si l'erreur idéaliste n'était pas une source d'instruction rationnelle : à la vérité, c'est l'indépendance des concepts, leur origine *a priori* dans l'entendement, qui est à l'origine de l'ambition dogmatique. Elle en fait la source d'une illusion durable et sujette à récidives, l'illusion que l'intérêt spéculatif de l'entendement, puissance de concevoir, est la clef de tout autre intérêt de la raison. En d'autres termes, c'est dans l'omnipotence de l'intérêt cognitiviste de l'entendement que la pensée dogmatique croit trouver le moyen de satisfaire la finalité suprême de la raison. La Critique doit donc distinguer les intérêts de la raison des pouvoirs de l'entendement, afin de faire apparaître que l'intérêt théorique n'épuise pas l'usage de la raison et qu'il peut contribuer à en occulter l'intérêt pratique.

Une connaissance par simples concepts est une connaissance abstraite, ou encore une connaissance intellectuelle. Dès lors que le concept est abstrait de la sensibilité, pensé pour lui-même en dehors de toute application sensible, comme le permet l'examen logique quand il isole sa signification pure et *a priori*, il est simplement vide. Si l'apriorisme conceptuel a pu donner la plus grande confiance en un usage *réel* des concepts, l'espérance en a été nourrie par le succès des mathématiques que l'on a prises, à tort depuis Descartes, pour le modèle d'une science rationnelle pure. La confiance que les métaphysiciens ont placée dans les mathématiques repose sur une erreur de jugement : ils ont cru que les mathématiques étaient une connaissance par concepts, capable d'augmenter leur domaine – celui de la grandeur – en allant d'un concept à un autre, par des relations qu'ils ont cru déductives. Ils n'ont pas vu que ces relations équivalaient à une « construction » des concepts, qui nécessite le support intuitif de l'espace et du temps, et que les mathématiques ne sont pas une connaissance par concepts purs, l'apriorité conceptuelle restant vide. L'ontologie classique a été comprise et fondée sur ce malentendu, et son concept fondateur, celui d'une chose en général, d'un quelque chose, ou encore son « concept d'objets purement intelligibles est entièrement vide » (CRP, 231).

Cet usage des catégories, c'est-à-dire des concepts originairement puisés dans l'entendement pur, est nommé « transcendantal ». Dénomination embarrassante puisque le criticisme la reprend à son compte. S'il peut le faire, c'est que les catégories ont effectivement leur origine, qui n'est pas empirique, dans l'entendement. Mais s'il peut en critiquer l'usage dogmatique, c'est que le rationalisme les prend pour la connaissance des choses elles-mêmes [1]. Cette erreur, qui se perpétue par la méconnaissance de leurs fondements, est encouragée par l'usage simplement logique, ou analytique, que la métaphysique fait des concepts, en se donnant l'illusion d'atteindre aisément des certitudes apodictiques. La métaphysique se présente comme une connaissance par concepts lorsqu'elle se sert de jugements analytiques pour tirer le prédicat d'un sujet de l'analyse logique de son concept ; par exemple : « tout corps est divisible ». L'illusion est de croire que le savoir s'est augmenté, alors qu'il s'est répété.

Applications métaphysiques de l'abstraction conceptuelle.

Plus décisif pour la formation de la pensée critique est le cas du principe de raison suffisante, clef de voûte du système leibnizo-wolfien. On peut dire que « tout a sa raison » ou dire, ce qui revient au même, que « tout est une conséquence » (*Progrès*, 33) sans ajouter quoi que ce soit au concept abstrait de chose tant que l'on ignore si elle a une existence sensible, si elle peut recevoir une signification matérielle. Et pourtant, le principe de raison suffisante a le pouvoir de provoquer le sentiment qu'une réalité se trouve complètement définie et connue : ne s'agit-il pas d'affirmer, en effet, qu'un être est identique à sa raison d'être, qu'une réalité accomplit totalement et intégralement sa raison d'exister ? Mais nous ne faisons que prendre une définition pour une réalité, avec une satisfaction qui n'est qu'intellectuelle. L'illusion est détruite quand on en constate l'absurdité, en appliquant à la chose une définition qui ne comble que l'intelligence : une chose est déclarée conséquence d'elle-même. La satisfaction provoquée par le principe de raison suffisante doit donc être rapportée à sa véritable source : c'est la pensée elle-même qui contemple sa propre nécessité et

1. Est dogmatiquement *transcendantale* une réalité dont la donation est impossible pour un concept. Est *transcendantale*, au sens critique, la réalité *subjective* du concept, ou sa genèse dans la raison humaine (CRP, p. 277).

sa propre unité. Une satisfaction logique, qui vient de l'entendement, est prise pour une satisfaction réelle, qui viendrait de la chose même.

Ramenée à sa vérité, celle d'un principe simplement logique, la raison suffisante instruit sur les causes du succès métaphysique des jugements analytiques : ils ne peuvent être contrariés par l'expérience sensible. Si bien que la réalité, logiquement ou conceptuellement pensée, ne peut jamais être contradictoire (CRP, 243). Il est donc impossible de distinguer entre un sophisme et une vérité, ce qui vient du fait que le réalisme intellectuel, ou l'usage *réel* de l'entendement, se met à l'abri des contradictions. Alors que la physique doit soumettre ses principes, dans son usage empirique, à l'épreuve continuelle de l'expérience (CRP, 492), la métaphysique prend pour une source d'apodicticité ce qui, à la vérité, est une menace pour sa propre validité théorique. On voit ainsi l'argumentation critique dénoncer dans la pseudo-scientificité métaphysique l'illusion de se rendre « infalsifiable », comme on le dirait maintenant ; il en résulte que la non-contradiction des concepts ne peut servir d'indice de la réalité de leurs objets [1]. De là le danger de prendre les mots pour les choses et les images pour les concepts, danger dont le remède est donné en même temps que le mal : il y a là un vice de subreption (CRP, 315), par quoi la pensée prend les conditions subjectives de son exercice pour des propriétés objectives appartenant aux choses elles-mêmes.

De la même façon, c'est à partir d'une vérité subjectivement incontestable que la conception cartésienne du Je s'engage dans une fausse théorisation de la réalité spécifique de l'âme, distincte de toute réalité matérielle, théorisation qui est le produit d'un paralogisme. Car le Je ou, dans le vocabulaire kantien, l'aperception transcendantale est bien l'unique synthèse pensable de l'unité des pensées. C'est dans le Je que les pensées sont synthétisées en représentations conscientes de soi. Mais ce Je, qui connaît les concepts (vérité de la thèse) n'est pas connu par ces mêmes concepts (fausseté de la conclusion), il est sujet et non objet de la pensée, de sorte qu'« au lieu de se connaître lui-même par les catégories, il connaît les catégories » (CRP, 324) en prenant ce savoir de soi pour un savoir d'objet. Amputée de son réalisme imprudemment conclu, la thèse retrouve la vérité de son abstraction, une vérité formelle qui fait du Je la simple forme, la plus pure, de l'unité du pensable.

L'abstraction métaphysique doit encore accepter une perte théorique très considérable avec la décomposition critique de la

1. Cet argument revient fréquemment, voir par exemple, CRP, p. 243, p. 335, p. 492. *Les progrès de la métaphysique en Allemagne*, p. 11, p. 64.

preuve ontologique. La preuve ontologique de l'existence de Dieu (par la nécessité du concept) est, en effet, au principe de toutes les autres preuves, de la preuve cosmothéologique (par la contingence de l'univers) et de la preuve physico-théologique (la plus populaire, qui induit la souveraineté d'un auteur du monde à partir de la beauté et de l'ordre qui sont dans la nature). La preuve ontologique s'établit exclusivement sur le concept de réalité, en prenant pour principe le concept de l'être tel qu'il le plus réel. La théologie est dite *rationnelle* quand elle a pour but de fonder l'existence de Dieu sur de purs concepts. La théologie transcendantale, dans la mesure où elle « s'imagine connaître l'existence par simples concepts », est aussi nommé l'*ontothéologie* (CRP, 447). La preuve ontologique est, par excellence, celle qui va du concept à l'être, celle qui fait de la réalité, bien plus qu'un phénomène sensible, qui se constate, une vérité supranaturelle, qui se conclut rationnellement. L'illustration qu'en a donnée Descartes est exemplaire à cet égard : l'existence appartient au concept de Dieu aussi nécessairement que trois angles appartiennent au concept d'un triangle. La force de cette preuve (la nécessité) est aussi incontestable que sa fragilité (l'existence). Car il suffit de supprimer l'existence pour constater que la nécessité demeure (CRP, 427). Là encore, une fois la thèse privée du réalisme qu'elle s'attribue illusoirement, il ne reste que les conditions logiques de la pensée : je ne retire du concept de Dieu que l'attribut que j'y avais moi-même inscrit préalablement, en attribuant à Dieu, par avance, la propriété d'exister, dont j'étais convaincu. La preuve ontologique n'est que la mise en forme analytique d'un présupposé qui n'a été, en rien, justifié.

Le monde enchanté de Leibniz

La prétention de connaître l'âme en tant que substance, simple, personnelle et distincte du corps, qui est le but de la psychologie rationnelle, aboutit à des Paralogismes. Les *Rêves d'un visionnaire* avaient déjà affronté la thèse de la substantialité de l'âme en liaison avec le problème cosmologique qu'elle induit : comment comprendre qu'il existe un *commerce*, des liens réels et physiques entre des substances métaphysiquement conçues ? La *Dissertation de 1770* s'efforçait de donner à cette question d'un monde conçu comme un tout de substances une solution théologique : en tant qu'elles sont toutes également des dépendances à l'égard d'un être suprême, leurs liaisons physiques sont orchestrées ou organisées par une même cause. La thèse voulait être en faveur d'une solution *réelle* et non idéale, et elle privilégiait l'harmonie préétablie contre l'occasionnalisme (*Dissertation*, § 22).

Faisant, en 1793, le bilan des *Progrès de la métaphysique en Allemagne depuis Leibniz et Wolf* à la lumière des résultats conquis par les *Critiques*, Kant n'identifie plus le monadologisme substantialiste de Leibniz, couronné par la thèse de l'harmonie préétablie, qu'à « une sorte de monde enchanté » (*Progrès*, 43). L'enchantement spéculatif vient de ce que la métaphysique semble réaliser son suprême dessein. La liaison des substances trouve sa solution dans une cosmologie qui explore la totalité de la série ascendante des phénomènes jusqu'à sa cause suprême qui n'est plus phénoménale, mais divine. Par cet accès à la théologie, la cosmologie trouve son couronnement spéculatif dans une théodicée, elle unit le monde moral au monde phénoménal dans une vision complète de tout le souverain bien qui est possible dans le monde. Et pourtant cette perfection métaphysique du système ne réalise que « la plus admirable fiction que la philosophie ait jamais élaborée » (*Progrès*, 41).

Etonnant renversement, qui taxe de « fiction » la philosophie qui passe pour l'une des plus concrètes. Concrète par sa théorie de la sensibilité, le sensible étant assimilé à une connaissance confuse, mais non étrangère à l'intellection ; concrète par la conception de la monade qui lui est associée : « c'est dans l'action, dans l'opération du sujet pensant, c'est-à-dire dans la *perception* que se trouve, selon Leibniz, la conciliation non plus abstraite, mais vivante de l'un et du multiple. L'être n'est pas *forme*, il est *effort*, tendance vers la perception distincte »[1] ; concrète encore par l'union de l'un et du multiple dans la totalité d'un monde qui unit la plus grande diversité à la plus grande unité ; concrète enfin par sa conception de l'être des êtres, raison d'être de toute réalité, qui unit tout le possible à tout le réel et qui se fonde sur le concept d'un « susbstratum transcendantal qui contient pour ainsi dire toute la provision de matière d'où peuvent être tirés tous les prédicats possibles des choses » (CRP, 417).

Pourtant, la conception leibnizienne de la sensibilité procède à « un échange frauduleux des sensibles et des intelligibles » pour attribuer aux sensibles « des propriétés se rattachant nécessairement à des intelligibles » (*Dissertation*, § 24). Aussi contribue-t-elle à un certain enchantement spéculatif, celui d'une vision directement métaphysique du réel qui autorise à regarder les phénomènes comme s'ils étaient les propriétés de choses en soi. L'intellectualisation de la

1. J. Rivelaygue, *La Monadologie*, Le Livre de Poche, 1991, p. 129, note 1.

sensibilité offre, en apparence, une carrière ouverte à son émancipation, puisque nous pouvons croire que « nous intuitionnons les choses telles qu'elles sont (quoique de manière confuse) » (CRP, 236)[1]. Mais ce qui pourrait passer pour un « éloge » de la sensibilité est, en vérité, un traitement métaphysique de l'intuition, qui ne constitue, avec tous les phénomènes, que l'expression d'un être infiniment plus réel, la véritable source de toute chose (CRP, 419). De sorte que la sensibilité se trouve privée, du même coup, de sa dimension subjective et simplement humaine, n'étant pas, pour l'homme, un principe de réalité qui soit à sa mesure. La dimension métaphysique accordée à l'intuition n'est qu'un leurre dès lors que l'« on ne peut pas sentir hors de soi » (CRP, 306). Le fait que Kant attribue au concept, inconnaissable, de noumène une fonction critique, se comprend ici à partir de la nécessité d'imposer des bornes à une conception hyperphysique de la sensibilité ; la représentation du noumène, pur être de raison, ne peut en aucun cas être sensible, d'où il résulte qu'il est destiné, d'une manière entièrement critique (CRP, 237), à indiquer à la sensibilité son unique domaine de validité, qui est et demeurera, pour la science comme pour la morale, entièrement phénoménal.

Le concept monadologique de substance exprime une plénitude ontologique qui tient à la parfaite adéquation du rationnel et du réel, de l'essence et de l'existence, par laquelle la phénoménalité réalise extérieurement une essence intérieure (CRP, 245). Dans ce monde plein et comme saturé d'être, il n'existe pas de réalité négative, et toute réalité est complètement déterminée. Il peut être dit *enchanté* du fait qu'il peut réunir « dans un être toute la réalité sans se heurter à aucune opposition » (CRP, 239) ou que le système est, en quelque sorte « immunisé » contre toute atteinte critique, du fait qu'il rend impossible l'expérimentation intérieure de la raison sur laquelle se fonde la Critique afin de distinguer entre son usage immanent et son usage transcendant, entre le domaine des phénomènes et celui des choses en soi. L'extrême concrétude apparente du système n'est qu'une illusoire objectivité qui se confond avec son isolement métaphysique même, dès lors que le réel sensible, dépourvu d'une signification théoriquement résistante, ne peut même plus faire obstacle aux assertions transcendantes.

1. La tentative faite par Baumgarten pour donner à ces considérations une exemplification originale dans le domaine esthétique (*Aesthetica*, 1750), n'est pas saluée par la première *Critique* qui ne constate qu'une « espérance déçue » (CRP, p. 54, note).

L'univers leibnizien ferait ainsi la démonstration de l'échec spéculatif, proprement théorique, de la métaphysique dogmatique au moment où il donne à son ambition son expression la plus complète, révélatrice des raisons théologico-morales d'adhérer, avec la thèse d'une cosmologie substantialiste, à une représentation du monde qui soit la plus métaphysiquement satisfaisante. Pour atteindre cette satisfaction spéculative, il faut admettre que c'est seulement du point de vue de Dieu que le réel est parfaitement et intégralement rationnel. De sorte que c'est par le moyen et au nom même de la raison, mais d'une raison *divine*, que la métaphysique exporte les fondements du réel au-delà de la raison humaine, c'est-à-dire de l'entendement en tant que faculté humaine de connaître. En cherchant à donner satisfaction au désir de complétude, d'unité inconditionnée et d'achèvement de la raison d'une manière exclusivement théorique, spéculative, elle s'expose à changer la théologie en théosophie et la morale en mystique (*Progrès*, 75). La même démarche sera conduite sur le plan moral, par la deuxième *Critique*, avec le renversement du spontanéisme monadologique au nom de ses présupposés théoriques eux-mêmes, à savoir la reconnaissance d'un déterminisme métaphysique à l'œuvre dans l'activité même de la monade; de sorte que sa spontanéité d'automate spirituel, analogue à celle d'un « tournebroche » relève d'une théorisation dogmatique de l'harmonie préétablie dont les conséquences spéculatives sont catastrophiques pour la liberté humaine.

Il apparaît ainsi que ce qui est le plus réel, pour la métaphysique rationaliste, c'est que le rationnel soit lui-même le réel tel qu'il est en soi. Mais ce réalisme intégral ne peut se donner satisfaction que comme fiction: le réel en tant que noumène, réalité achevée et inconditionnée, est précisément celui que l'homme ne peut pas connaître puisqu'il qu'il déborde ses facultés de l'appréhender tel qu'il est en soi, et donc tel qu'il n'est pas pour lui. Le dogmatisme a voulu se présenter comme science en tenant la gageure d'identifier l'être tel qu'il est en soi dans le monde tel qu'il est pour nous. Il ne fait ainsi que révéler la réalisation simplement dogmatique du désir métaphysique: « on ne voudrait plus être des hommes » (CRP, 241). On voudrait un monde supra-humain ou surhumain, un monde réglé par une nécessité plus que naturelle, une nécessité surnaturelle ou métaphysique qui laisse voir les effets ou les manifestations d'une transcendance plutôt que les connaissances bornés des êtres finis.

De cette manière de placer l'entière satisfaction de la raison au-dessus des moyens de l'entendement et de la sensibilité compris dans des limites et dans un sens simplement humains, il peut résulter, de la part des philosophes une véritable propension à faire obstacle au travail phénoménal de la science, ce que Kant appelle souvent *philosophie paresseuse*. Elle correspond à des désirs ou à des intérêts que les philosophes prennent volontiers pour des réalités, et qui sont liés, le plus souvent, à des engagements théoriques extrêmes, qu'il s'agisse de spiritualisme dogmatique ou de matérialisme dogmatique. Le penseur obéit au désir d'une philosophie plus spectaculaire que rationnelle, attiré qu'il est par une vision entièrement unilatérale du réel. Le dogmaticien spiritualiste s'en remet à la hauteur insondable des décrets de la Providence là où il manque de preuves rationnelles pour justifier ses assertions (CRP, 478). Il utilise alors l'invérifiabilité de ses présupposés, ou leur non-contradiction logique, pour imposer sa vision du réel par voie d'autorité. Herder se trouve mis en cause, pour ces mêmes raisons, dans la recension que fait Kant de sa philosophie de l'histoire; son point de vue d'un providentialisme hyperphysique se nourrit d'images et d'allégories, au lieu de concepts. De telles positions paresseuses, quand elles sont adoptées au nom d'une compétence spéciale de la métaphysique, trahissent un mépris de la science qui ne peut que discréditer la philosophie et en faire un objet de mépris. La paresse consiste à poser l'intelligibilité complète du réel en dehors même du travail de l'entendement; le spiritualiste invoque les décrets d'une Intelligence qui dépasse la raison humaine pour se dispenser du labeur de l'enquête; les réponses sont données avant que les questions ne soient posées (*ibid.*). Ainsi se cultive «une prétendue philosophie pour laquelle point n'est besoin de *travailler*»[1]. Il arrive que le métaphysicien dogmatique se laisse aller à rêver que son «génie» l'autorise à des incursions dans cette surnature inévitablement désertée par le sens commun. Si Kant a contesté l'autorité d'un tel modèle de philosophe en y décelant de l'arrogance plus que de la compétence, c'est que la philosophie reste, à ses yeux, un travail plus laborieux et pénible. Le modèle critique de la philosophie, qui réoriente le savoir philosophique vers la sagesse entendue comme une fin et non comme une possession, signifie, à cet égard, une volonté de modestie plus grande: l'archétype parfait du philosophe accompli ne sera jamais atteint, il «n'existe qu'en idée» (CRP, 562).

1. *D'un ton grand seigneur adopté naguère en philosophie*, trad. L. Guillermit, Vrin, 1975, p. 90.

Critique du dualisme transcendantal

Si le dogmatisme exerce une telle attraction sur les hommes, c'est qu'il réalise effectivement le besoin métaphysique le plus naturel de la raison. La raison, formellement définie comme faculté de raisonner, c'est-à-dire de procéder par syllogismes, ne veut pas simplement constater la réalité, mais la conclure. « Caïus est mortel » fait l'objet d'un savoir empirique, qui se constate. Déduire la mort de Caïus du concept de la mortalité de l'espèce, c'est dériver la réalité de sa mort du concept de son être, et faire de sa mort, plus qu'un phénomène constatable, une vérité nécessaire, qui se conclut. Le rationalisme dogmatique entend donner à la rationalité la satisfaction la plus complète lorsqu'il peut conclure du rationnel au réel, du concept à l'être, faisant en sorte que tout le rationnel soit aussi tout le réel. Pour le réalisme rationaliste, le concept de la substantialité ne sert pas simplement à définir l'*âme*, mais à conclure à sa réalité substantielle ; le concept de totalité ne définit pas seulement une représentation du *monde*, mais il doit permettre de conclure à son unité réelle ; le concept d'un être originaire contient bien plus qu'un besoin de poser *Dieu*, il sert à en connaître la réalité transcendante ou surnaturelle. Dans chaque cas, l'usage du concept dépasse l'opération de concevoir pour identifier une réalité jugée entièrement rationnelle, et qui n'est pas physiquement, mais métaphysiquement donnable (*dabile*). L'usage *réel* de l'entendement, analysé dans la *Dissertation de 1770* se présente désormais, pour la Critique, comme un usage transcendant des concepts, et il est attribuable à l'initiative de la raison qui réifie son besoin d'unité dans des réalités hyperphysiques, des hypostases. Les procédures analytiques de la métaphysique se donnent l'illusion de saisir, par la non-contradiction, l'identité immuable de réalités dont elles ont présupposé l'existence. C'est ainsi qu'en faisant de l'*idée* d'être suprême une *hypostase*, nous croyons *réellement* déterminer « l'être originaire par le concept de la réalité suprême » (CRP, 418).

Le but du rationalisme, qui est de connaître l'âme, le monde et Dieu absolument ou inconditionnellement, c'est-à-dire tels qu'ils sont en soi, est, de l'aveu même de Kant, le but le plus *attrayant* qui soit pour l'usage de la pensée, et la métaphysique dogmatique se présente ainsi comme l'exercice d'un véritable contentement spéculatif, une sorte de principe de satisfaction privilégié de l'appétit théorique. La puissance de cet attrait permet de signifier la différence entre l'entendement, qui contient les concepts, et la raison qui croit les tirer de réalités achevées. C'est pourquoi l'analyse des Paralogismes, sur la question de l'âme, des Antinomies sur la question du monde, et de l'Idéal, sur la question de Dieu, peut révéler un usage des concepts qui outrepasse, non seulement les bornes de la sensibilité, mais encore les limites de l'entendement, c'est-à-dire le pouvoir des concepts lui-même tel qu'il relève de l'entendement en tant que faculté humaine. L'entendement est capable d'un usage transcendantal quand il pose le *concept* d'une chose en général, mais la raison en fait un usage transcendant quand elle affirme la *réalité* en soi de cette chose. Est transcendant le niveau spéculatif qui *réalise* le concept dans un objet tel qu'il ne peut plus être un objet de l'entendement humain. Ce réalisme transcendantal, qui dépasse la connaissance de soi du concept pour atteindre une connaissance des choses en soi, permet d'identifier la vocation métaphysique de la raison au moment où en est comprise l'erreur dogmatique: la raison se procure une satisfaction hyperphysique quand elle se livre à une « détermination métaphysique de l'objet » de sa pensée (CRP, B, 287). C'est ainsi qu'elle conçoit l'âme humaine comme une réalité qui perdure au-delà de cette vie, dépassant par cette affirmation tout concept immanent de la vie, tout de ce que l'entendement peut connaître de l'expérience humaine de la vie. Elle veut croire que la réalité du monde pourrait constituer une totalité effectivement donnable, alors que l'entendement n'explore que des séries inachevables de phénomènes. Elle ne peut plus alors être instruite que par ses propres erreurs et par l'échec théorique de ses démarches elles-mêmes.

Tel est le cas du *dualisme transcendantal* engendré par la thèse de la substantialité de l'âme. L'intention métaphysique qui préside à la thèse de l'âme-substance, de l'âme qui croit se connaître elle-même en tant que pur esprit séparé de sa vie corporelle, est transparente: il s'agit d'isoler une partie de l'homme qui puisse échapper à la mort, à la dégradation et au néant qui menacent la réalité simplement physique et phénoménale. Par suite, il s'agit de combattre le naturalisme des thèses matérialistes et athées. Mais cette intention échoue lorsqu'elle emprunte les voies d'un spiritualisme substantialiste dans le but d'identifier le sujet et l'objet de la pensée. Si la pensée est sujet en tant que moi déterminant, elle ne peut être en même temps objet en tant que moi déterminable (CRP, B, 283). Le paralogisme ne sera que la présentation sophistique d'une fausse conclusion syllogistique. On croit conclure du concept à l'être, du concept de la substantialité, de la simplicité, de la personnalité et de l'idéalité à la réalité en soi de l'âme comme substance simple, personnelle et immatérielle, alors que l'on est la dupe d'un vice de raisonnement qui consiste à traiter l'âme à la fois comme un concept transcendantal et comme une réalité psychologique, c'est-à-dire empirique (CRP, A, 325). La satisfaction qui en résulte n'est pas douteuse, puisque l'âme *apparaît* comme l'identité d'un concept et d'un être, mais ce n'est là qu'une apparence, qui ne comble que l'amateur d'hypostases. En effet, pour oublier ou surmonter la finitude psychologique de l'âme, son expérience intérieure de la pluralité, de la diversité et de la mobilité de ses états, le métaphysicien associe au concept de sujet des prédicats qui ne correspondent nullement à cette expérience interne : la simplicité (CRP, B, 289), la personnalité ou l'immatérialité. Il parvient ainsi à fabriquer une unité objective du sujet qui ignore la réalité de ses rapports avec le monde extérieur et qui l'isole métaphysiquement des relations aux autres sujets. Les Paralogismes dévoilent qu'une telle conception n'a pas pour but de faire connaître au sujet son rapport à lui-même comme être de l'expérience (CRP, A, 289), mais de lui attribuer une réalité transcendante en vue de récuser les prétentions matérialistes. De sorte que le concept dogmatique de substance pose le sujet au-delà du sujet (CRP, A, 311).

Une telle tentative ouvre toute grande la porte au matérialisme puisque la séparation de l'âme et du corps engendre un dualisme transcendantal entre l'esprit et la matière. Sur ce point, le spiritualisme voit ses propres efforts neutralisés, puisqu'il doit reconnaître au matérialisme le droit de procéder exactement de la même manière. Le matérialisme se fait dogmatisme par la même procédure, par une théorisation métaphysique de la matière qui est sous-jacente au naturalisme affiché de ses thèses. Le matérialisme a besoin, comme le spiritualisme, d'une conception hyperphysique du réel, qui fasse de la matière un en soi, une réalité située au-delà de toute appréhension subjective, comme pour assurer à ses positions un « hyper-réalisme », un réalisme supra-humain, qui fait abstraction de la subjectivité des actes de connaître eux-mêmes.

Du supra-rationnel au suprasensible

Tant que la raison identifie ses objets à des êtres en soi, elle en pose la réalité au-delà des conditions du sujet. Dans son intention dogmatique, la métaphysique veut prouver la raison par son point d'aboutissement ultime et le plus haut, la théologie. Mais en hypostasiant une réalité rationnellement complète (le réel tel qu'il est en soi rationnel), elle doit poser une existence effectivement « métaphysique » du rationnel, indépendante de la raison humaine et antérieure à elle : « Platon dut admettre pour nous autres hommes des *intuitions a priori* ayant leur première *origine* non pas dans *notre* entendement, (...) mais dans un entendement qui serait en même temps la cause première de toutes choses, c'est-à-dire dans l'entendement divin»[1]. La raison divine est alors la mesure véritable de la raison humaine et la pratique dogmatique de la philosophie aboutit à déposséder l'homme de l'*origine* et de la *fin* de toute vérité métaphysique. L'unité rationnelle du monde, l'accord rationnel entre l'homme et le monde et entre l'homme et l'homme est un accord divin, celui de l'harmonie préétablie de la cosmologie leibnizienne, accord que Kant a identifié, par sa critique de la spéculation, comme surhumain.

Il est possible de procéder à une critique de type positiviste en concluant à l'impossibilité ou à la nullité de tels objets puisque leurs concepts ne peuvent être réalisés empiriquement: l'unité du monde, par exemple, n'est pas une réalité visible. La conclusion serait uniquement sceptique, la métaphysique ne fabriquant que des chimères. Mais on a vu, à propos des antinomies, que la philosophie n'aboutit, par cette voie, qu'à des conflits entre des intérêts doctrinaux. Si l'empirisme a raison d'alléguer la réelle diversité de l'expérience, l'impossibilité de sortir de la série des phénomènes, la régression vers une cause originaire allant à l'infini, il lui faut renoncer à l'unité visée par la raison en même temps qu'à ses chimères, et il n'exprime alors que le scepticisme de son point de vue. Inversement, preuve a été faite que l'unité hypostasiée de l'âme et de Dieu met en péril la science de la nature en favorisant des satisfactions spéculativement paresseuses. La Dialectique joue donc un rôle paradoxalement fécond, qui force la raison à faire l'expérimentation d'elle-même: en tentant d'hypostasier ce qui ne peut l'être (CRP, 469), la raison tombe dans les antinomies qui l'instruisent sur la nature de propres intérêts.

Une *Critique de la raison pure* n'est donc guère assimilable à une critique de type positiviste ou sceptique, dans la mesure où elle restitue à la raison les moyens de procéder elle-même à l'annulation de ses propres tentatives (*Progrès*, 14), grâce à l'«expérimentation que la raison institue sur son propre pouvoir» (*Progrès*, 50). Son utilité pour la métaphysique est de dévoiler la finalité de la raison tout en en rejetant les réifications hyperphysiques. La méthode sceptique (détruire le dogmatisme) peut alors aboutir à une solution critique (préserver la raison et continuer de voir en elle une source de progrès pour la culture humaine). La métaphysique fabrique des chimères sans que ces fictions portent atteinte au droit souverain et à la compétence

1. *Ibid.*, p. 91.

de la raison. S'il reste urgent et utile de dénoncer les rêves du métaphysicien, c'est qu'il faut lui prouver qu'il annule ses propres tentatives quand il prend ces rêves pour des réalités. De sorte que la compréhension critique de la métaphysique propose une solution philosophiquement supérieure à la destruction de la métaphysique: celle de sa reconversion complète. La connaissance des illusions de la métaphysique sert à préparer le renoncement à un mode de satisfaction chimérique.

Selon les *Progrès de la métaphysique en Allemagne*, la psychologie, la cosmologie et la théologie rationnelles, trouvant dans l'ontologie un fil directeur (*Progrès*, 13), constituent les *stades* ou les étapes de la métaphysique dogmatique dont la Critique peut affirmer qu'elle-même constitue le stade et le progrès ultime. De sorte qu'une *progression* dogmatique, allant de l'âme au monde et du monde à Dieu, peut être convertie en un véritable *progrès* vers une métaphysique non dogmatique: le moment critique est celui où le criticisme comprend Dieu, non plus comme un objet en soi ou hypostatique, mais comme l'Idéal de la raison ou comme la *fin* de la métaphysique. Dans la première *Critique*, c'est le fait de comprendre Dieu comme un Idéal de la raison, qui engage une nouvelle intelligibilité – critique – des Idées de la raison. En tant que l'âme, le monde et Dieu constituent de pures Idées, leur vérité métaphysique est incontestable parce qu'elle a la raison pour unique source: une Idée est un archétype rationnel absolument original, qui n'a pu être puisé dans l'expérience, puisque l'expérience n'en fournit aucun exemple. Le principe d'une relecture critique est possible: ce que le dogmatisme ne peut connaître, le criticisme doit le comprendre. C'est ainsi que la finalité de la métaphysique dogmatique, à savoir le souci d'un passage du sensible au suprasensible, vient servir à en combattre, d'une manière interne, les illusions mêmes.

Il faut donc qu'une autre relation à la métaphysique soit possible, pour que soit possible une autre relation à la raison. Il faut, en quelque sorte, rendre la métaphysique à l'homme afin que la raison constitue l'unique mesure de tout usage de la raison. En concevant la raison humaine comme la faculté métaphysique par excellence, dont les idéaux constituent l'unique mesure de tout ce qui dépasse la mesure des sens [1], la Critique peut restituer à l'homme la maîtrise de son

1. « Ces idéaux, bien qu'on ne puisse leur attribuer de *réalité* objective (d'existence), ne doivent pas cependant être regardés comme des chimères; ils fournissent, au contraire, à la raison une mesure qui lui est indispensable » (CRP, p. 414).

propre autodépassement en tant qu'être fini. Il s'agit là d'une approche de la métaphysique impossible aux dogmatiques, parce que leur réalisme transcendantal y fait précisément obstacle, réalisme hypostatique qui constitue proprement, aux yeux de Kant, leur échec théorique spécifique. « L'ancienne métaphysique ne soupçonnait même pas que le seul thème de la métaphysique est le rapport au suprasensible »[1] et que « le mot meta fut toujours interprété comme *au-dessus de* et jamais comme *au-delà* »[2]. Pour prouver que le « surnaturel » peut n'être pas une entité hypostastique, qu'il peut être autre chose qu'une réalité antérieure et supérieure à la raison humaine, qu'il peut provenir de cet être naturel doué de raison qu'est l'homme et, pour tout dire, que le surnaturel, ou le « transnaturel » peut n'être pas du tout une *chose*, la première *Critique* inaugure, en soulignant la dimension métaphysique de la raison humaine, une conceptualisation du suprasensible comme « dépassement », comme « transgression » ou comme « au-delà » des limites du monde sensible. La morale, l'esthétique et la téléologie, se fonderont à leur tour sur ce dépassement de l'homme sensible par l'homme pensant.

La Critique s'emploie ainsi à « déréaliser » ou à « déchosifier » le domaine du rationnel. Plus elle avance, en suivant la méthode sceptique, dans la décomposition critique des objets dogmatiques, plus elle en ruine l'objectivité « en soi », et plus elle en restaure la nature strictement rationnelle, dont les sources intelligibles sont subjectives. C'est donc par une transformation du concept dogmatique de la métaphysique que l'Appendice à la Dialectique sauve la raison du naufrage sceptique : la raison est préservée, non plus en tant que connaissance d'une transcendance surnaturelle, mais en tant que visée d'un « passage » au suprasensible. D'un côté, le dogmatisme comprend ce passage comme accès à l'être, saisie du réel tel qu'il est en soi. Le *Schwärmer* réalise de façon fantasmatique cette suprême satisfaction d'essence surnaturelle, le sentiment étant chargé de réaliser un contact sans médiation avec l'au-delà. Dans sa réalisation rationaliste, c'est la connaissance elle-même, celle de la chose en soi, qui doit donner satisfaction au besoin d'absolu, celui d'une réalité suprême qui ne soit ni finie, ni contingente : dans cette version ontologiquement dogmatique, c'est parce que la raison a l'être pour fin qu'elle vise la perfection du connaître. De l'autre côté, la conversion critique opérée dans l'Appendice à la dialectique transcendantale s'effectue à l'intérieur même de cette visée ontologique de transcendance : elle

1. G. Lebrun, *Kant et la fin de la métaphysique*, 1970, Armand Colin, p. 36.
2. *Ibid.*, p. 38.

vient en révéler la vérité interne, en montrant que le besoin suprême de la raison est un besoin d'*unité*, besoin hypostasié sous l'aspect de l'être en soi. Il n'est pas nécessaire de sortir des objets ou des opérations de la métaphysique dogmatique pour l'apercevoir : plus les métaphysiciens cherchent l'être en soi, et plus ils apportent d'unité systématique à leurs productions spéculatives, qu'elles appartiennent à la psychologie, à la cosmologie ou à la théologie rationnelles. Le besoin d'unité est le besoin rationnel suprême de l'ontologie dogmatique. C'est ainsi que les transcendantaux médiévaux (*Quodlibet ens est unum,verum, bonum*) sont compris en tant que visée de l'*unité qualitative* d'une perfection du connaître inconsidérément imputée aux choses (CRP, 98). Il est donc possible de « transcendantaliser » l'appétit de transcendance en en conservant l'unité en tant que finalité rationnelle ; l'Idée de Dieu est opératoirement régulatrice en tant que principe d'un maximum d'unité rationnelle qui stimule les recherches effectuées dans le réalité empirique. La Critique, en procédant de la sorte, n'impose nullement de l'extérieur sa « vérité » métaphysique à la métaphysique : elle lui fournit la connaissance intérieure de soi dans ses propres opérations.

La connaissance de la métaphysique en tant que besoin d'unité rationnelle complète accomplit ce que le dogmatisme visait et pratiquait déjà lui-même : la promotion d'une unité rationnelle inconditionnée qui peut transcender le réel parce qu'il n'est borné par aucune détermination sensible. L'illusion métaphysique se convertit alors en vérité critique : *il n'y a pas nécessairement coïncidence entre le besoin d'unité et le besoin de réalité*, entre le besoin de l'inconditionné et le besoin de la chose en soi. Cette conversion critique fait plus que traduire ou retraduire les procédures dogmatiques, elle les dépouille de leur irrationalité, de l'irrationalité qui consiste à identifier la nature à une surnature, à connaître le surnaturel dans le naturel. Le projet de rationalité peut être compris et assumé par la raison jusque dans son irrationalité même, irrationalité qui se dévoile lorsque la raison transcende son besoin d'unité par son besoin de réalité, c'est-à-dire lorsque la raison dépasse les limites de l'entendement. Toutes les œuvres critiques accompliront cette reconversion des illusions réalistes de la métaphysique en faisant la démonstration d'un besoin d'unité rationnelle. Au rationnel chosifié ou réifié, elles substituent une rationalité en travail, en quête d'unité.

La première *Critique*, pour sa part, choisit d'empêcher toute confusion entre nature et surnature, entre rationalité et « sur-rationalité » par une distinction tranchée entre phénomènes et noumènes, entre entendement et raison, entre le besoin d'unité qui s'exprime dans la connaissance et le besoin de totalité qui se révèle dans la métaphysique. C'est pourquoi elle fait jouer à l'expérience le rôle d'un « principe de réalité » théorique : nous ne connaissons le réel qu'en tant qu'il est l'objet de nos représentations sensibles, jamais en tant qu'il échappe à ces représentations ; l'entendement doit donc être conçu comme la faculté de connaître d'un être sensible, afin que la scientificité de ses jugements puisse toujours être soumise au critère de l'objectivité. Le travail d'éclaircissement de la première *Critique* maintient la raison dans tous ses droits en tant qu'elle demeure la gardienne d'une dynamique de l'unité que le réel est impuissant à lui insuffler et qui en excède les limites.

C'est la raison elle-même qui peut se donner des limites, car elle n'est pas *extérieurement* arrêtée par des bornes, qu'elles soient celles de la sensibilité ou qu'elles proviennent d'une réalité transcendante. Ainsi est restaurée aussi bien la souveraineté de la raison sur l'entendement et la sensibilité que la liberté entière de la raison : nul, si ce n'est elle-même, ne peut lui prescrire le côté où elle doit pencher (CRP, 512) ; tous les problèmes de la raison sont dans la raison même, la question du réel comme celle de la liberté.

En reconnaissant que l'existence de Dieu, la permanence de l'âme et l'unité du monde ne sont pas des objets connaissables, mais le but de ses efforts, la raison donne à ses tâches l'étendue la plus complète : l'investigation du réel (connaissance de la nature), l'enquête sur la liberté (volonté du sujet moral) et l'interrogation téléologique sur le monde (question de l'accord entre la nature et la liberté) font désormais partie de la connaissance de soi de la raison. La Critique intériorise dans la raison et restitue à son pouvoir d'investigation *a priori* ce que l'histoire philosophique a forgé et dogmatisé au coup par coup, et cela sous la domination exclusive du modèle spéculatif, soit pour l'exalter (dogmatisme) soit pour le mettre en doute (scepticisme).

Il peut sembler que le criticisme fragilise le concept et l'autorité de la raison en construisant le progrès de la philosophie sur la base d'une rationalité subjectivement conçue. La plupart des attaques dirigées, depuis Hegel, contre le formalisme kantien, s'appuient sur cette « faiblesse » de l'édifice critique. Les objections hégéliennes se fondent sur un modèle de scientificité philosophique dont l'autorité soit opposable et supérieure à toute subjectivité. Par ailleurs, les convictions du positivisme nous ont accoutumés à associer la subjectivité à l'absence d'objectivité, ce qui constitue un obstacle à la compréhension de l'apriorisme critique. Pour ce dernier, en effet, l'objectivité n'est pas ce qui désigne une réalité transcendante ou extérieure à l'esprit (comme dans le matérialisme ou le spiritualisme dogmatiques). Elle est, dans la science, la morale et l'esthétique, ce qui fait l'accord des esprits en dehors de toute influence, en dehors même de l'influence que peut provoquer cet accord lui-même quand il n'est qu'empiriquement obtenu, d'une manière qui n'est pas apriorique[1]. Les thèses dogmatiques sont jugées incapables de provoquer l'unité des esprits sur les questions métaphysiques, puisque, si ses objets sont en soi, le recours aux concepts ou aux catégories est alors dépourvu de tout sens objectif. En revanche, dès lors que la sensibilité, l'entendement et la raison sont également reconnus comme des *facultés*, alors l'accord des esprits, non assimilable à une quelconque coïncidence des opinions, peut être *a priori connu* par la compatibilité interne des fonctions de l'esprit. L'objectivité scientifique relève de l'accord entre sensibilité et entendement, l'objectivité morale du pouvoir qu'a la raison de déterminer la volonté indépendamment de l'influence de la sensibilité ; le pouvoir esthétique de juger montre comment la subjectivité se dépasse elle-même vers une intercommunication entre les subjectivités ; la téléologie, pour sa part, fera valoir un besoin subjectif de finalité objective par lequel la raison incarnée peut comprendre sa raison d'être dans le monde sensible.

Il faut un accord des esprits pour fournir ses raisons au pouvoir de juger dont la philosophie explore les domaines : les questions de savoir si et comment un homme peut être déclaré coupable et condamné, si et comment un Etat juste pourrait supprimer tout à fait les peines, si et comment il est possible de choisir entre l'athéisme et le théisme, sont autant d'exemples problématiques que le rationalisme néglige au profit d'une science hyperphysique impossible et que le scepticisme supprime au lieu de les penser. Comment comprendre la foi si l'on décrète unilatéralement où doit aller le libre usage de la raison ? Le scepticisme est inconséquent quand il ne voit pas qu'il condamne les hommes aux solutions dogmatiques dès lors qu'il se refuse à traiter *rationnellement* la questions des mobiles moraux de l'action (CRP, 424). Comment oser juger les hommes si la liberté n'est pas représentable comme la finalité qu'ils peuvent donner à leur action ? Il y a jugement dans la mesure où tout n'est pas connu ni connaissable, mais dans la mesure aussi où rien d'inconnu ne peut être posé ou exporté en

1. Sur ce point, voir en particulier l'analyse du *sens commun* esthétique dans la *Critique de la faculté de juger*.

dehors de nous (CRP, 313), de sorte que l'inconnaissable, même métaphysique, fait également partie des conditions du jugement[1].

Pour se garder d'une lecture pragmatiquement subjectiviste de l'apriorisme critique, il faut rappeler que l'usage des facultés humaines ne se cantonne pas dans une intériorité individuelle fermée : les Facultés entre lesquelles se distribuent les disciplines universitaires sont également décrites et analysées selon les modes de relations qu'elles ont aux objets du jugement ; l'écrit sur la *Religion* aussi bien que le *Conflit des facultés*, illustrent la façon dont Kant examine les démarches des théoriciens, politiciens, juristes, théologiens, en fonction de la manière dont chacun se représente l'objet sur lequel il élabore son jugement. Ces pratiques du jugement mettant en œuvre les facultés de l'esprit, il est possible d'en attendre une communication libre des pensées dans une communauté de citoyens raisonnables (CRP, 513). Les errements dogmatiques ayant fait la preuve que le besoin d'unité est le besoin rationnel suprême, la philosophie peut s'engager dans la voie nouvelle d'un progrès qui concilie au lieu d'exclure, qui accorde les esprits au lieu de les diviser. Alors que le dogmatisme augmente le pouvoir de la théologie rationnelle au mépris de la science de la nature, et que le scepticisme vise exactement le résultat inverse, le criticisme doit faire la preuve que la science et la foi, que la physique et la métaphysique ne s'excluent pas, car leur exclusion réciproque signifierait l'extinction de la raison et l'impossibilité de la civilisation humaine. La science, la morale et la théologie relèvent de la même raison, même si elles ne relèvent pas du même usage de la raison. Si le philosophe est celui qui connaît *a priori* l'usage objectif possible des facultés, il pourra être dit « législateur de la raison ».

1. L'usage régulateur des Idées, par exemple, manifeste comment l'unité inconnue du monde stimule la dynamique de la découverte scientifique (cf. *infra*, chapitre troisième). La troisième Critique examine les présupposés qui font intervenir des représentations de fondements inconnaissables dans les jugements (cf. *infra*, chapitre septième).

CHAPITRE III

L'EXPÉRIENCE POSSIBLE

Nous ne connaissons l'expérience que comme un ensemble de phénomènes, ainsi que le découvrent les jugements de la science physique, qui sont *a priori* et *synthétiques*. La phénoménalité du réel, qui est conclue de la théorisation critique de la science de la nature, sert aussi à définir l'expérience telle qu'elle est pour des hommes. Elle définit l'accès au réel qui est celui d'une existence incarnée, d'une raison sensible – l'entendement – dont les concepts n'ont de signification qu'intuitive et immanente, tandis que les Idées de la raison sont reconnues dans leur vocation spécifique, qui n'est plus d'ignorer l'expérience, une fois assumé le deuil d'un savoir absolu, mais de la dépasser, de s'instituer comme un pouvoir de signifier au-delà du connaître.

La pratique des sciences de la nature est elle-même entièrement phénoménale, et la science, instance de recherches continues et d'un progrès souvent laborieux des connaissances, est historiquement un phénomène de la culture humaine. Elle constitue ainsi une modalité de l'être-au-monde de subjectivités sensibles, d'entendements finis. Elle surmonte la précarité des existences singulières en faisant de l'humanité entière le bénéficiaire de la transmission continue du savoir[1]. Il faut donc, pour en comprendre les conditions de possibilité effectives, surmonter le dualisme de l'âme et du corps enseigné par la métaphysique dogmatique: la connaissance de la nature unit la sensibilité et l'entendement dans un savoir phénoménalement praticable par tous, durable et transmissible.

1. *Idée d'une histoire universelle du point de vue cosmopolitique*, proposition 2.

Formalisme méthodologique et réflexivité

Pour l'Esthétique transcendantale, la sensibilité peut être comprise comme une forme; l'espace et le temps, quand ils sont vides de toute matière empirique, sont éprouvés comme des intuitions *a priori pures*, comme la double forme d'une sensibilité pure, qui n'est que réceptivité. Pour l'Analytique transcendantale, il existe une forme *a priori* de l'intelligibilité, à savoir les catégories en tant que pures formes de liaison. Sensibilité et entendement, présentés comme des facultés, désignent des pouvoirs (*Vermögen*) indéterminés[1]. Cette présentation scolaire ou scolastique est, pour le lecteur de Kant, aussi transparente qu'elle est embarrassante, car elle met au commencement du savoir une sorte d'absence de commencement, une énumération des ses ressources méthodologiques.

Ce n'est pas l'une des moindres difficultés de l'itinéraire critique que de devoir séparer, pour la clarté de l'exposé, ce qui est uni en réalité par les opérations de l'esprit, soit dans les pratiques scientifiques, soit dans l'épreuve du devoir par la conscience commune, soit encore dans les évaluations et appréciations subjectives du goût. L'exposition critique des opérations de la connaissance doit procéder à des divisions destinées à des entendements philosophiques. Aussi faut-il, quand il s'agit des conditions de possibilité du savoir, une Théorie transcendantale des éléments afin de présenter de manière différenciée le rôle de l'espace et du temps, la fonction des catégories et de l'imagination, ainsi que l'unité de l'aperception transcendantale. Mais l'objet de l'Analytique est le jugement synthétique *a priori*, c'est-à-dire la manière dont la connaissance *unit* ce que la présentation philosophique *sépare* méthodologiquement. Nombre d'objections antikantiennes s'arrêtent à cette reconstitution criticiste de la condition de possibilité des jugements au détriment de leur unité réelle[2]. La théorie critique de la connaissance se voit souvent ramenée à un doctrinarisme dualiste, la différence entre la spontanéité et la réceptivité, entre les catégories de l'entendement – qui font l'objet d'une déduction transcendantale – et les impressions de la sensibilité – qui sont passivement reçues – étant comprise comme une sorte de dualisme quasi-ontologique. Mais il est plus conforme à l'esprit d'une Critique de la raison purifiée de tout dogmatisme de reconnaître à

1. « Les actes de l'entendement, sans les schèmes de la sensibilité, sont *indéterminés* » (CRP, p. 464).

2. Ainsi de Hegel, qui voit dans le concept, au sens kantien, l'instrument d'une domination de l'intuition.

l'ordre de l'exposition de ses éléments purs une fonction initiatique : pour que le phénoménalisme constitue une vérité critique, non sceptique, il faut que l'idéalisme transcendantal soit exposé comme un itinéraire qui commence par délivrer le lecteur de ses présupposés, des préjugés avec lesquels il aborde lui-même la philosophie. Il s'agit du lecteur instruit ou du philosophe[1], dont les précompréhensions, qu'elles soient leibniziennes ou lockiennes, cartésiennes ou humiennes, font obstacle à toute saisie pure ou originaire de la formation des jugements. Le travail de « purification » de l'approche philosophique, à savoir l'exposition des formes pures de la sensibilité dans l'Esthétique transcendantale, la déduction des formes pures du jugement dans l'Analytique des concepts, est l'itinéraire d'une présentation strictement opératoire de leur fonction, délivrée ou « vidée » des surcharges métaphysiques ou des intérêts polémiques qui pourraient les asservir à une utilité déterminée, sceptique ou dogmatique[2].

Qu'il existe deux sources du savoir, l'entendement et la sensibilité, se laisse aussi très spontanément résumer et interpréter de façon empirique ou réaliste, comme une sorte de tri entre des représentations achevées et toutes constituées, comme si, qu'il s'agisse des sensations ou qu'il s'agisse des concepts, de telles représentations pouvaient correspondre, séparément, à des connaissances toutes faites. Mais cette lecture gêne ou interdit l'accès au criticisme dont le but est d'instruire sur la genèse et la formation synthétique des représentations phénoménales. A considérer que le dualisme part des sources empiriquement constatées entre représentations sensibles et représentations intellectuelles, on risque de le comprendre comme une sorte de chose en soi psychologique. Mais une interprétation « ontologique » a pour effet de poser le dualisme indépendamment du sujet, elle psychologise ou susbtantialise les catégories et l'intuition, elle fait du dualisme une sorte de vérité en soi. Mais si le dualisme est bien ce qui inaugure l'acte de penser, il s'agit d'un dualisme critique et réflexif, un dualisme qui signifie un impossible commencement dans l'unité. Il est l'itinéraire réflexif d'un sujet qui reconnaît seulement que l'unité n'est pas donnée. Du « Je pense », ou de la pure aperception, qui

1. Par opposition à l'intelligence érudite, l'entendement sain est celui qui n'a pas, faute de science, de préjugés théoriques dominants. Dans *Qu'est-ce que s'orienter dans la pensée ?*, il est opposé au prétendu « génie » philosophique.

2. C'est ainsi que dans les *Leçons de métaphysique*, Kant procède, dans la partie nommée *Ontologie*, à un travail de clarification analytique des principes fondateurs de l'ontologie baumgartienne, pour en dégager la teneur strictement conceptuelle ou catégoriale, purifiée de toute addition métaphysique implicite (comme dans le cas, notamment, du principe de raison suffisante).

échappe à la possibilité d'une quelconque qualification, on peut dire seulement que, sans lui, nos représentations ne seraient pas possibles.

Cette réflexivité du sujet kantien lui interdit de poser ce qu'il sait dans la forme d'une affirmation ou d'une certitude. Car cette certitude subjective renverrait, par son contenu, soit à l'intuition intellectuelle d'un sujet substantiel comme celui du rationalisme, soit à l'unité du vécu et de l'idée dans un sujet naturel, comme celui de l'empirisme. Mais le dualisme kantien ne fait que dire ou signifier l'impossibilité d'un point de départ métaphysique ou naturaliste. Le « Je pense » signifie l'introuvable unité du sujet substantiel ou naturel. Loin que le philosophe se substitue au sujet pour lui imposer dogmatiquement une nature dualiste, il est lui même un sujet réfléchissant[1] qui fait du dualisme une vérité réflexive et négative : ni l'être en soi, ni la nature en elle-même ne produisent l'unité de nos facultés.

Ce qui est négativement vrai du côté du sujet de la connaissance l'est aussi du côté de son objet. L'inaccessibilité de la chose en soi signifie l'impossibilité de traiter la connaissance comme la manifestation ou la présentation directe de l'être tel qu'il est en soi. Si la Dialectique présente la chose en soi des métaphysiciens comme un lieu d'identifications imaginaires, c'est qu'il ne saurait y avoir de donation transcendante de l'être, donation qui rendrait absurde l'entreprise humaine de connaître. Il faudrait prétendre savoir ce qu'est un être avant de le connaître et supposer achevé ce qui est à entreprendre. Lorsque l'on reproche au kantisme de mettre en pratique une position clandestinement dogmatique de la chose en soi[2], on fait de la chose en soi l'objet d'un savoir concurrent du savoir phénoménal. Une telle attitude est, bien évidemment, absurde si elle doit se présenter comme l'intuition intellectuelle d'un savoir impossible : « la connaissance de ce qui ne peut être objet d'expérience serait hyperphysique » (*Prolégomènes*, § 16, 64). Mais l'inaccessibilité de la chose en soi constitue, elle aussi, une vérité *critique* et non dogmatique, qui signifie simplement que le noumène ne peut jamais être présenté dans l'intuition comme un contenu du savoir. Cette vérité négative est la même dans les sciences que dans la théorie esthétique du sublime : la chose en soi reste toujours irreprésentable.

La position du noumène est critique au sens où elle ne peut correspondre qu'à une thèse intellectuelle strictement conceptuelle, constitutive d'un acte de distanciation, l'acte de poser l'inconcevable, qui lui donne le statut simplement réflexif d'un savoir phénoména-

1. A. Philonenko, *L'œuvre de Kant*, Vrin, Tome I, p. 127.
2. *Ibid.*, p. 126.

lement impossible. La Critique n'impose d'ailleurs pas comme une nouvelle vérité cette position nouménale du noumène; elle ne dit de lui, quand elle le traite comme un être de raison, que ce qu'en ont dit les métaphysiciens eux-mêmes lorsqu'ils jugent que l'être en soi n'est représentable que comme l'objet d'un entendement divin, d'un entendement intuitif, *Intellectus archetypus*. Nous-mêmes sommes contraints de n'en faire qu'un usage critique, dès lors qu'il échappe à notre entendement (*Intellectus ectypus*) par son indifférence ontologique à notre propre pouvoir de connaître.

La connaissance doit donc être analysée à l'intérieur d'une tension entre deux pôles également inconnaissables, un sujet qui n'est plus une substance et un objet qui ne peut être un absolu. La science, et plus précisément la physique mathématique est, en quelque sorte, le terrain dogmatiquement neutre sur lequel on doit découvrir, et non vérifier après coup, la genèse des actes constituants d'un savoir objectif.

Physique et existence

Ce qui prend fin avec l'impossibilité de connaître l'être en soi est la garantie métaphysique de la connaissance physique, garantie qui constituait le point d'unité le plus élevé du rationalisme antérieur. L'intérêt porté par Leibniz à la notion physique de force, par exemple, fait entrevoir le théologien dans le physicien, soucieux qu'il est d'une continuité de la physique à la métaphysique qui permette d'affirmer la plénitude de l'être. Dans le mécanisme, Leibniz voit une manifestation de la puissance naturelle et il conçoit l'être en soi divin comme une puissance qui s'affirme elle-même dans l'unité souveraine de son intelligence et de sa bonté: «la puissance va à l'être, la sagesse ou l'entendement au vrai et la volonté au bien. Et cette cause intelligente doit être infinie de toutes les manières et absolument parfaite en puissance, en sagesse et en bonté puisqu'elle va à tout ce qui est possible. Et comme tout est lié, il n'y a pas lieu d'en mettre plus d'une. Voilà en peu de mots la preuve d'un Dieu unique avec ses perfections et par lui l'origine des choses»[1].

Chez Descartes, le *Cogito* s'efface devant la position infiniment affirmative de soi de la *Causa sui* divine; quoique la vérité du *Cogito* soit d'abord méthodologiquement conclue, c'est elle qui permet, ontologiquement, d'affirmer que le vrai est de l'être. La réalité divine

1. Leibniz, *Essai sur la bonté de Dieu, la liberté de l'homme et l'origine du mal*, in *Essais de Théodicée*, Aubier, § 7, p. 112.

est indispensable à l'achèvement de la spéculation, un « Dieu des philosophes » constituant l'unité absolument première qui garantit que, du connaître à l'être, la conséquence est bonne, c'est-à-dire effective. Une puissance incréée, en qui volonté et entendement coïncident, garantit que la création est organisée selon un ordre et que l'ordre des raisons rejoint l'ordre des existences. La philosophie rationaliste de l'être veut se faire connaissance de la perfection métaphysique de l'être.

Mais la différence qu'établit la Critique entre le jugement analytique et le jugement synthétique permet de constater que ce couronnement métaphysique n'obéit qu'à une logique identitaire, la spéculation métaphysique n'étant conduite que selon l'unique principe d'identité logique. On sait que l'épistémologie newtonienne se veut anti-cartésienne, adversaire de visées qui se révèlent méthodologiquement logicistes lorsqu'elles tendent à réduire le complexe au simple, à substituer l'hypothèse à l'observation, la théorie à l'épreuve du réel. Un nouveau concept du réel s'impose, caractérisé par sa non-déductibilité à partir des concepts, et qui se déplace de la métaphysique à la physique. La dureté, la résistance, l'impénétrabilité sont reconnues comme des propriétés indéductibles. Les hypothèses métaphysiques, selon Newton, « ne doivent pas être reçues dans la philosophie expérimentale »[1].

Dans la *Théorie du Ciel*, Kant avait donné le ton d'un réalisme empirique qui réclame une philosophie de l'unité contre une logique de l'identité ; il y affirme la fonction dynamique de la différence entre les éléments : « je prends la matière du monde entier dans une dispersion générale et j'en fais un chaos parfait »[2]. Mais la « différence » résolument fondatrice d'une révolution épistémologique en philosophie est celle qui oppose la logique à l'*existence* en reconnaissant l'irréductibilité de l'existence à toute détermination logique. Ce que la *Critique de la raison pure* exprime par l'idée que l'existence n'est pas un prédicat, mais la « position d'une chose » (CRP, 429). « Quelles que soient donc la nature et l'étendue de notre concept d'un objet, il nous faut cependant sortir de ce concept pour attribuer à l'objet son existence » (CRP, 430). Il faut reconnaître à la nature un sens spécifiquement matériel (la nature *materialiter spectata*) qui fait d'elle « l'ensemble de toutes les choses en tant qu'elles peuvent être

1. A. Koyré, *Etudes newtonniennes*, Gallimard, 1968, p. 131.

2. *Théorie du ciel*, trad. P. Kerszberg, A.M. Roviello, J. Seidengart, Vrin 1984, p. 69.

objets de nos sens et par suite aussi objets d'expérience»[1]. Ces définitions font ressortir la nécessité de reconnaître au réel le statut qui lui est donné par la science physique, en soulignant la spécificité de la physique par rapport aux mathématiques dont la métaphysique classique faisait un modèle théorique abusivement logiciste. «L'affirmation de l'existence ne peut plus être tenue pour une connaissance que si elle porte sur un objet physique»[2].

La rupture avec la tentation logiciste et analytique est donc consommée dès lors que la pensée de l'unité ne peut plus être placée sous la catégorie de l'identité. La différence entre conception et perception, entre spontanéité et réceptivité, traverse les facultés du sujet connaissant, et la science ne peut se ramener à l'identification d'un être ni par un concept, ni par les sens. Les catégories de l'entendement, étant vides, n'ont pas le statut d'essences, elles sont des formes du savoir qui n'en sont que les formes, c'est-à-dire des règles. Entendue comme relation, la catégorie n'est que la simple opération d'une liaison possible, elle ne constitue qu'une unité de synthèse et non une unité d'être. La réceptivité sensible est séparée du savoir et, en tant qu'intuition, aveugle. Le rôle de l'intuition n'est pas de penser, mais d'être ce par quoi quelque chose est donné. Ce donné premier, qui ne permet pas de concevoir la science comme création d'objets, fait du sensible la source de la connaissance, mais non ce qui la constitue. L'intuition ne peut pas même être traitée comme une copie, car elle serait alors le savoir sensible d'un objet au lieu que, comme réceptivité, elle est quelque chose comme de l'événement pur et sans nom, une vision sans objet, la donation de ce qui *arrive*. Ce qui est donné dans l'appréhension est nommé *diversité* ou *multiplicité*, au titre des «modifications de l'esprit» produites dans le sens interne (CRP, A, 111). Concepts et intuitions sont la matière opératoire d'une unité qui n'est pas donnée, mais doit être construite.

Puisque l'on n'accède pas à l'existence par un concept, la métaphysique, qui est une connaissance par concepts, ne peut plus être une science de l'être tel qu'il existe en soi. Elle doit apprendre de la physique une nouvelle connaissance des existants, celle de la réalité empiriquement plurielle des êtres; un nouveau «principe de réalité» s'impose en philosophie, qui œuvre comme un principe de désillusionnement ontologique pour la métaphysique: la connaissance ne peut désormais être comprise que comme ce qu'elle pour nous.

1. *Premiers principes métaphysiques de la science de la nature*, trad. J. Gibelin, Vrin, p. 7.

2. F. Alquié, *La critique kantienne de la métaphysique*, PUF, p. 117.

Cette fracture entre la physique et l'ancienne métaphysique qui devient, avec l'œuvre kantienne, philosophiquement caractéristique de la pensée moderne, impose un complet renouvellement des ressources et des fins de la métaphysique. La question qui vient au centre de la partie théorique de la philosophie se pose au niveau de la physique aussi bien que de la philosophie : quelles sont les conditions de possibilité de l'expérience ? Autrement dit : quelles sont les conditions de possibilité des jugements synthétiques *a priori* ? Il faut connaître, en effet, la possibilité de la science, celle des jugements synthétiques *a priori*, pour dévoiler ce qui fait la *réalité* des phénomènes et qui constitue la garantie de son objectivité. Il importe donc que la scientificité des concepts, c'est-à-dire leur objectivité *a priori*, puisse valoir comme un critère de validité métaphysique pour la connaissance humaine ; car si la science ne pouvait pas être dérivée de fondements rationnels purs, s'il n'était pas possible d'en comprendre les jugements à l'intérieur d'une connaissance métaphysique de leurs principes, elle ne serait alors qu'une activité pragmatique et technique, une accumulation contingente de savoirs empiriques qui rendrait incompréhensible l'unité de l'expérience et par conséquent impossible le concept de nature.

Physique et métaphysique

Si Kant souligne à plusieurs reprises les efforts et les peines que lui a coûtés la déduction des concepts et des principes de l'expérience, c'est qu'il s'agit de préparer, dans la première *Critique* (comme il est dit dans l'Architectonique), les fondements d'une métaphysique de la science de la nature : « notre laborieuse Analytique de l'entendement serait tout à fait superflue si nous n'avions en vue autre chose que la simple connaissance de la nature » (*Prolégomènes*, § 44, 111). L'exposition des Principes de l'expérience, dans la *Critique de la raison pure*, préfigure ainsi l'élaboration des *Premiers principes métaphysique de la science de la nature*, publiés en 1786, et l'Analytique des Principes prépare, sur le terrain de la Critique – qui est celui des facultés de connaître – le système des Principes métaphysiques que la science applique sur le terrain empirique de l'observation et de l'expérimentation. A la fin de sa vie, Kant revient sur ces questions dans l'*Opus postumum*, avec la recherche d'un *passage* des principes métaphysiques à la physique. Si la genèse de l'interrogation critique a pu coûter tant de peines, il semble que cela tienne à l'ordre des questions, qui doit d'abord être formulé sur le terrain de la physique, afin que le problème de la physique, qui est celui de l'existence, soit institué en problème philosophique. L'unité de l'expérience doit être philosophiquement comprise en fonction d'une conception physique de l'existence.

La fondation métaphysique de la science correspond ainsi à une conceptualisation critique de la notion de scientificité : le critère de systématicité doit pouvoir être appliqué à la physique, afin de faire la preuve de la genèse rationnelle (dans des principes *a priori*) de toute découverte et de toute extension des connaissances empiriques. Si l'expérience produisait d'elle-même l'unité du savoir, cette fondation métaphysique appartiendrait à la physique, non à la philosophie (OP, 37), et le concept de nature serait alors un concept empirique, il serait tiré de l'expérience comme son résultat ou son effet. Mais le réalisme empirique, qui fait de la diversité et de l'hétérogénéité l'indice du réel sensible, interdit lui-même cette conclusion : un système de la nature ne peut être tiré de la contingence et du hasard, de la simple rencontre des événements empiriques. Si la physique ne subordonnait son activité qu'à l'impératif méthodologique du réalisme empirique, l'investigation de la nature matérielle se bornerait à une comptabilisation d'événements disparates, à un répertoire contingent de phénomènes sans suite, catalogue fragmentaire qui interdirait toute quête d'intelligibilité. Or une science ne peut accueillir l'empiricité événementielle comme elle la reçoit, comme un agrégat d'exemples. Il faut que la réception de l'extériorité obéisse elle-même à des attentes ou à des principes *a priori*, afin que l'exemple constitue la *preuve* ou la *présentation* empirique d'une pensée (CFJ, 166). Le concept de nature ne saurait donc être le résultat aléatoire de recherches dépourvues d'unité, c'est-à-dire d'intérêt scientifique. Pour que la nature se présente comme un *système* de toutes les causes et de toutes les relations observables, elle doit être *a priori* représentable afin de conférer *a priori* aux connaissances empiriques la forme d'un système. Par suite, la physique, science empirique des phénomènes, n'est pas une connaissance de ses propres fondements, elle n'est pas une connaissance métaphysique de la nature. « La *métaphysique* de la nature »[1] est « la philosophie de la nature au sens propre du mot» (OP, 35), sa fonction étant de dériver directement de ses sources originaires la légitimité *a priori* des principes nécessaires à la connaissance scientifique de la nature.

1. Le titre de l'ouvrage de 1786 parle des principes métaphysiques *de la science de la nature*.

Pas plus que l'empiricité ne suffit à constituer un critère de scientificité, la généralité des lois ne peut servir de critère de l'apriorité des principes, elle ne fait que caractériser formellement une collection empirique de faits. L'*Opus postumum* parle de «la ruse d'exposer les lois de la nature dérivées de l'expérience dans leur généralité empirique comme ayant pu être conclues *a priori* par la raison»; la confusion entre généralité empirique et universalité rationnelle ne produit que l'illusion de l'objectivité, l'illusion des «profondeurs feintes de la recherche physique» (OP, 42). Il faut donc fonder métaphysiquement la loi pour lui conférer *a priori* sa légitimité.

Ainsi peuvent s'expliquer les démarches et les étapes de la première *Critique*, en tant que propédeutiques à une métaphysique de la nature: il s'agit de produire une théorie déductive de la possibilité de l'expérience par une conception du savoir qui soit elle-même déductive. C'est pourquoi la possibilité de la science doit pouvoir être dérivée des facultés humaines comme de la source la plus originaire des attentes conceptuelles et des constructions réalisées au niveau de l'empiricité. Déduction qui fait de la nature, conçue comme un ensemble de lois, un principe législateur de la recherche expérimentale des lois. Toute recherche doit toujours se faire dans la forme d'une nature (OP, 35), et il revient à une métaphysique de la science de montrer que le concept de nature constitue une unité objective originaire. Il y va, dans cette régression jusqu'à l'originaire, du statut de l'universalité comme valeur inconditionnellement objective et, par conséquent, de la fondation de la rationalité originairement législatrice de l'entendement.

Il y a donc bien, sous l'influence de la physique, une transformation du concept traditionnel de métaphysique; rapportée à la nature, la métaphysique devient fondation universelle et nécessaire de la rationalité exclusivement législative du réel. La fonction du concept n'est plus de rejoindre un ordre du réel qui préexisterait aux entreprises du sujet, une réalité en soi que la séparation entre le concevoir et le sentir rend désormais introuvable, mais d'établir une unité de législation, physiquement intelligible, qui surmonte la diversité rhapsodique des constats empiriques. La question: «que puis-je savoir?», qui gouverne la partie théorique de la philosophie, associe l'homme au savoir de son savoir et à l'essence de la science[1]. Il y a

1. Selon la *Logique*, «le domaine de la philosophie se ramène aux questions suivantes: 1) Que puis-je savoir? 2) Que dois-je faire? 3) Que m'est-il permis d'espérer? 4) Qu'est-ce que l'homme?» (*Logique*, trad. L. Guillermit, Vrin, 1982,

bien là une révolution philosophique si l'on considère que la métaphysique de la nature définit l'accès au réel tel qu'il est constitué par l'œuvre humaine du savoir. Ce qui autorise à penser qu'ainsi redéfinie, la métaphysique doit préserver du danger d'exporter hors des pouvoirs humains les produits du savoir humain, en permettant une réappropriation du concept scientifique de nature par les moyens du sujet connaissant : la « visée de la métaphysique de la nature ne peut être autre chose que de donner elle-même un accès au domaine de la physique pour pouvoir en prendre possession » (OP, 34).

La différence entre logique et existence rend donc inopérante la signification classique de la métaphysique tandis qu'advient son sens nouveau, qui fait du philosophe le législateur de la raison. Bien que les mathématiques et la physique se présentent comme des phénomènes historiquement constitués de la culture, leur distinction peut être dérivée des facultés ou des pouvoirs de l'esprit. La Critique les différencie par leurs conditions de possibilité, de façon *a priori*. Les mathématiques sont entièrement intelligibles à partir de la pure intuition *a priori* de l'espace et du temps, formes pures et vides de la réceptivité sensible ; ces formes de la sensibilité suffisent pour comprendre le support intuitif nécessaire aux constructions mathématiques. Mais c'est avec l'intuition empirique, au niveau des perceptions, avec la matière des représentations reçues et leur contenu d'effectivité réelle, que s'établit le domaine de la physique, qui est celui de l'existence. La question critique de la condition de possibilité des jugements scientifiques, propre à une logique transcendantale, distincte d'une logique formelle, générale et analytique, doit donc dériver la valeur objective des lois des conditions originairement subjectives d'un entendement législateur.

Mais comment une science qui n'est rien d'autre qu'une œuvre humaine, peut-elle être fondatrice de certitudes, fondatrice d'une nouvelle unité, entièrement immanente, du réel ? Le rôle théorique de la métaphysique demeure le même, il consiste à fournir une garantie à l'accord possible entre la pensée et le réel. Mais, privée de la garantie divine d'une harmonie prévue ou préétablie à cette intention, la métaphysique de la nature adopte une autre démarche : il lui faut montrer que les synthèses de l'esprit sont les principes véritablement *constitutifs* de l'expérience. L'Analytique des Principes, dans la *Critique de la raison pure*, ne fait pas autre chose, elle vérifie, dans les

p. 25. La première *Critique* énonce les trois premières (CRP, p. 543). Pour les *Leçons de métaphysique* et la *Logique*, les trois premières questions se ramènent à la dernière.

jugements mathématiques et physiques, que les schèmes, synthèses entre entendement et intuition, œuvrent comme les principes objectifs de toute possibilité de l'expérience.

Usage sceptique et usage critique de l'imagination

Nietzsche s'est amusé à faire des jugements synthétiques *a priori* un objet de plaisanterie : ils n'auraient d'autre source qu'une faculté destinée à les produire, comme la vertu dormitive de l'opium fait dormir[1]. Cette conception magique de l'unité paraît inévitable tant que la dualité des sources du savoir, entendement et sensibilité, est comprise comme une sorte d'impératif théorique absolu. Mais faire de cette dualité son unique condition de possibilité, revient à donner au criticisme une fondation originairement sceptique. Opposer radicalement l'ensemble des catégories à toutes les intuitions recevables et, pour combler ce fossé, admettre que les catégories s'imposent, merveilleusement, comme des lois d'unité, revient, en effet, à présupposer ce qui est précisément à comprendre : le pouvoir unifiant des règles dans une rationalité législatrice[2].

Mais les jugements synthétiques *a priori* sont les opérations des facultés de connaître qui sont à l'œuvre dans les mathématiques et la physique, et c'est d'eux qu'il faut partir pour en comprendre philosophiquement les conditions de possibilité. La différence entre mathématiques et philosophie, entre connaissance par construction de concepts et connaissance par concepts, en fournit l'illustration la plus facile (CRP, 495. *Prolégomènes*, § 7). Il est toujours possible au philosophe de faire de l'entendement un usage simplement logique et d'abstraire de la géométrie ou de l'arithmétique le concept d'unité ; il aura alors affaire à une forme pensable indéterminée. Il ne conclura de la catégorie de l'unité rien d'autre que l'identité de l'unité à elle même : a=a. Mais lorsque le philosophe veut réellement compter, il doit redevenir arithméticien et construire l'unité d'une pluralité, celle d'une somme, par l'addition de plusieurs unités ou de plusieurs instants dans la continuité du temps. La troisième *Critique* rappelle en une formule saisissante l'origine indéracinablement sensible de toute mesurabilité : « toute évaluation de la grandeur de la grandeur des

1. Nietzsche, *Par delà le bien et le mal*, § 11.

2. « Dans sa lettre à Tieftrunk du 11 décembre 1797, il (Kant) admet que la subsomption du divers sous la catégorie serait une contradiction contraire à la logique si elle s'effectuait immédiatement », A. Philonenko, *op. cit.*, p. 181. Cf. CRP, p. 151 : « il doit y avoir un troisième terme ».

objets de la nature est en fin de compte esthétique (c'est-à-dire subjectivement et non objectivement déterminée) » (CFJ, § 26, 90). Sans l'appréhension de la diversité dans l'intuition pure (CRP, A, 111) et sans la reproduction unifiante de cette pluralité par l'imagination (CRP, A, 112), le concept n'est qu'un moyen d'analyse abstraite, non un instrument de la connaissance du réel : il faut qu'il soit déterminable par la sensibilité pour être une pensée réelle, pour qu'il pense quelque chose en dehors de lui-même.

C'est donc l'activité synthétique elle-même qui permet de comprendre les fonctions respectives du concept et de l'intuition, toujours associées dans la détermination d'un objet ; il n'y a de savoir que par la nécessaire collaboration de l'intelligence et de la sensibilité. Selon l'ordre épistémologique des raisons, c'est « la table des catégories qui doit se déduire du système du principes, non l'inverse » [1]. Aussi faut-il accorder à la théorie sur le schématisme toute son importance [2]. L'enjeu en est capital puisqu'il s'agit de mettre fin à une logique de l'identité conceptuelle pour faire naître la problématique de la signification sensible des concepts. Il s'agit de reconnaître l'imagination comme productrice des schèmes qui établissent entre la sensibilité et l'entendement l'homogénéité indispensable pour conférer à l'expérience sensible une signification conceptuelle possible.

Or le recours à l'imagination est, dans l'empirisme, caractéristique d'une méthode psychologique d'enquête sur la connaissance. L'imagination fournit le moyen de procéder à une généalogie de la signification des concepts qui a pour effet d'en supprimer l'apriorité. On sait que Kant s'est instruit de ces méthodes généalogiques pour affronter la question de l'imagination [3]. De ces considérations résulte la difficulté d'interpréter le rôle de l'imagination dans le schématisme, et plus particulièrement les trois synthèses constitutives de l'homogénéité de l'expérience, synthèse de l'appréhension, synthèse de la reproduction et synthèse de la recognition [4], qui sont, dans la première

1. J. Vuillemin, *Physique et métaphysique kantiennes*, PUF, 1955 p. 40 et p. 272.

2. Cf. la formule kantienne : « Je tiens ce chapitre pour l'un des plus importants », citée par Heidegger in *Kant et le problème de la métaphysique*, trad. A. de Waelhens et W. Biemel, Tel Gallimard, 1953, p. 171.

3. Un résumé de la genèse de la pensée kantienne sur la question de l'imagination, suivant les hypothèses énoncées par H. J. De Vleeschauwer, est donné dans la Présentation des *Leçons de métaphysique*, pp. 72-80.

4. CRP, A, pp. 111-129. L'ouvrage de Heidegger, *Kant et le problème et de la métaphysique*, donne à l'imagination une place problématique particulière, en arguant du fait que « dans la seconde édition, Kant paraît retirer, avec la

édition de la première *Critique*, l'explication de «l'universelle affinité des phénomènes» (CRP, A, 127), autrement que comme des synthèses psychologiques.

Il va de soi qu'une explication exclusivement psychologique de l'activité de synthèse serait mortelle pour la doctrine critique de l'objectivité. La raison en est simple: une généalogie des concepts à partir des images constitue une arme décisive pour la méthode sceptique. Nietzsche, par exemple, radicalisera la méthode généalogique en usant d'une conception exclusivement poétique de la métaphore: des déplacements métaphoriques originairement sensibles sont aléatoirement fixés, avec le temps et les usages, par le moyen du langage. L'absence de tout «texte» naturel identifiable permet de conclure sans difficulté au néant de la connaissance catégoriale. Mais cette manière de raisonner ne trouve sa pertinence, et sa limite, que dans une connaissance de soi du sujet empirique. Elle n'aboutit pas à une connaissance de la nature, mais à la certitude que toute subjectivité est entièrement et exclusivement empirique.

Le criticisme, à l'inverse, veut montrer qu'il est possible de surmonter aussi bien la subjectivité empirique que l'identité vide du concept pour connaître quelque chose d'autre, qui est précisément le réel sensible. Aussi utilise-t-il une méthode sceptique pour combattre le scepticisme sur son terrain: l'exposé sur le schématisme transcendantal notifie d'emblée la différence qui sépare une schème d'une image (CRP, 152). L'imagination n'est pas réception d'images, mais formation de figures ou de schèmes qui sont des figures de la réceptivité dont la fonction est de rendre possible la réceptivité elle-même. Devant Saint-Pierre de Rome, si le spectateur a besoin de son imagination c'est afin qu'elle lui permette de voir ce qu'il commence par recevoir, mais seulement de façon dispersée, chaotique et déconcertante (*Leçons*, 264). De la même façon, les synthèses constitutives de l'homogénéité de l'expérience font bien commencer la connaissance avec la sensibilité, mais comme pure diversité d'impressions, les impressions sensibles n'étant que des «modifications de l'esprit» (CRP, A, 111) ou des «modifications de notre sensibilité» (CRP, 252). Si bien que les formes de la réceptivité que sont le temps et l'espace ne livrent qu'une multiplicité d'impressions dans laquelle l'homogénéité doit être introduite de sorte que «je produis le temps

disparition de l'imagination transcendantale, le privilège transcendantal qu'il accordait au temps dans la formation de la transcendance», *op. cit.*, p. 253.

lui-même dans l'appréhension de l'intuition» (253)[1]. Une ambiguïté peut donc être levée sur le sens du «donné»: puisque le donné n'est que du divers (comme l'épreuve des instants dans le temps), le divers n'est pas la réalité empiriquement donnée (ou déjà constituée) et l'imagination n'en est pas le reflet. Il faut, au contraire, rendre donnable le divers ou que sa donation soit organisée ou préfigurée par des schèmes qui rassemblent les différences sous l'unité par le moyen du temps, condition formelle du sens interne[2]. N'étant pas conçue comme le reflet de réalités empiriques constituées en dehors d'elle, l'imagination n'est pas tant expliquée par l'association empirique qu'elle ne la rend elle-même possible.

C'est ainsi que la reproductibilité du temps n'est pas subie, mais engendrée par l'imagination et qu'à une méthode psychologiquement génétique peut être substituée une déduction intelligible de la possibilité de l'expérience, puisque «la réceptivité ne peut rendre possibles les connaissances qu'en s'unissant à la spontanéité» (CRP, A, 109). Cinq points dans l'espace ne sont que l'image *particulière* d'un nombre. Mais il faut une synthèse transcendantale, une synthèse universelle de la reproduction pour éviter l'écueil des réitérations au «coup par coup» des associations empiriques. Le nombre est ainsi le schème qui «embrasse l'addition successive de l'unité» (CRP, 252) ou qui surmonte le successif dans l'unité en effectuant la synthèse du produit et du reproduit, déjà décrite dans la synthèse de la reproduction[3]. Ainsi est surmontée la discontinuité psychique, parce qu'une forme «intelligible», quantifiable, de la réceptivité est construite par le schème. Le schème n'est pas image, mais *méthode* (*ibid.*) de la donation d'une image à une catégorie. L'approche transcendantale semble bien proche d'une analyse phénoménologique quand elle fait de l'objet ce qui est en quelque sorte visé par la conscience et qui reçoit d'elle son unité significative; c'est ainsi que l'unité complète de la synthèse est *a priori* «visée» dans la forme d'un objet en général = X. La synthèse de l'imagination, condition de la possibilité d'une

1. L'exposé sur le schématisme reprend ici la synthèse de l'appréhension sans laquelle «nous ne pourrions avoir ni les représentations de l'espace ni celles du temps» (CRP, A, p. 112).

2. Rappelons que c'est l'impossibilité d'une telle donation sensible qui décide de l'impossibilité d'une connaisance du monde tel qu'il est en soi dans les Antinomies cosmologiques.

3. Synthèse qui a rendu quelque peu familier l'exemple du cinabre (CRP, A, p. 113).

connaissance *a priori* des objets en général (CRP, A, 129) sort en quelque sorte de soi, et plus exactement de la diversité psychique en anticipant l'unité pure d'une conscience pure, de l'aperception transcendantale en tant que forme pure d'unité *représentable*.

De la signification des concepts

La science fournit ainsi une vérité philosophique à la philosophie : la nécessité de joindre la sensibilité à l'intelligence en tant que celle-ci est principe d'universalité législatrice. La théorie critique de la connaissance ne s'enracine pas dans la logique, mais directement dans la science, dans les mathématiques et la physique ou physiologie naturelle. L'ordre des raisons critiques enseigne le dépassement de la logique formelle (dont la compétence est limitée aux jugements analytiques) vers la logique transcendantale, qui prend en charge les jugements synthétiques *a priori*. Ainsi se vérifie l'utilité de partir de l'Analytique des Principes pour comprendre le rôle des catégories et, par suite, la théorie critique de l'objectivité. Les Principes sont, en effet, en tant que schèmes de leur application sensible, les « règles de l'usage objectif des catégories » (CRP, 163), sources de l'intelligibilité de leur objectivité théorique : les objets scientifiques ne sont pas donnés ou constatés, mais constitués et produits, et la science est faite de jugements déterminants, constitutifs d'objets.

La *Critique de la raison pure* distingue, d'une part, les principes mathématiques, qui sont les Axiomes de l'intuition (schèmes de la quantité) et les Anticipations de la perception (schèmes de la qualité) ; d'autre part, les principes dynamiques ou proprement physiques de l'expérience, qui sont les Analogies de l'expérience (principes de la permanence, de la production et de la communauté) et les Postulats de la pensée empirique en général (postulats de la possibilité, de la réalité et de la nécessité). Les principes mathématiques déterminent *a priori* la possibilité des objets dans l'espace et le temps ; parmi les principes dynamiques, les Analogies de l'expérience en déterminent l'existence (successivement déterminée par la substantialité, la causalité et l'action réciproque), tandis que les postulats de la pensée empirique déterminent la nécessité de leur liaison catégoriale. Les premiers sont *a priori* constructibles dans l'intuition pure de l'espace et du temps, les seconds construisent l'applicabilité de l'objet dans l'intuition empirique. Les premiers concernent la synthèse de l'homogène, dans la mesure où la construction mathématique opère dans l'élément de la grandeur (extensive ou intensive). Les seconds procèdent à la synthèse de l'hétérogène, ayant affaire à l'existence, à partir de sensations différenciées et dispersées. Les *Premiers principes métaphysiques de la science de la nature*[1] proposent une distinction opératoire entre l'*essence* des objets, «premier principe intérieur de tout ce qui fait partie de la possibilité d'un objet» et leur *nature*, qui exprime un être (*Dasein*) (PPMN, 7).

Ne méritent le nom de science que les disciplines qui construisent leur objet de manière *a priori* avant toute application, c'est-à-dire qui en constituent mathématiquement l'essence: un objet scientifique est un objet dont la possibilité intérieure est mathématiquement déterminable. La chimie, par exemple, n'a pas encore atteint, à l'âge de la théorie critique, cette maturité apriorique (PPMN, 12). La physique mathématique illustre le sens philosophique de l'apriorisme conceptuel; sa scientificité tient au fait que les objets ont une essence indépendante, non dérivée d'observations empiriques, nécessairement fragmentaires. C'est parce que la physique n'est pas exclusivement empirique, parce que ses concepts ont une validité formelle pure qu'elle est une science et non un art.

Toutefois, en tant que science de la *nature*, elle ne se limite pas à la conceptualité mathématique, elle «physicalise» les concepts, si l'on peut dire, en ce sens qu'elle en fait des objets d'une expérience externe, des objets extériorisables, non limités aux formes de la subjectivité qui conçoit. Aussi la définition de la possibilité mathématique d'un objet ne suffit-elle pas à en donner l'intelligibilité empirique. Il ne s'agit pas de connaître seulement l'essence, mais aussi l'existence empirique des phénomènes. Les figures géométriques ne définissent que la construction *a priori* d'un objet possible, tandis que, comme chose de la nature, l'objet doit aussi être donné «(comme existant), en dehors de la pensée».

Avec les mathématiques, l'expérience est *a priori* formellement déterminable. N'étant pas, en effet, une pensée abstraite ou retirée de l'intuition, puisqu'elle construit ses concepts dans l'intuition spatio-temporelle, la science mathématique est une théorie de la possibilité de l'expérience en tant que celle-ci est quantifiable. Le rôle de la théorie n'est donc pas de nature contemplative, mais constructive. «Qu'une chose soit une grandeur (*quantum*), c'est là ce qui peut être connu à partir de la chose même, sans aucune comparaison avec d'autres choses; il suffit, en effet, que la pluralité de l'homogène

1. Selon la terminologie des *Premiers principes*, la Phoronomie a pour objet le mouvement, la Dynamique concerne la force, la Mécanique porte sur la cause et la substance, et la Phénoménologie sur la nécessité des liaisons expérimentales.

constitue, composée, une unité» (CFJ, §25, 88). Cette unité peut être variable; qu'elle soit une perche, une verge ou un pied, elle ne prend sens que par sa *présentation* sensible, comme diversité homogénéisée. Le concept n'est connaissance que lorsqu'il est représentable par l'intuition.

Mais alors que l'imagination esthétique peut jouer librement avec les unités de mesure, en souhaitant de choisir, au besoin, l'infini comme mesure de grandeur, la science réclame, pour sa part, un accord des esprits qui soit objectif et non subjectif et, par suite, une unité conceptuelle objectivement déterminée de la mesure. Si les mathématiques sont une science, c'est parce que le même concept peut garder la même signification et être toujours «identifiable» dans les mêmes opérations de l'esprit, comme l'indique le titre de «synthèse de la recognition» des concepts dans la première *Critique*. Ainsi, il est certes possible de faire varier ou de changer des unités de mesure, il n'en demeure pas moins que la même opération reste invariable en tant qu'elle doit produire une homogénéité qui soit reproductible. Tel est le rôle du nombre, qui prouve la nécessité de l'homogénéité du mesurable dans l'acte de mesurer. Par là est déterminé le réel dans l'espace, qui «*n'est jamais que d'une seule espèce* et ne peut se distinguer que par la grandeur extensive, c'est-à-dire par le nombre» (CRP, 172).

La recognition du concept n'est pas comparable à une identité analytique. Le cartésianisme pouvait ramener à l'identique les différences constatables du monde, en les considérant comme des subdivisions de la même substance matérielle: l'espace. La figure y apparaît comme une division de l'espace, le mouvement comme une fonction de l'espace. La rationalité cartésienne, en privilégiant le modèle mathématique, déduit l'homogénéité du monde de l'unité de l'intuition rationnelle de la *res extensa* et assure, du même coup, l'identité de la structure de la matière à celle de notre langage conceptuel. La forme du savoir n'est pas distincte de l'espace, elle est le langage de l'espace, la structure de son intelligibilité. Une telle coïncidence entre l'être et la pensée suppose que l'ordre intellectuel des raisons est adéquat à l'ordre intelligible des choses.

Mais l'exemple du nombre illustre la *signification* d'un principe mathématique, en l'occurrence, le principe de la grandeur extensive. Il faut se placer au cœur même de l'activité de synthèse, dans laquelle le nombre n'est ni séparé ni séparable de l'intuition pure qu'il est en même temps qu'il est concept. La catégorie n'est scientifiquement opératoire que comme unité synthétique du divers, par l'unité du schème qui constitue *a priori* le lien entre concept et sensibilité. La possibilité de l'expérience obéit à des catégories schématisées et qui ne signifient rien hors de cette schématisation. Tout se passe comme si la philosophie se trouvait menacée de réduire le problème de la connaissance à un ensemble d'apories si elle ne se résolvait pas à penser le savoir à partir de la pratique même du savoir. Parce que la science mathématique unit l'usage de l'intuition et celui de l'entendement dans les mêmes activités synthétiques, elle détermine la forme des objets de l'expérience comme des objets de l'intuition spatio-temporelle ; l'expérience *a priori* possible a la forme, pure, purement quantifiable, d'une expérience *a priori* intuitive : tous les phénomènes sont quantitativement et qualitativement mesurables, pourvus d'une grandeur extensive et d'une grandeur intensive, à savoir un degré.

La tentation métaphysique qui conduit le rationalisme à regarder les mathématiques comme de pures formes intelligibles, à en faire le principe du dépassement ou de l'oubli du sensible, est renversée : les mathématiques enseignent la nécessaire schématisation des catégories qui comprend la forme de l'expérience comme un ensemble de principes intuitivement intelligibles. La phénoménalité critique n'est pas description des apparences sensibles, mais *présentation* du concept dans l'intuition. Que l'entendement fasse lui-même partie des conditions de la phénoménalité de l'expérience est le signe du progrès de la pensée critique entre la *Dissertation de 1770* et la *Critique de la raison pure*. La sensibilité ne saurait constituer à elle seule un principe de l'expérience possible : c'est seulement quand elle s'allie à l'entendement que la *signification* ou la présentation des concepts dans l'intuition s'impose comme règle théorique de la construction de l'essence d'un objet.

Substance et causalité

Pour que l'expérience soit aussi déterminable comme expérience sensible physique, il faut atteindre ce que la *Critique de la faculté de juger* nomme « l'exhibition de l'objet » en tant que *présentation empirique* du concept : « si l'intuition est a priori on parle de la construction du concept, mais si elle est empirique, il s'agit de l'exhibition de l'objet par laquelle la réalité objective du concept est assurée » (CFJ, § 57, 167).

La plus haute ambition du rationalisme analytique était de déduire l'existence à partir du concept. Mais le réalisme empirique de la Critique refuse ce logicisme : l'existence des phénomènes « ne se laisse pas construire» (CRP, 176). Il n'est pas *a priori* possible de déduire le contenu des perceptions qui sont «la matière» des phénomènes. La réalité matérielle est reçue comme agrégat de perceptions (OP, 125). C'est pourquoi la forme *a priori* de l'expérience réclame un degré d'élaboration supplémentaire, non plus mathématique, mais physique. Les concepts de substance, de cause et d'action réciproque, qui concernent l'existence des phénomènes, doivent être objectivés et devenir les déterminations d'une temporalité empirique, pour atteindre leur complète intelligibilité. L'expérience possible doit être l'expérience empirique elle-même, son intelligibilité apriorique doit inclure son application expérimentale.

Il ne peut s'agir d'en déterminer le contenu (la physique n'est pas connaissance des choses en soi), mais de déterminer toutes les relations et les modalités qui constituent l'unité unique de l'expérience empiriquement connaissable. La physique détermine ainsi la forme de l'existence empirique des objets. Aussi les Principes exposent-ils que la substance et la causalité n'ont pas d'autre intelligibilité qu'une intelligibilité physicienne. C'est dans la physique, et non dans la métaphysique, que la substance trouve le concept adéquat à sa fonction. La substance cesse ainsi d'être un étant éminent pour devenir un invariant physique, «le permanent comme substrat de la représentation empirique du temps même» (CRP, 178). Le terme classique de «substrat» ne comporte plus aucune dimension ontologiquement dogmatique, il n'est qu'opératoire et ne peut s'exprimer que dans le vocabulaire du temps; la substance n'est pas donnée, mais représentée comme la permanence indispensable à l'intelligibilité du *changement*; elle n'est que la mesure physique du temps qui rend concevable le temps empirique des changements phénoménaux. Dès lors que «la substance n'a pour nous de sens que temporel»[1], elle n'est que mesure du temps, une représentation physicalisée du temps qui fait porter sur le changement des états du phénomène tout l'intérêt de l'objectivation théorique. Quoique l'existence ne se laisse pas construire, les formes peuvent en être *a priori* réglées comme ensemble de rapports entre les perceptions. De là le sens physique et empirique de l'expérience, qui peut être définie comme «une connaissance des objets par perceptions», ou «une détermination des objets par des perceptions» dès lors que l'appréhension des perceptions est déterminée par une synthèse «qui n'est pas contenue elle-même dans la perception» (CRP, 174).

1. G. Martin, *Science moderne et ontologie traditionnelle chez Kant*, trad. J. C. Piguet, PUF, 1963, p. 97.

Ainsi la détermination empirique de l'expérience ne permet pas de séparer empiricité et intellectualité, en ce qu'elle inclut la perception dans toute expérience possible qui soit théorisable. Un agrégat de perceptions doit prendre la forme temporelle des changements d'une substance pour être conceptuellement identifiable. Il en résulte que la conception physique du réel est l'unique accès à l'expérience empirique et que la représentation de l'intuition comme chose en soi est impossible (OP, 139). Par là n'est pas seulement réduite à néant la confusion rationaliste entre concept et existence, mais se trouve invalidée aussi la tentation empiriste de prendre la perception pour une identification de l'être en soi des choses. Comme si l'empiricité pouvait faire sens au-delà du sens d'une expérience possible, hors des schèmes de l'appréhension intelligible des phénomènes.

C'est par la causalité que se fait connaître l'action d'une substance. Kant adopte la même attitude méfiante que Hume à l'égard de l'induction : elle n'engendre qu'une nécessité fictive, l'illusion d'une succession nécessaire entre deux événements, incapable qu'elle est de justifier *a priori* que tout ce qui arrive a une cause (CRP, 187) ; mais le but est d'en inverser les conclusions : tant que l'on donne de la causalité une explication psychologique, on ne fait que décrire la succession des états d'un sujet sans atteindre autre chose qu'un flux temporel dans lequel sont également pris tous les phénomènes et sans que ce flux puisse valoir comme l'*ordre* légitime de ce qui arrive. L'explication psychologique n'invalide pas le principe de la causalité, mais seulement sa confusion avec la subjectivité psychique. Or le sujet ne conclut pas selon l'ordre subjectif de son appréhension (qui va d'un événement à celui qui le suit), mais selon un ordre objectif de l'événementialité (qui va d'un événement à celui qui le *précède*) et qui n'est plus donné dans l'appréhension actuelle. Aussi la causalité doit-elle être comprise comme la règle de l'appréhension des phénomènes parce qu'elle détermine leur place dans la succession. La causalité est donc une règle d'unité qui précède *a priori* l'expérience (CRP, 187), et c'est parce que nous traitons la causalité comme une règle que nous ne la confondons précisément pas avec une événementialité contingente. Nous usons de la causalité normativement, comme une sorte d'idéalité normative, d'une règle *a priori* valide, et non comme d'un fait psychologique. L'indice de la présence d'une règle est indiquée dans la chronologie causale elle-même : il n'est pas possible de renverser l'ordre de la série (CRP,188) et de prétendre, par exemple, que la fumée est cause du feu.

La validité empirique de la causalité coïncide exactement avec son objectivité. Une genèse psychologique ne fait connaître que la succession des états qui est dans le sujet, au lieu que la causalité, en tant que règle, fait connaître un ordre de la succession qui est dans le phénomène. La nécessité fait ainsi l'objectivité de la causalité ; celle-ci n'est pas le résultat de l'appréhension perceptive, mais elle la rend, au contraire, possible, en tant qu'elle en détermine la forme empiriquement intelligible. La règle de causalité détermine un rapport chronologiquement nécessaire dans lequel la succession est comprise comme une relation intelligible et objective entre des événements. La causalité détermine ainsi la réalité empirique du temps : « cette règle se trouve toujours dans la perception de ce qui arrive et elle rend *nécessaire* l'ordre des perceptions qui se succèdent » (CRP, 185). Elle détermine la nature physique de la succession en construisant les relations temporelles qui assignent une place aux phénomènes en fonction de leur unique mode d'existence, qui est sensible et empirique. Les objets n'ont donc aucune existence absolue, mesurable par un temps absolu : leur existence est déterminée relativement, empiriquement, selon des places déterminées par des rapports d'événementialité nécessaires.

L'expérience possible.

L'ensemble des principes déterminent ainsi l'unique forme objective de toute expérience possible. Par eux, « l'entendement se fait nature, dans un sens purement formel évidemment »[1]. Ce sens formel n'a certes rien à voir avec une fiction, ni avec une définition simplement logique. Il correspond au traitement « copernicien » de la connaissance (et qui se traduit ici par ce que l'on pourrait appeler une conception épistémologique du réel) : l'expérience est désormais comprise comme une forme d'intelligibilité, et l'expérience possible est l'unique forme de toute connaissance sensible possible. Cette forme n'est pas vide puisqu'elle n'est pas constituée par de simples concepts, mais par des principes, c'est-à-dire des schèmes constitutifs de la donation ou de la donabilité (*dabile*) du sensible : « la possibilité d'un système de perceptions, comme appartenant à l'unité de l'expérience, est en même temps le fondement de leur coexistence et de la succession des phénomènes qui peuvent produire celle-ci et ont leur place *a priori* dans l'entendement » (OP, 126). L'expérience ne

1. J. Rivelaygue, *Leçons de métaphysique allemande*, Grasset, Le Collège de philosophie, 1992, Tome II, p. 240.

désigne pas davantage la pure réceptivité sensible, la simple rencontre de ce qui arrive ou le choc aléatoire de l'événementialité sensorielle, car il faudrait alors parler d'un vécu qui n'entre jamais dans la connaissance, ou qui nous en fait sortir. L'expérience n'est que synthétiquement possible, parce que, dans les principes, ce sont les catégories schématisées qui règlent les modalités de la réceptivité du sensible.

Cet aspect du schématisme est celui qui fait le plus violence aux présupposés tant platoniciens que positivistes. La substance, la causalité, l'action réciproque règlent l'ordre de la présentation des phénomènes, leur place et leur action déterminables ; les formes de l'expérience qui sont ainsi constituées ne sont autres que les activités synthétiques qui déterminent en même temps la recevabilité des impressions et leur signification possible. La synthèse rend coextensifs le *dabile* et le *cogitabile* de l'expérience possible (OP, 128). Nulle perception n'entre dans le champ de la connaissance sans que sa place n'y soit *a priori* recevable, au sens d'une donation identifiable : « s'il n'y avait aucune proposition synthétique *a priori*, mais de pures perceptions, il n'y aurait aussi aucune expérience » (OP, 141).

L'expérience possible est ainsi la possibilité *a priori* synthétique de toute expérience qui sera jamais connue et connaissable ; s'il est vrai que les formes de l'intuition la limitent à la seule expérience qui est possible *pour* nous, il est vrai aussi que la spontanéité associée à la réceptivité en fait toute l'expérience qui est possible *par* nous. C'est donc sur le mode de l'anticipation ou de la préfiguration de toute réalité empiriquement donnable que l'expérience possible, ensemble des synthèses possibles ou des principes, peut embrasser et comprendre aprioriquement toute possibilité de l'expérience.

Il est difficile d'adopter sans résistance cette théorisation de l'intelligibilité du réel, entièrement corrélative d'une activité synthétique. Car elle force à refuser l'espoir d'une donation absolue de la réalité, identique à une absolue certitude. La tentation demeure d'identifier, d'une manière toute cartésienne, les catégories de l'entendement à des concepts innés du sujet connaissant, car c'est une manière de « sauver » la réalité du Je pense et d'en faire encore, malgré les avertissements critiques, une substance dans laquelle toute connaissance se fonderait réellement, c'est-à-dire absolument. Innéisme que Kant refuse dès la *Dissertation de 1770* (§ 8). Ce n'est pas, en effet, l'essence du concept qui importe – il ne s'agit pas d'adopter une conception essentialiste du concept –, mais sa fonction dans une opération. La tentation demeure aussi d'identifier le réel donné à la sensation elle-même, en absolutisant le réalisme empirique qui n'a pourtant qu'une fonction critique. Il est cependant manifestement absurde de poser la sensation en dehors du senti, et d'en faire une chose en soi, étrangère à l'espace et au temps et donc extérieure à l'intuition humaine. Cette position-là aussi est un dogme, même s'il s'agit d'un dogme qui a pour effet de ruiner l'objectivité du savoir et qui peut se dire « réaliste » au nom de cette paradoxale efficacité. Mais ni la dogmatisation de l'intellectualisme, ni la dogmatisation de l'empirisme ne peuvent faire accéder au réel tel qu'il est en soi.

Aussi le concept de chose en soi est-il chargé d'une fonction limitative et critique non seulement à l'égard du concept, mais également à l'égard de la sensibilité. Décréter que la réalité sensible est toute réalité, qu'elle est absolument réalité, ce serait accorder au sensible un impérialisme théorique qui supprimerait toute autre possibilité de la pensée, que pourtant la science de la nature n'épuise pas, et qui reste, par-delà la réalité empiriquement connaissable, le domaine de la possibilité des Idées. Le but de l'Analytique transcendantale est d'opposer à tout sensualisme empiriste l'assurance qu'une connaissance certaine et objective de la nature est possible (autrement dit, qu'il existe bien des jugements synthétiques *a priori* valides), mais il n'est pas d'imposer une « omnipotence de la raison théorique » qui exclurait toute autre forme d'intelligibilité rationnelle.

Force est donc d'accepter l'extrême inconfort des positions critiques ; la phénoménalité de l'expérience constitue bien la réalité de l'expérience, mais « c'est là une proposition qui doit incontestablement paraître étrange : qu'une chose ne puisse exister que dans sa représentation » (CRP, 303, note). Les concepts et les intuitions ont le même statut de représentations, également présentes dans la conscience d'un sujet et, à ce titre, les représentations sont le seul « matériau » opératoire de toutes les activités d'un sujet. La représentation n'est pas un être en soi, ni substantiel, ni naturel, elle n'est pas reflet d'un réel en soi, qui serait au-dessus du concept ou en-deçà de l'intuition, elle n'est que l'instrument du représentable, de l'expérience qu'il est possible de se représenter.

Les phénomènes étant nos représentations, il est tentant de rapprocher l'idéalisme transcendantal d'un idéalisme subjectif, ou de souligner qu'il ramène le monde aux conditions d'un sujet[1]. Il faut

1. « L'idéalisme transcendantal lui aussi 'réduit' le monde, puisque, s'il le rend certain, c'est à titre de pensée ou conscience du monde et comme le simple corrélatif de notre connaissance », Merleau-Ponty, *Phénoménologie de la Perception*, Gallimard, 1945, p. X.

cependant rappeler que le criticisme est une réfutation de l'idéalisme (CRP, 205), et que l'existence d'objets extérieurs à la conscience est condition de la conscience elle-même. Quoique l'unité synthétique des jugements provienne, en dernier ressort, de l'unité du sujet, il n'en demeure pas moins qu'il s'agit d'une unité objective et d'une connaissance empirique des phénomènes. La théorie critique de l'objectivité se donne ainsi pour but d'éliminer les explications psychologiquement réductrices. Si la conscience n'assurait pas l'identité de l'acte de synthèse d'une représentation à une autre, la connaissance succomberait au flux et au chaos de la discontinuité psychique. Les thèses empiristes peuvent être lues comme la théorisation même de l'échec qui en résulte pour la science. Si l'unité du concept n'est que la mémoire d'une image, s'il n'est que le souvenir des liaisons formées par l'imagination et fixées par l'insistance mécanique de la répétition, la continuité intellectuelle ainsi arrachée à la diversité n'est elle-même qu'aveugle puisqu'elle résulte d'un déplacement psychique des discontinuités sensorielles. Nieztsche ne fait que mener à son extrême conséquence le psychologisme de la méthode généalogique en déclarant l'unité conceptuelle finalement inconsciente et donc aveugle. Mais pour qu'une connaissance soit produite, il faut considérer qu'une «mémoire» de l'unité, en quelque sorte, précède l'association au lieu de lui succéder; elle est ici transcendantalement conçue, comme l'identité permanente, purement formelle, de l'aperception transcendantale.

Le concept de l'aperception transcendantale conduit ainsi au rejet d'un dernier présupposé, celui d'une conscience qui ne serait jamais qu'une conscience de soi, close ou renfermée sur elle-même. Or la connaissance synthétiquement construite est connaissance d'objet, présentation empirique de significations conceptuelles. La conscience ne s'aperçoit elle-même qu'en sortant de soi, et elle ne connaît son unité qu'en la reconnaissant dans ses produits. C'est ainsi que «le sujet lui-même se constitue» (OP, 130) ou encore que «je suis conscient de moi-même comme objet de l'intuition» (OP, 139). Pour éliminer tout à fait le modèle d'une connaissance qui serait copie ou reflet, il faut clairement établir que l'unité de l'objet est celle de la synthèse des représentations. Elle n'est pas *a posteriori*, ou empiriquement donnée, mais *a priori* visée, et symbolisée par «X». L'objet n'est que l'unité de plusieurs représentations reliées en une seule dans la visée d'un «quelque chose en général» par la conscience. L'objet n'a donc pas d'autre consistance, ou pas d'autre réalité, que sa consistance théorique elle-même, résultant de la nécessité de produire l'unité dans la forme d'*une* représentation. Cette représentation ne préexistant pas aux opérations de synthèse, l'objet est le nom donné à la représentation qui fait l'unité de nos diverses représentations.

C'est ainsi que la connaissance d'un corps physique n'est pas science de la dureté ou de l'impénétrabilité en soi. Elle n'est que la synthèse de ces représentations dans l'unité d'un objet: « ainsi le concept de corps rend nécessaire, dans la perception de quelque chose d'extérieur à nous, la représentation de l'étendue et, avec elle, celles de l'impénétrabilité, de la forme etc. (CRP, A, 119). Le concept de corps ne fait que produire la synthèse représentable de nos représentations, représentations qui sont limitées, quant à leur pluralité, aux conditions de notre réceptivité et, quant à leur unité, aux conditions de notre entendement. La connaissance empirique que nous en avons est cette synthèse elle-même, elle n'est pas science sensible du sensible (ce qui n'aurait aucun sens), mais connaissance du sensible dans la forme d'un objet. Nous ne connaîtrons jamais des corps que la manière dont les nous constituons, que les synthèses qui permettent d'anticiper, de recevoir ou d'accueillir l'hétérogénéité dans la forme d'une unité. Aussi est-il juste de dire que « ce terme de réalité empirique a pour corrélat celui de réalité objective, tel qu'il est employé dans l'Analytique transcendantale » [1].

Expérience et nature

Si l'expérience possible définit *formellement* l'unité de la nature, ne se trouve-t-on pas frustré du concept matériel de nature, de la nature *materialiter spectata* ?

Pour les *Prolégomènes*, la nature est, matériellement, « *la totalité de tous les objets de l'expérience* » (§ 16, 63), l'expérience étant définie comme « une continuelle addition de perceptions » (§ 5, 33). Pour les *Premiers principes*, le sens matériel désigne la nature « comme l'ensemble de toutes les choses en tant qu'elles peuvent être *objets de nos sens* ». Averti du sens proprement physique des principes, celui qui concerne l'existence en tant qu'elle n'est pas déductible du concept, le lecteur entendra par « nature matérielle » « non seulement la forme, mais le contenu des phénomènes » ou « la réalité qui nous est donnée dans la perception » [2]. Il pourra donc s'étonner de ce que les principes constituent la nature comme un système « de forces ou d'objets physiques qui en tant que tels ne

1. G. Martin, *op. cit.*, p. 171.
2. J. Rivelaygue, *op. cit.*, p. 262.

tombent pas sous les sens»[1]. Sachant que le réalisme empirique fait partie de l'idéalisme transcendantal, il est impossible d'exclure toute résistance du réel, de nier la factualité et la spécificité de l'existence, sous peine de tomber dans un idéalisme simplement subjectif.

Une première précision s'impose quant à l'usage respectif de ces deux concepts de nature. Le sens formel et le sens matériel de la nature doivent être *distingués* quand il s'agit de mettre en évidence la nécessité d'une fondation pure de toute science empirique et, par suite, la nécessité de définir formellement la condition de possibilité de ses objets. Mais ces deux sens ne peuvent être *séparés* quand il s'agit de rendre compte de l'intelligibilité de la nature matérielle par le concept de nature au sens formel. Notre connaissance de la nature est, certes, réelle parce que confirmée par l'expérience, mais il s'agit toujours d'une connaissance «possible *a priori* et antérieure à toute expérience» (*Prolégomènes*, § 16, 64). La question du sens matériel de la nature doit encore être formulée à deux niveaux: le premier est celui du concept mécanique et déterministe de nature tel qu'il est compris à l'intérieur des visées théoriques de la *Critique de la raison pure*, et tel qu'il justifie l'élaboration d'une fondation non sceptique de la science physique; le second porte sur l'existence et la différence irréductible de certains objets de l'expérience – quand il s'agit notamment des êtres vivants –, sur l'impossibilité de dériver toutes les lois empiriques particulières d'une conception simplement mécaniste de la nature, et il ouvre sur les traitements ultérieurs que lui donneront la *Critique de la faculté de juger*.

Pour ce qui concerne la nature en tant qu'elle est l'objet de la science physique, son concept formel correspond à l'ensemble des principes qui sont les synthèses effectuables par l'entendement. L'expérience possible est ce qui définit synthétiquement toute possibilité de la connaissance de la nature par l'entendement. Il en résulte que «le possible fonde le réel» car «seul peut être réel et nécessaire ce qui est possible»[2]. A la condition, bien sûr, de ne pas entendre «possible» en un sens logique, ou en un sens leibnizien, Kant refusant de dériver le réel de sa simple possibilité analytiquement conceptuelle. Est possible, au sens critique et transcendantal, l'unité de l'objet qui provient du concept entendu comme la *règle* de la constitution de l'objet. Si le concept de nature est formel, c'est alors dans un sens rationnellement législateur: «le terme de nature peut désigner la

1. *Ibid.*, p. 263.
2. G. Martin, *op. cit.*, p. 166.

conformité des déterminations de l'existence des choses en général à des lois» (*Prolégomènes,* § 16, 63).

Il y va, dans cette théorisation critique du possible, c'est-à-dire de la possibilité *a priori* de l'expérience, d'une nouvelle garantie de la validité de la science. Elle se substitue à la théorie leibnizienne du possible, théorie métaphysique des compossibles que Dieu fait entrer, par le choix du meilleur des mondes, dans l'existence. Le concept kantien du possible ne repose que sur les facultés du sujet. Ces facultés sont des pouvoirs (*Vermögen*) dont l'exercice possible se règle entièrement sur la légitimité de leur usage: la nécessité (*müssen* [1]) est ce qui règle, pour l'usage théorique de l'entendement, le pouvoir (*können*) d'associer les représentations. «La représentation d'une condition générale d'après laquelle *peut être* posé un certain divers (par suite d'une manière identique), s'appelle *règle*, et elle s'appelle une *loi* quand ce divers *doit* être ainsi posé» (CRP, A, 127). La même prescription théorique est reformulée un peu plus loin: «les règles, en tant qu'objectives (par suite comme appartenant nécessairement à la connaissance de l'objet) s'appellent des lois» (CRP, A, 141).

La troisième *Critique* établira que la finalité est «la légalité du contingent comme tel»; pour ce qui est de la nature mécaniquement conçue, c'est la *nécessité* qui fonde la légalité du déterminisme comme tel. Il faut que l'unité qui est possible, c'est-à-dire effectuable par le pouvoir synthétique des concepts, soit aussi la seule unité légitimable, ou nécessaire, de l'expérience. L'expérience synthétiquement possible ne détermine pas seulement l'unité, mais aussi l'unicité de toute expérience physiquement connaissable: «l'expérience est le complexe de toutes les perceptions possibles dans l'unité absolue du complexe de leur divers, ce qui en constitue la détermination complète, c'est-à-dire qu'il n'y a qu'une expérience que l'on peut faire» (OP, 126). La facture juridictionnelle du raisonnement kantien, maintes fois soulignée – car elle substitue le *quid juris* au *quid facti* du savoir scientifique –, justifie la fonction prescriptive du concept d'expérience possible, aussi bien pour son étendue que pour ses limites: il prescrit la conformité de toute unité des perceptions aux mêmes lois. C'est parce qu'il n'y a qu'une expérience possible, dont l'unité fait aussi l'unicité, que le concept formel ou apriorique de nature peut être l'unité législatrice de l'ensemble de tous les phéno-

1. Dans la morale, c'est le *Sollen* qui légitime le pouvoir, pour la raison, de déterminer *a priori* la volonté.

mènes qui formeront, pour nous, la nature matérielle mécaniquement connaissable.

Dieu était compris, par le rationalisme dogmatique, en tant que puissance souveraine, créatrice des essences comme des existences, comme la garantie de la vérité ou de la perfection ontologique de tout le savoir atteint par la raison humaine, faite à l'image de Dieu. La nature pouvait alors apparaître comme la manifestation d'un ordre suprême, comme l'expression de la sage ordonnance d'une souveraineté ontologiquement incontestable. Mais la philosophie qui se fonde sur les facultés de connaître ne met l'accent que sur les pouvoirs de connaître qui renferment la mesure simplement humaine de l'expérience. Aussi les lois de la nature ne représentent-elles pas seulement des performances théoriques de l'usage de l'entendement, mais des règles pour son usage légitime; dans la mesure où la rationalité critique est rationalité législatrice, elle a à faire connaître qu'il est de la nature d'un pouvoir en général d'être réglé, défini par ses limites et, par conséquent, d'être conforme à la légitimité de son usage possible.

L'unité de législation imposée par l'entendement ne sera jamais que la coordination de tous les événements qui sont schématisables selon leurs interactions causales. Toutefois, la pratique des sciences n'est pas immobilisée ou figée par ce cadre formel; elle est une réalité dynamique, ouverte sur un progrès toujours possible des connaissances. A ce titre, il est inévitable qu'une partie importante de la nature lui échappe toujours, dont elle doit cependant tenir compte, à la fois pour son empiricité imprévisible et pour son intelligibilité concevable. Mais peut-elle anticiper la *totalité* de son œuvre possible, et non encore réalisée, sans tomber dans des contradictions semblables à celles des troisième et quatrième antinomies ? A savoir que, d'une part, la régression à l'infini dans la série empirique ne donnera jamais l'unité d'un monde; mais que, d'autre part, le concept de monde, s'il sort de la série pour poser un premier commencement, se condamne à ne jamais correspondre à une aucune intuition empiriquement donnable. Les chercheurs se donnent, pour le succès de la poursuite de leurs travaux, des *maximes* dont la contrariété pourrait bien reconduire le même type d'échec ou de stagnation. S'il est admis que l'imprévisibilité empirique, ou la radicale hétérogénéité du divers au concept, est ce qui fait avancer le savoir, la science risque de perdre toute systématicité, de renoncer à l'unité pour n'accompagner jamais que le flux ou la série des apparitions phénoménalement contingentes. S'il est décrété, au contraire, que l'unité est l'exigence prioritaire et que le pouvoir des concepts déterminera seul l'objectivité, la science risque de scléroser le savoir dans une nouvelle redondance identitaire.

Il faut donc, pour anticiper la totalité encore irréalisée de la connaissance possible, une représentation de l'expérience qui aille au-delà de l'expérience possible ou compréhensible par l'entendement, et qui serve de moteur à la recherche scientifique. Au-delà de l'unité de la nature conçue par la législation de l'entendement, il faut une totalité de la nature qui, n'étant pas encore donnée, ne peut être pensée que par les Idées de la raison. L'Idée de nature doit donc rester ouverte, ou disponible; elle ne saurait être limitative du progrès des connaissances, fermée à d'autres investigations théoriques ou à d'autres réaménagements conceptuels, comme ceux qu'introduira, par exemple, la téléologie critique.

On se trouve ainsi en présence d'un nouveau besoin de schématisme: comment rendre donnable ce qui n'a encore jamais été donné à l'entendement? Il est analogue, mais certes non identique, à celui des synthèses constitutives de l'homogénéité de l'expérience dans l'Analytique transcendantale; car ce n'est plus simplement l'universelle affinité des phénomènes, mais l'affinité de tous les *concepts* empiriques possibles qu'il s'agit de penser, affinité rendue nécessaire par l'extrême diversité de leur origine et de leurs applications. Pour illustrer cette démarche, initiatrice d'une sorte de logique transcendantale de la découverte scientifique, les exemples cités dans l'Appendice à la dialectique transcendantale font valoir une diversité que la sensibilité ne suffit pas à embrasser ou à contenir; il faut donc que soit prévisible la capacité de l'*entendement* à en faire ses objets. Soit qu'il se heurte à un inconnu, comme celui de l'orbite d'une planète, soit qu'il doive affronter un incompréhensible, comme celui de l'unité des forces et fonctions différenciées des facultés de l'âme, soit encore qu'il achoppe sur une contrariété, comme celle qui oppose l'unité nécessaire de la vie à l'hétérogénéité nécessaire des vivants, il faut, face à cette disparité, rendre possible l'entendement lui-même (CRP, 460).

Quoique la raison ne soit jamais en mesure de fournir aucune connaissance empirique, l'Idée étant un archétype qui n'a pas sa source dans l'expérience, son intervention est rendue nécessaire pour qu'il soit possible à l'entendement de se donner de tels objets, autrement dit pour que la nature qui lui demeure encore inconnue, soit représentable. Pour que cet inconnu soit *a priori* donnable[1], la raison

1. Il s'agit, à la différence du schématisme des catégories, d'une « donabilité » intellectuelle et non pas simplement sensible.

est ce qui pense le maximum des possibilités pour cette donation; aussi supprime-t-elle les limites qui pourraient venir de l'esprit scientifique lui-même, si ce dernier entendait se définir de manière univoque. Au lieu de se résigner à l'existence fatale d'un antagonisme entre les esprits, entre les esprits spéculatifs et les esprits empiriques, entre les partisans de l'unité et les adeptes de l'hétérogénéité ou de la différence, la raison surmonte l'opposition entre les opinions des chercheurs en les convertissant en méthodes également indispensables à la science. L'abondance en résulte, au lieu des restrictions doctrinales; ainsi du principe de l'économie des hypothèses, qui correspond assez à celui d'un plein emploi des ressources laborieuses[1] et à un minimum de coût dans les pertes théoriques. Il faut que le maximum de diversité, de disparité et d'hétérogénéité soit recherché afin de fournir à l'entendement la matière empirique dont il a besoin pour être connaissance de quelque chose et non d'entités fantomatiques. Mais il faut encore que le maximum d'unité ou de conceptualité pensable accompagne cette exploration pour qu'elle signifie quelque chose, puisqu'il n'est guère possible de transformer en science le simple constat de ce qui fait obstacle à toute unité. De là la signification économiquement productive du principe produit par la raison, celui de la *continuité* (CRP, 461) entre unité et diversité, parce qu'il effectue une synthèse opératoire entre deux démarches psychologiquement contraires, mais dont la coexistence fonctionnelle produit, «l'unité systématique de tous les actes empiriques possibles de l'entendement» (CRP, 464) ou encore «l'unité totale de son usage» (CRP, 465). Non seulement l'unité et la pluralité, mais encore toutes les étapes intermédiaires entre chacune de ces polarités théoriques sont ainsi offertes à l'investigation et à la découverte. La théorie kantienne des êtres vivants, des races humaines et de l'histoire politique tirera elle-même parti de cette extension de la possibilité de la nature au-delà du concept mécanique de l'expérience.

Il va de soi que la raison n'agit pas elle-même sur l'expérience sensible. Son usage est régulateur et non constitutif, source d'exhaustivité pour des principes capables de guider l'appétit de savoir. Il reste à se demander comment, ainsi dépourvue de souveraineté déterminante, la raison peut agir néanmoins sur la théorisation de la nature. Kant se sert d'une analogie qui met en valeur sa capacité de convertir

1. La «raison paresseuse (*ignava ratio*)»(CRP, p. 477) est source d'antinomies ou d'obstacles épistémologiques au travail de la science quand elle fait des Idées un usage déterminant ou constitutif, c'est-à-dire empiriquement doctrinal, et non régulateur et incitatif.

en un usage immanent son désir métaphysique de transcendance. L'unité totale d'une nature complète ne peut être donnée qu'en Idée, ne serait-ce que parce que la matière empirique de cette totalité renvoie à des événements passés (désormais inexpérimentables) et à des événements à venir (encore non expérimentables). Il s'agit donc de viser la perfection de la connaissance dans la définition de son objet, ou de sa visée. Or toute représentation d'une unité représentable est un *schème*. L'unité du maximum de diversité et du maximum d'unité est donc un schème (CRP, 465), mais qui ne saurait s'appliquer aux sens. C'est à l'entendement lui-même, analogiquement compris comme ce qui joue le rôle de la sensibilité dans la constitution de l'homogénéité de l'expérience, que s'appliquent les schèmes, ou les quasi-schèmes constitués par les Idées de la raison. C'est seulement indirectement que les Idées seront, pour les recherches ultérieurement conduites sur la nature, un principe objectif de l'unité de la science. L'intervention de la raison ouvre ainsi la possibilité de convertir en principes ou en schèmes d'un accord objectif des esprits les Idées réifiées ou absolutisées par le dogmatisme métaphysique[1]. Le désir d'achèvement métaphysique, principe de contentement spéculatif qui alimente les divisions doctrinales, peut faire place, de façon immanente, à l'intérêt de la raison qui, dans les sciences, est de convertir en une tension dynamique l'opposition entre unité et multiplicité, sachant que « les idées de la raison pure ne peuvent jamais être dialectiques en elles-mêmes » (CRP, 467). Cet intérêt est un intérêt subjectif de la raison ; il ne devient objectif que par l'accord des méthodes, c'est-à-dire des esprits, qui rendra ainsi possible l'entendement scientifique lui-même.

La nature peut donc être comprise, en tant que cette totalisation des actes de l'entendement qui l'ouvre au progrès indéfini des connaissances, comme l'« objet idéal» de la raison »[2], mais pour mieux nous dissuader de comprendre un tel idéal comme une unité de domination, ou comme la mainmise de l'unité sur toute diversité. Le schème de l'affinité de tous les concepts empiriquement possibles n'en abolit pas, en effet, l'hétérogénéité, et il constitue ainsi ce que Hegel identifiera à l'activité rationnelle authentique, à savoir l'unité de l'unité et de la pluralité. L'idéalisme transcendantal ne procède ainsi à aucune épuration théorique, et il s'érige en principe de réalité empirique contre les doctrinarismes identitaires qu'il combat pour les

1. Il en va ainsi de l'idée psychologique qui « ne peut pas, non plus, signifier autre chose que le schème d'un concept régulateur » (CRP, p. 475).

2. J. Rivelaygue, *op. cit.*, p. 285.

transformer en méthodes. Aussi est-ce l'Idée de la totalité de la tâche qui rend possibles, par-delà la subsomption du sensible sous le concept, d'autres possibilités conceptuelles comme aussi d'autres formes de diversités, parce que, dans la dynamique de cette Idée *régulatrice*, «nous ajoutons plus que l'expérience ne peut jamais confirmer» (CRP, 463).

CHAPITRE IV

DE L'INTELLIGIBILITÉ MORALE DES MŒURS

En donnant au concept scientifique de nature une légitimité philosophique, la Critique vérifie que l'activité immanente de l'entendement s'affranchit des intérêts dogmatiques de l'usage de la raison. L'âme, le monde et Dieu, qui ne sont pas des réalités empiriquement donnables, ont le statut de pures Idées dont la raison se sert quand elle veut penser à son tour les conditions de sa propre unité ou de son repos. De telles Idées ne peuvent avoir qu'une fonction régulatrice, qui convertit de chimériques hypostases en dynamique du labeur scientifique.

Si l'édification de la philosophie critique s'arrêtait là, son bilan théorique pourrait être jugé finalement sceptique[1], ou du moins négatif, puisqu'il fait du savoir un principe de désillusionnement qui enseigne à faire le deuil de l'absolu. Si les Idées de la raison ne sont théoriquement exploitables qu'au titre de fictions régulatrices, comment ne pas conclure que la sagesse ne sera jamais que la conversion utile des « mythes » dont les hommes font spontanément leurs objets ?

Mais la rationalité critique ne serait désespérante que si elle condamnait la liberté de la raison en même temps que ses errements spéculatifs, et si elle bornait sa destination à l'unique succès de l'intérêt théorique pour la science de la nature. Mais comme ce dernier est limité par ses propres frontières, il faut un autre type de législation pour ce qui dépasse son domaine de compétence : l'usage de la liberté dans les mœurs. La morale opère ainsi une autre révolution à l'intérieur de la Critique, en faisant la preuve que la compétence de la

1. « Son système critique de la raison pure fait de la connaissance un procès perpétuel et sans terme, repousse la vérité à l'infini, et la déclare au fond inaccessible, à l'égal du scepticisme », H. Kelsen, *La démocratie, sa nature, sa valeur,* Sirey, 1932, p. 112.

raison ne se réduit pas à celle de l'entendement et que la raison libère le domaine de l'action des limites d'une science de la nature.

L'entrée dans le suprasensible : le caractère intelligible

C'est avec la notion de caractère intelligible que la première *Critique* indique le besoin d'une avancée dans le suprasensible qui soit de nature pratique. Cette notion trouvera sa justification complète, avec le problème du mal, dans l'écrit sur la religion de 1793. Dans la mesure où il est introduit, en tant que condition de possibilité du jugement moral, par la troisième antinomie, le caractère intelligible constitue la première mise à l'épreuve critique du concept traditionnellement dogmatique de suprasensible.

Lorsqu'un individu est jugé coupable d'avoir attenté à l'intégrité ou à la dignité d'autrui, sa propre indignité est impliquée dans sa décision de nuire. Or il n'existerait aucune source de scandale, ni de révolte contre l'horreur d'un crime, s'il n'y avait pas une complète hétérogénéité entre la cause et l'effet, hétérogénéité qui fait s'interroger sur la possibilité d'une telle action. La question n'est dramatique que d'un point de vue moral parce qu'elle s'adresse à la liberté : comment une pareille action est-elle possible par liberté ?

La question réclame un traitement critique parce qu'il est impossible de donner à un acte librement commis une explication théorique de type déterministe. De là le constat qui sera au cœur de la problématique de la liberté : l'acte libre est *théoriquement* incompréhensible. Chercher à l'expliquer par le caractère empirique d'un individu – du point de vue d'une anthropologie pragmatique, ce caractère est celui du sexe, de la nationalité, de la race ou de l'espèce humaine tout entière –, c'est vouloir rétablir une certaine homogénéité, ou une certaine proportionnalité, entre l'intention et le crime, de manière à donner satisfaction à l'entendement, à sa maîtrise des liaisons physiques entre les causes et les effets. Mais cette attitude est moralement absurde et même scandaleuse dès lors qu'elle condamne un individu pour ce qu'il est (son caractère empirique) ou pour ce qu'il a été (une causalité empiriquement passée). Elle ne juge que les effets phénoménaux, non l'intention qui se veut elle-même dans son acte. Comment savoir qu'un caractère empirique n'est pas jugé au nom des intérêts d'un autre caractère empirique ?

La notion de caractère intelligible est bien souvent interprétée comme une justification philosophique de la culpabilité, comme si elle engendrait surtout le droit de condamner, et comme si la thèse du déterminisme naturel était moralement plus indulgente, en produisant des légitimations de l'action étrangères à la moralité. Mais cette façon de comprendre inverse le raisonnement critique et ne permet pas de saisir l'enjeu de la problématique de la liberté. Du point de vue critique, en effet, la thèse du *prédéterminisme*[1] est jugée bien plus redoutable pour l'éthique et le droit ; car elle suppose des raisons d'agir qui ne sont pas, ou qui ne sont plus, au pouvoir d'un individu, et elle rend précisément immorale la condamnation. Mais pour se représenter l'homme vicieux comme « moralement inquiété par la conscience de ses fautes, il faut d'abord le supposer, d'après le fond essentiel de son caractère, moralement bon » (CRPr, 39). Le caractère intelligible renvoie ainsi à l'existence d'un présupposé fondateur du jugement : soit que le mal constitue l'unique mesure du bien, soit que le bien serve de référence au mal ; en ce dernier cas, est mauvaise l'action qui aurait pu ne pas être au regard de ce qu'elle aurait dû être. Il n'est alors possible de condamner, dans un individu, que ce que Kant appelle le « moi véritable »[2], cette part invisible de l'action qu'est le moi qui juge et qui se juge, celui qui comprend ses propres actes comme le produit de sa responsabilité, autrement dit comme la manifestation sensible de son caractère intelligible. Il n'est possible de condamner un individu qu'en fonction de la manière dont lui-même peut se juger. On ne peut infliger de châtiment que l'homme lui-même ne comprenne et ne puisse vouloir dans une intention présente.

Il est donc erroné de traiter le caractère intelligible à la manière d'un caractère empirique, car il n'est pas un être, mais une *manière de penser* (CRP, 404). La confusion est source d'injustice et de cruauté. Si le crime est conçu d'une manière tout empirique, comme l'effet mécanique de l'égoïsme, il faut alors inclure cet effet dans la causalité qui lui est homogène ; on tombe ainsi dans l'absurdité qui consiste à définir tautologiquement le crime comme ce qui s'attire une punition, ou comme une raison de bonheur qui engendre la privation du bonheur (CRPr, 38). Le prédéterminisme se révèle immoral quand il conçoit de manière empirique l'origine des fautes et qu'il représente le péché originel comme une sorte de maladie transmissible à travers la succession des générations ; par cette façon de l'attribuer au caractère empirique de l'espèce humaine, on se condamne à une version absurde

1. *La religion dans les limites de la simple raison*, trad. J. Gibelin, Vrin, 1972, I, Rem., p. 73, note.

2. *Fondements de la métaphysique des mœurs*, trad. V. Delbos, Le Livre de Poche, 1993, p. 143.

et inhumaine de l'expiation : l'expiation inutile de ce qu'il n'est plus en notre pouvoir de changer (R, 240).

L'explication naturaliste du mal est condamnée à l'échec sur le plan moral. La tentative de remonter la série des causes jusqu'à une cause empiriquement première, qu'il s'agisse de la naissance d'un individu ou de ses ancêtres (CRP, 383) n'atteindra jamais aucun événement qui puisse valoir comme le premier surgissement empirique d'un choix. Aucune réalité phénoménale ne peut signifier le devoir-être d'une décision : « nous ne pouvons pas plus demander ce qui *doit* arriver dans la nature que demander quelle propriété un cercle *doit* avoir » (CRP, 402). Le mode de penser théoriciste est donc dépourvu de pertinence pratique, l'explication déterministe ne rendant moralement intelligible ni l'acte bon, ni l'acte mauvais.

Il faut en appeler à la liberté pour donner à l'action une source d'intelligibilité spécifiquement pratique que la théorie de la nature ne fournit pas. Le caractère intelligible trouve ainsi sa véritable fonction, exclusivement pratique : il faut bien se représenter, dans l'individu agissant, une origine purement intellectuelle et *suprasensible*, l'origine purement décisoire de l'intention d'agir, qui est le seul objet possible d'un jugement moral. Le caractère intelligible isole une causalité libre, qui peut être jugée, tandis que l'entendement ne connaît des effets d'une action que leur utilité naturelle. La raison introduit donc, avec l'idée de liberté, son propre besoin d'intelligibilité, extérieur à l'entendement et à la nature. Il faut comprendre moralement, par la liberté, ce qui ne peut être expliqué physiquement, par le concept de nature.

Mais cette introduction de la liberté, que la première *Critique* expose à l'intérieur et dans le langage de la troisième antinomie, a pour effet de remettre en question le concept de causalité. Les exigences propres à l'entendement et à la raison, à la théorie et à la pratique, mettent en conflit les représentations de la causalité dont elles se servent respectivement. Il en résulte qu'une rivalité est nécessairement engagée entre deux types d'intelligibilité rationnelle.

La raison formule un besoin de causalité qui est suprasensible ou nouménal : le caractère intelligible n'est pas explicable *par* nous, comme un phénomène physique, il n'est intelligible qu'en soi. La causalité libre doit donc être représentée comme une causalité sans antécédent, une causalité qui n'est pas l'effet d'une détermination antérieure – comme c'est le cas du caractère intelligible –. Aussi l'intelligibilité pratique doit-elle contrecarrer la thèse du prédéterminisme par une conception qui relativise l'intelligibilité physicienne de la causalité naturelle. Ainsi cette cause première, ou ce premier commencement, est la conception *cosmologique* de la liberté, conception d'une *liberté transcendantale*, ou supranaturelle, de la causalité : on entend « par liberté, au sens cosmologique, la faculté de commencer de *soi-même* un état » (CRP, 394).

Mais pour l'entendement, l'intelligibilité phénoménale est mécanique, la science connaît les causes à l'intérieur d'une chaîne ou d'une série de phénomènes, comme une succession de dépendances entre les objets d'expérience. C'est pourquoi la causalité scientifique constitue également une menace pour l'intelligibilité pratique. Elle la menace si gravement que Kant doit procéder, dans chacune des œuvres qui abordent la question morale, à une légitimation renouvelée de sa théorie de la liberté. Le problème de la liberté est celui qui justifie le besoin d'un passage du *Fondement de la métaphysique des mœurs* (1785) à une *Critique de la raison pratique* (1788). L'écrit sur la religion devra également, pour exposer les principes d'une religion purement morale, justifier sa fondation possible dans la liberté.

Une causalité par liberté, en effet, est phénoménalement intraduisible, inexprimable ou non schématisable, et donc logiquement incompréhensible, si l'on entend par rationalité *logique*, comme le fait la partie esthétique de la troisième *Critique*, celle qui procède par schématisation des concepts de l'entendement. La morale oblige ainsi à penser ce qu'il est impossible de se représenter d'une manière sensible ou « figurative ». Il n'est donc pas étonnant que cette théorisation de la morale ait suscité et suscite encore des résistances. Car ce qui est moralement pur ou moralement intelligible ne peut être posé, comme en physique, comme un existant. Une dualité apparaît entre deux types d'intelligibilité : celle qui range l'homme parmi les phénomènes de la nature (du point de vue de son caractère empirique), et celle qui est réclamée pour invoquer la pureté de ses intentions (du point de vue de la manière de penser ou d'un caractère purement intelligible).

La philosophie pratique doit constituer la genèse d'un nouveau type d'intelligibilité dans le champ philosophique. La définition naturaliste de la causalité menace, en effet, le concept de liberté d'être entièrement dépourvu d'*objectivité* au sens donné par la théorie du schématisme : la construction de l'intelligibilité d'un concept dans la forme d'un *objet* de l'expérience. Aussi, pour fonder la possibilité d'une objectivité réelle du jugement moral, la Critique doit-elle produire un concept entièrement renouvelé de l'objectivité : ce qu'elle établit en partant du sujet, dans les *Fondements de la métaphysique des mœurs*, au niveau de la raison, dans la deuxième *Critique*, et qu'elle applique directement aux devoirs dans la *Métaphysique des mœurs*. La moralité conduit ainsi la philosophie critique à se donner une nouvelle extension, hors du champ de la nature, une extension correspondant au projet d'une métaphysique des mœurs. Aussi la mise en place de la loi morale fondamentale, de la loi des mœurs, celle qui commande dans toutes les lois pratiques, à savoir l'impératif catégorique, doit-elle prouver que l'intelligibilité morale des lois pratiques constitue l'unique source de leur objectivité. Le travail critique de fondation (des *Fondements* et de la deuxième *Critique*) fait la preuve de leur objectivité *a priori*; celui de la *doctrine* (d'une métaphysique des mœurs proprement dite) justifie leur extension dans un *système* de tous les devoirs, devoirs envers l'homme, envers Dieu, envers la nature.

Mœurs et anthropologie

De même que la partie théorique de la philosophie explore la manière dont les sciences construisent leurs objets, la philosophie pratique ne peut ignorer les disciplines qui se présentent, dans la culture humaine, comme des sciences des mœurs. Or quoique le droit énonce ce qu'il est juste de faire, la théologie ce qu'il est bien de vouloir et la pédagogie ce qu'il est utile de savoir, il demeure impossible de découvrir en ces matières une intelligibilité suffisamment morale, ou suffisamment pure, des devoirs. Loin d'admettre que la moralité commande dans les mœurs, juristes, théologiens et pédagogues raisonnent à l'inverse, et ils conçoivent leur rôle comme un rôle disciplinaire qui doit produire empiriquement l'obéissance aux lois.

Les philosophies elles-mêmes se présentent comme des sciences des mœurs, et la *Critique de la raison pratique* rassemble en un tableau les divers fondements qu'elles se donnent en tant que doctrines morales (CRPr, 40). Mais elle juge que la science des mœurs la plus récente, celle de Hume, se présente, par sa méthodologie empiriste, comme un obstacle à l'intelligence critique de la moralité. C'est donc une autre révolution critique que la philosophie morale doit produire, qui découvre la nécessité de comprendre les mœurs à partir du devoir au lieu d'induire la nécessité empirique du devoir à partir des mœurs. Kant oppose à l'observation empirique des mœurs une objection déjà mise en pratique dans le cadre d'une métaphysique de la nature: la généralité expérimentale ne suffit pas à fonder une universelle objectivité: «bien que le mot *Sitten*, comme le mot latin *mores*, ne signifie que la manière et la façon de vivre», la connaissance des lois morales ne saurait être puisée « dans la perception du cours du monde »[1]. Une collection d'exemples ne suffisant pas à justifier une loi, la science des mœurs ne saurait être descriptive, mais elle doit être entièrement normative, en tant qu'elle est science du devoir-être des lois pratiques plutôt que de leur utilité contingente.

Aussi est-ce avec le criticisme que la dichotomie entre être et devoir-être, entre faits et valeurs se trouve, non pas théoriquement, mais moralement fondée. Hume établit lui-même cette distinction quand il signale l'opposition entre ce qui est et ce qui doit-être[2], opposition qui caractérise en propre la différence entre les raisonnements qui portent sur les choses et ceux qui portent sur les actions. Or son but est de conclure à l'impossibilité, pour la raison, d'être pratique par elle seule. Considérant que l'usage de la raison n'est que théorique, c'est-à-dire portant sur des faits, il constate qu'aucune théorie n'est en mesure de constituer un mobile pour l'action. La différence entre fait et valeur est ainsi théoriquement fondée. Et comme seuls des intérêts empiriques peuvent être mobilisateurs, il en résulte que la sensibilité, prise comme sentiment moral, peut être reconnue comme la source véritablement mobilisatrice de l'action. L'opposition empiriste entre être et devoir-être peut donc être comprise comme ce qui fonde la pratique dans la subjectivité empirique exclusivement[3]. Mais de ces prémisses empiriquement bien fondées résulte la nécessité de supprimer la différence entre être et devoir-être pour rendre théoriquement intelligible l'action, et mettre au premier plan la possibilité, pour une valeur, de se réaliser comme un fait d'expérience. Ainsi de la justice qui réalise empiriquement l'intérêt de chacun lorsque tous s'abstiennent également de faire tort à autrui. L'intelligibilité pratique consiste alors à exposer le devenir factuel ou la naturalisation des valeurs telles que la fidélité aux institutions ou le respect des biens d'autrui. Les intérêts subjectifs peuvent se composer, s'harmoniser dans la forme d'une nature, et les conventions n'existent ainsi que dans leur institutionnalisation même. La thèse kantienne, dont le but est de prouver que la raison peut être pratique par elle-seule, est donc la réplique critique à l'empirisme moral qui refuse à la raison le pouvoir d'inciter à l'action.

1. *Métaphysique des mœurs*, Introduction générale, p. 90.

2. *Traité de la nature humaine*, trad. P. Saltel, GF, 1993, III, I, I, p. 65.

3. par « une séparation insurmontable entre des faits que l'on peut connaître scientifiquement et des normes que l'on doit poser subjectivement », K. O. Apel, *L'éthique à l'âge de la science*, trad. R. Lellouche et I. Mittman, Presses Universitaires de Lille, 1987, p. 49.

La fondation critique des devoirs, destinée à se substituer à leur justification pragmatique, n'est pas séparable des visées émancipatrices exprimées dans *Qu'est-ce que les Lumières ?* et qui consistent dans la transformation des manières de penser, ou des mentalités, dans les domaines du droit, de la religion et de la politique. La manière de penser les mœurs doit se fonder dans une conception morale du devoir. Pour reprendre une formule exemplaire de Hegel, il s'agit d'élever « la vertu à la moralité »[1].

Portant sur le devoir-être des lois pratiques, la philosophie morale vient donc augmenter le champ de la rationalité législatrice d'un nouveau de type de législation, pratique et non plus théorique. Conformément au programme énoncé dans l'Architectonique, il s'agit de prouver que la nature pensante, l'homme, obéit à d'autres lois qu'aux lois de l'existence physique. Les *Fondements* se servent de principes moraux aprioriques pour repousser les erreurs de l'anthropologie empiriste. Leur démarche se veut analytique, régressant du jugement moral à ses conditions de possibilité, et elle se dit pourvue d'une validité *défensive* (FMM, 145). La *Critique de la raison pratique* adopte une présentation *synthétique* de l'apriorisme moral, en montrant comment la raison est déterminante ou constitutive de lois spécifiquement pratiques ; elle établit ainsi la nécessité originairement rationnelle de dériver l'intelligibilité de l'action de la pure loi morale exclusivement.

La fondation et l'extension de l'intelligibilité pratique contribuent ainsi à donner au criticisme sa propre spécificité spéculative dans l'histoire de la philosophie : la théorie de la liberté acquiert le droit légitime de limiter le champ du savoir. Il s'agit de mettre un frein aux « inquiétantes prétentions de l'entendement » (CFJ, 17), entretenues par les tenants d'une *physiocratie* naturelle dont l'intérêt est « de rendre aussi suspect que possible » le concept moral de liberté (DV, 47) en vue d'assurer le triomphe définitif du mode d'explication physicaliste. L'explication des mœurs par leurs causes expérimentables ne contribue, en effet, qu'à étendre le domaine de la naturalité au détriment de la liberté. La nature est le concept qui permet à l'entendement de s'approprier le détail des événements et manifestations sensibles du monde empirique en les englobant dans la même intelligibilité mécaniste : il faut que tout phénomène ait une cause

1. Hegel, *La positivité de la religion chrétienne*, trad. du CRDHM de Poitiers, PUF, 1983, p. 31.

empiriquement connaissable. Or si l'intelligibilité mécaniste est fondée – par les réquisits mêmes de la Critique – à s'approprier phénoménalement ce qui est phénoménal, on peut lui refuser le droit de s'approprier aussi ce qui dépasse les limites du concept physique de nature. Ainsi l'Idée de Dieu, l'Idée de la liberté et celle de l'immortalité ne sont pas les instruments d'une science empirique, mais elles sont les moyens par lesquels les hommes conçoivent leur *existence* d'une manière non physique ou naturaliste. Elles sont les sources d'une conception méta-physique de l'exister proprement humain.

Il est, certes, possible d'étendre aux mœurs les modes de penser sceptiques : il suffit de traiter ces Idées comme de simples croyances au sens de chimères dont on peut apprécier empiriquement le caractère utile ou néfaste ; on les considérera alors comme des motivations, opportunes ou regrettables, de l'action. Mais si cette façon empiriste de voir est sceptique, c'est qu'elle ramène le domaine des mœurs à un subjectivisme entièrement privé d'objectivité morale, la seule objectivité qui puisse lui être conférée étant celle de la nature et de ses lois physiques. Cette manière de voir ne connaît que les ressources théoriques de l'entendement, la manière dont il incline à l'omnipotence en prétendant faire des lois naturelles l'unique condition de possibilité de toute réalité. Le scepticisme n'y conquiert aucune validité pratique, il ne fait qu'étendre le pouvoir de la théorie en refusant toute objectivité à la thèse d'une libre causalité. Combattre l'exclusivité de cette version théoriciste constitue le but d'une méta-physique des mœurs contre une physique des mœurs. Il est nécessaire de confier au concept de liberté la fondation d'une autre partie de la philosophie, le dévoilement des conditions de possibilité propres au monde humain, un monde qui n'est pas défini comme celui des objets, mais comme celui des sujets, celui des rapports entre des volontés. Ainsi, la philosophie sera « divisée à bon droit en deux parties, tout à fait distinctes selon leurs principes, la philosophie théorique comme *philosophie de la nature* et la philosophie pratique comme *philosophie morale* (on nomme ainsi, en effet, la législation pratique de la raison d'après le concept de liberté) » (CFJ, 21). L'Idée de liberté se révèle donc être initialement fondatrice de certitudes indépendantes de la théorie : elle permet de produire, dans les *Fondements*, une conception entièrement pratique de la volonté.

Motivations et intentions

Il est fréquent qu'une philosophie de l'intention soit spontanément confondue avec une théorie de la motivation. La démarche initiatique des *Fondements* consiste à établir radicalement leur différence en vue de dégager l'intelligibilité spécifiquement pratique qui convient à la volonté : la liberté y apparaît comme un « point de vue » inconditionnellement indispensable (FMM, 144). Or une explication simplement anthropologique du devoir – telle que la pratiquent les philosophes populaires incriminés dans l'ouvrage – repose précisément sur une identification ou une confusion entre une intention morale et une motivation empirique. Aussi sont-ils portés à encourager l'obéissance au devoir par des mobiles intéressés, jugés intéressants parce qu'ils sont supposés la rendre souhaitable et aimable, comme si le devoir était plus respectable quand il est représenté comme un objet *naturellement* possible du désir. En incitant la philosophie morale à se vulgariser, c'est-à-dire à se rendre populaire et attrayante, ils mettent en pratique une conception simplement psychologique des devoirs et, par conséquent, une conception exclusivement psychologique de la volonté humaine. Ce procédé, que Kant traite souvent avec ironie et parfois avec agacement, n'a qu'un défaut : il n'explique pas l'origine des devoirs, mais il ne fait que justifier ce qui conditionne la soumission, à savoir la crainte ou la séduction. L'homme n'y est pas traité comme un être doué de raison, sa sensibilité n'est conçue que *pathologiquement*, comme réservoir d'appétits et de peurs passivement subis. Il n'agit pas, il réagit.

L'analyse critique de la morale, au contraire, regarde la faculté de désirer humaine comme celle d'un être rationnel. Elle n'est pas celle d'un arbitre animal, *arbitrium brutum*, qui serait entièrement déterminée par le penchant. L'arbitre humain est tel qu'il peut être « affecté par des mobiles sensibles, mais non déterminés par eux » (MM, 87). C'est là la définition psychologique que Kant donne de la liberté, une liberté simplement négative, synonyme de l'*indépendance* de l'arbitre à l'égard des mobiles sensibles. La faculté de désirer peut être regardée du point de vue de l'action et elle se définit comme un pouvoir, comme « la faculté d'être par ses représentations cause des objets de ces représentations (MM, 85, note). Et dans la mesure où « son principe de la détermination à l'action se trouve en elle-même et non dans l'objet », on nommera *volonté* le pouvoir de déterminer l'arbitre à l'action. Autrement dit, le principe de la détermination à l'action est ce qui est voulu dans la volonté, il est un principe intérieur de détermination.

Cette intériorité de la décision se révèle capitale en ce qu'elle permet d'analyser les mobiles, non pas de l'extérieur, mais de l'intérieur, comme des lois de la nature pensante. L'observation anthropologique regarde extérieurement les motivations, comme des choses parmi les choses ; l'analyse philosophique les considère de l'intérieur, comme des raisons d'agir que les individus se donnent. Alors que les choses de la nature obéissent à des lois, la nature pensante agit d'après la *représentation* des lois (FMM, 83). C'est ainsi que la sensibilité, extérieurement affectée, est intérieurement vécue comme ensemble de représentations subjectives : « on peut en général définir la sensibilité par le subjectif de nos représentations » (MM, 85, note) ; les affections sont rapportées, en tant que sentiments, au sujet qui les éprouve intérieurement. L'analyse des *Fondements*, qui prend en considération les *maximes* de la subjectivité, permet ainsi d'accéder à la volonté morale à l'intérieur même de la subjectivité.

Une même action peut donc apparaître comme une fin de la volonté ou comme l'effet d'un pouvoir empirique. Ainsi l'habileté, quand elle est source d'enrichissement, est un talent que l'individu cultive comme une cause productrice d'effets. On dira cependant que la satisfaction est mécaniquement produite et que, malgré le travail engagé, elle est de nature passive parce qu'entièrement mobilisée par une influence « étrangère qui nous laisse passifs » (R, 156). Car c'est alors la nature, et non la personnalité, qui agit dans l'individu. Il se laisse extérieurement déterminer, comme un membre de la chaîne causale des événements naturels. Aussi cette satisfaction, accumulative de plaisirs mécaniquement identiques, explique-t-elle sans doute un pouvoir d'agir, mais nullement une intention, une détermination personnelle qui s'implique dans l'action. Pour que l'intention intervienne, il faut que l'individu fasse de l'action un devoir, et que la satisfaction ne soit pas seulement visée comme un fait, mais aussi comme une valeur, comme ce qui confère une valeur à l'action. Elle est ainsi *représentable* comme un effet du mérite et devient concevable, dans son être-même, comme le devoir-être du mérite. Intervient alors un jugement intellectuel qui n'est plus empirique, un jugement qui porte sur l'exigibilité interne de l'action ou sur son intention.

On a bien affaire ici à la faculté de désirer d'un être rationnel parce que la maxime du désir peut toujours se donner la forme d'une intention généralisable. L'individu agit par des représentations qu'il juge subjectivement utiles ou nécessaires. Chaque fois qu'il agit en suivant des mobiles, chaque fois qu'une fin empirique lui sert de cause déterminante, il comprend ses propres motivations comme les *conditionnements* de son action ; et il conçoit ainsi théoriquement son action, par le moyen de l'entendement, comme un événement de la nature. De sorte qu'un mobile subjectif se trouve *généralisé* dans la forme d'une loi mécanique possible de la nature ; le menteur fait de l'urgence (l'embarras où il se trouve) la cause matérielle du besoin de mentir ; le désespéré fait de sa situation tragique (sa misère) la cause réelle du désir de suicide ; l'escroc fait de la nécessité de s'enrichir la cause naturelle du besoin de voler. Dans tous ces cas, l'action s'explique par les influences ou les conditions qui la causent, ce que la seconde section des *Fondements* nomme une rationalisation *hypothétique* ou *conditionnelle* de la conduite. Les impératifs hypothétiques sont donc des lois généralisables de l'action (comme épargner pour la vieillesse, préserver sa santé etc.), mais qui se donnent la forme d'une nature *extérieure*, mécanique ou physique dans laquelle l'individu s'inclut lui-même comme un objet empirique, comme un phénomène parmi les phénomènes. Cette généralisation ne justifie que l'art d'utiliser les moyens les plus économiques ou les plus rusés pour les fins désirées, l'aptitude aux calculs les plus efficaces. Que l'impératif hypothétique subordonne l'action aux moyens d'une fin possible (*impératifs de l'habileté*) ou aux moyens du bonheur en tant finalité réelle des êtres vivants (*impératifs de la prudence*), il est et reste un impératif pragmatique qui ne confère à la maxime qu'une généralisation *techniquement* significative. Or du point de vue de la nature, toute action est techniquement explicable ; il en résulte que si sa rationalisation technique est la seule qui soit possible, la liberté n'apparaîtra jamais que comme un concept vide de sens.

Conception morale du devoir

C'est donc pour parvenir à un concept exact de la causalité de la volonté que le raisonnement critique doit indiquer les limites de la théorisation naturaliste de l'action : si sa causalité technique ne suffit pas, c'est parce qu'un impératif hypothétique ne peut jamais *devenir* une loi morale, un impératif qui commande catégoriquement. Il propose bien des recettes, des conseils ou des recommandations conditionnellement utiles, mais il n'est pas en mesure de renseigner la conscience sur ce qu'il est *en soi* bon de faire. Si, à sa manière, Kant accepte le verdict humien, à savoir que la raison est incapable de déterminer*théoriquement* l'action, c'est pour rendre impossible la solution empiriste : il n'existe pas de passage du pragmatique au pratique, des règles techniques ne pouvant se convertir en règles prescriptives, c'est-à-dire en normes. Il faut constater l'abîme qui les sépare pour conclure à la nécessité d'introduire un autre type d'intelligibilité pour la volonté. L'erreur la plus répandue chez les moralistes, même chez les théoriciens rationalistes qui conçoivent la perfection intérieure comme un talent à développer par l'usage et l'habileté (CRPr, 40), est de concevoir la pratique du point de vue des effets qu'il est possible d'obtenir de la volonté humaine : ils raisonnent du seul point de vue de l'efficacité, c'est-à-dire d'une volonté qu'il faut influencer ou soumettre. Cette conception, *techniquement pratique* de la pratique est un obstacle à une conception *moralement pratique* de la pratique (MM, 92). Elle n'engendre qu'une science des conditionnements humains, science de l'humanité pathologique, et elle n'atteint qu'une subjectivité indéfiniment et extérieurement conditionnée.

C'est pourquoi il est essentiel que les *Fondements* découvrent dans la subjectivité elle-même la source non spéculative d'un accès à l'objectivité morale. La conscience commune fournit au philosophe le moyen d'exposer une genèse exclusivement pratique du concept de volonté libre : elle lui permet d'isoler la spontanéité du sujet, c'est-à-dire une causalité qui est sans cause empiriquement inexplicable. Les deux premières sections de l'ouvrage adoptent une méthode *socratique* (FMM, 71), le philosophe ne faisant qu'expliciter, en le formulant[1], le savoir moral qui est contenu dans le sujet et dont l'enjeu philosophique est inconnu de lui. Le point de départ est des plus simples : l'homme le plus ordinaire conçoit spontanément son devoir comme une obligation : sa représentation du devoir n'est pas originairement technique, mais originairement morale ; ce que fait ressortir le concept de *volonté bonne*, celle qui admet le devoir comme ce qui détermine intérieurement le vouloir (action faite *par devoir*) et non comme ce qui influence ou soumet extérieurement le vouloir (action faite *conformément au devoir*) à des raisons d'opportunité (dans le cas de l'habileté) ou d'utilité (dans le cas du bonheur). Il n'est pas besoin de science pour savoir que les devoirs les plus ordinaires sont empiriquement conditionnés, cultivés pour leur efficacité instrumentale, qu'on leur obéit par crainte ou intérêt : les intérêts du commerçant et du client, du médecin et du malade, du juge et du plaignant se conditionnent réciproquement quand la fortune, les talents et les dons – le courage, l'intelligence ou la santé – ne sont socialement des biens qu'en tant qu'ils sont des moyens. Les parents préparent ainsi les enfants à rendre utiles leurs aptitudes. Il n'en demeure pas moins que

1. Il s'agit d'une « *formule nouvelle* de la moralité », CRPr, p. 6.

la conscience commune sait spontanément que de tels devoirs sont obéis sans être respectés, qu'on approuve, sans la respecter, l'honnêteté programmée par l'intérêt bien compris. Un enfant perd le respect des exemples qu'on lui propose dès qu'il les voit subordonnés à l'intérêt du confort des adultes (R, 72). L'économie ou la médecine, la bienséance et la morale elle-même sont remplies d'exhortations qui incitent à adopter les conduites les plus utiles, mais si la vertu n'est elle-même conçue que comme une technique disciplinaire, elle se ramène également à une règle de l'habileté (CFJ, 22). Ce n'est donc pas un nouveau devoir ni même un devoir d'intérêt supérieur que la Critique, en se fondant sur la conscience commune elle-même, oppose aux moralismes conformistes, mais une autre conception de l'exigibilité du devoir: «de là viennent tous les jugements sur les actions telles qu'elles auraient *dû être*, bien qu'elles *n'aient pas été* telles» (FMM, 139).

Cette appréhension du devoir en tant que devoir-être montre que «la conscience commune est un usage pratique de la raison»[1], qui admet la possibilité de produire une intention indépendante de toute motivation, affranchie de toute influence extérieure. En distinguant entre la valeur de l'action et son efficacité, elle sépare ce que la conception technique de la pratique unit: le mobile et l'intention, l'influence et la décision, la nature et la volonté. La signification morale d'une action ne peut se comprendre que de manière non physicaliste, *suprasensible*: est morale l'intention qui doit être voulue dans une action. La valeur morale n'est pas contenue dans des objets phénoménaux, dans des conduites provoquées par des déterminations naturelles, pas même dans les «bons» sentiments en tant que moteurs psychologiques d'actes utiles, elle ne peut être attribuée qu'à la volonté, aux raisons de vouloir l'action. La volonté apparaît ainsi comme une *faculté supérieure de désirer* en ce sens que les intentions, plus que les choses, sont reconnues comme les déterminations les plus désirables de l'action.

Le devoir-être de l'action ne peut être déterminé par aucune cause antécédente, à la manière d'un objet naturel. La volonté s'institue elle-même la cause ou le commencement d'un acte que rien ne précède, qui n'a peut-être jamais existé avant elle et qui n'existera pas en dehors de sa décision. Aussi ne peut-elle avoir qu'une *loi* pour principe et pour origine, une loi qui la soustrait à la législation de la nature, qui détermine uniquement un sujet, et non un objet, parce

1. V. Delbos, *La philosophie pratique de Kant*, PUF, troisième édition, 1969, p. 279.

qu'elle est un commandement et non, comme la loi naturelle, un instrument de liaison, d'unification empirique des choses ou des désirs. L'impératif catégorique est *la loi morale* qui affranchit l'action des limites de l'objectivisme naturaliste : il est la loi dont l'objectivité doit être subjectivement voulue. L'impératif catégorique est le principe déterminant de toutes les lois pratiques parce qu'il exprime le devenir objectif d'un principe subjectif du vouloir : « agis toujours de telle sorte que la maxime de ton action puisse devenir une loi universelle ». La maxime est subjectivement une *aptitude* (FMM, 126) ou une *capacité* (FMM, 128) à constituer une législation universelle objective. Elle est une règle susceptible d'objectivation. Le sujet qui prend pour intention la forme universelle de la loi – c'est-à-dire la valeur objective des maximes – découvre dans cette aptitude un véritable pouvoir d'agir, en jugeant qu'« il peut faire une chose parce qu'il a conscience qu'il doit la faire » (CRPr, 30). Il établit ainsi « pour la détermination de la volonté des principes qui l'élargissent » (CFJ, 21) au-delà des limites causales de la réalité naturelle. L'intention d'agir qui a le devoir pour origine est inexplicable dans les limites de l'intelligibilité phénoménale – comme le fait de risquer sa vie pour ne pas commettre une injustice –, parce qu'elle révèle la volonté comme une spontanéité causale concurrente de toutes les déterminations simplement techniques de l'agir.

Conception morale de la liberté

L'enquête des *Fondements* aboutit à la liberté, condition suprême de l'intention morale. L'impératif catégorique n'est possible que par et pour une volonté libre, et la loi morale peut être dite la *ratio cognoscendi* de la liberté. L'identité entre volonté libre et volonté morale est exprimée par le concept de l'*autonomie* du sujet. Elle est l'union ou la synthèse entre la raison et la volonté, et elle signifie que la volonté morale est la raison pratique elle-même. Quand la loi de la raison est la raison d'agir de la volonté, la volonté est par elle-même législatrice, elle est l'auteur d'une législation universellement valable, identifiable par toutes les volontés. Sans cette unité intérieure originaire, la loi serait inintelligible ou despotique puisque le despotisme signifie le règne de la loi sans la liberté[1].

La plupart des incompréhensions – ou des répulsions – inspirées par le formalisme moral proviennent souvent d'interprétations qui

1. *Anthropologie du point de vue pragmatique*, trad. A. Renaut, GF, 1993, p. 321.

séparent la loi de la volonté, condamnant ainsi la volonté morale à une simple et absolue soumission, jugée servile, ascétique ou intéressée. L'analogie fréquemment établie entre l'impératif catégorique et le *quod tibi non vis fieri*... (ne fais pas à autrui ce que tu ne voudrais pas que l'on fît à toi-même) est une manière de ramener l'impératif catégorique à un impératif hypothétique, qui en ignore la dimension universelle comme le fait observer Kant lui-même (FMM, 107, note). Ne pas faire à autrui ce que l'on juge indésirable pour soi est une maxime techniquement intelligible en tant que conseil de prudence. Mais le précepte ne soustrait pas la volonté aux influences, il se borne à donner une formule générale de l'influence la plus acceptable par une volonté naturelle[1].

Il est possible d'estimer que « le style d'une morale de l'obligation peut être caractérisé par la stratégie progressive de mise à distance, d'épuration, d'exclusion, au terme de laquelle la volonté bonne sans restriction sera égalée à la volonté auto-législatrice, selon le principe suprême d'autonomie »[2], mais en jugeant l'autonomie selon la fracture instituée à l'intérieur de la faculté de désirer plutôt que selon le lien établi entre la volonté qui veut et la volonté qui doit. Or l'itinéraire des *Fondements* montre que l'autonomie de la décision ne saurait s'imposer extérieurement à la subjectivité, en dehors de la personnalité qui se découvre dans le choix de la loi, la démarche critique décrivant l'accès de l'homme à sa propre humanité. Si la découverte de l'essence pratique de la raison ne se faisait pas par le sujet, on aurait alors affaire à la raison des philosophes plutôt que des hommes eux-mêmes, déviation que Rousseau reproche amèrement aux Encyclopédistes qui font de la raison, selon lui, un instrument de domination intellectuelle, un pouvoir gagné par les philosophes à leur seul profit. Mais c'est à l'intérieur du sujet qu'il est possible de découvrir que la raison est pratique par elle seule, itinéraire dont la loi morale définit formellement la *nécessité*: la raison, plus que l'entendement, est le propre de l'humanité de l'homme. Dans le même individu, le sujet moral est ce qui dépasse l'individualité. L'humanité de l'homme est une propriété de sa volonté qui ne dépend pas des circonstances, ni des définitions arbitrairement cultivées par les clercs, les juristes ou même les philosophes. S'il faut penser les mœurs à partir du concept de

1. La critique de l'impératif catégorique faite par Schopenhauer (*Le fondement de la morale*, trad. A. Burdeau, Le Livre de Poche, 1991, p. 93) exprime à sa manière la vérité logique de son identification à une règle de prudence : celle-ci fait triompher la maxime de l'égoïsme généralisé.

2. P. Ricoeur, *Soi-même comme un autre*, Seuil, 1990, p. 241.

volonté libre, c'est afin de produire une équivalence entre l'intelligibilité pratique des lois et leur droit de s'imposer à la volonté humaine.

C'est pourquoi la compréhension de l'autonomie suppose une conversion philosophique du concept d'obéissance que Kant juge caractéristique de la découverte critique. Il n'est pas surprenant « que toutes les tentatives qui ont pu être faites pour découvrir les principe de la moralité (...) aient nécessairement échoué » (FMM, 110) dès lors que toutes ne font que soumettre l'individu au devoir, en faisant de la soumission l'essence de toute conduite morale, et sans voir qu'elle représente une conception inévitablement impure et amorale de l'obéissance. Il faut, en effet, des mobiles pour accepter la soumission, des raisons non morales d'adhérer au devoir, la plus usitée étant la crainte, la plus subtile étant l'amour de soi : « proposer pour modèles aux enfants des actions nobles, magnanimes, méritoires avec l'idée de les intéresser à ces actions en leur inspirant de l'enthousiasme, c'est manquer complètement son but » (CRPr, 167). L'erreur ne consiste pas à proposer des modèles, mais à en faire des sources d'influence extérieures au libre exercice du jugement. L'erreur est de croire qu'il existe de « bonnes » influences, alors que toute influence nie, par principe, la volonté libre. L'autonomie n'est donc pas une meilleure manière de provoquer la soumission, elle définit la limite de toute soumission : chacun ne doit obéir qu'à la loi que lui-même peut se donner ; il n'obéit qu'en tant que législateur moral d'un monde commun à tous. Un individu sous influence se soumet, mais un être libre obéit, parce qu'il n'obéit qu'à une législation qui régit des intelligences, au lieu de se soumettre à l'efficacité qui est la loi des choses. Il n'existe donc pas de commandements individuels qui soient objectivables, car ils supposent un désir d'influence chez celui qui ordonne, une marque de complaisance, chez celui qui se soumet. La *sublimité* du sujet moral est identique à sa personnalité, elle étend le concept d'intelligence au-delà de son acception théorique pour inclure la volonté dans l'intelligence, ce que désigne le concept d'*être raisonnable en général*, l'être dont la raison peut déterminer la volonté, non l'inciter simplement à la soumission.

C'est pourquoi la distinction entre la généralité pragmatique (formée par l'entendement sur le modèle des lois naturelles) et l'universalité pure des lois pratiques éclaire la *nécessité* contenue dans l'impératif catégorique, nécessité qui n'est pas théorique, mais morale. Si le menteur peut généraliser les causes qui rendent le mensonge empiriquement utile, il ne peut universaliser le mensonge en tant que loi morale de l'action ; par la généralisation, il conçoit son acte comme un cas particulier d'une loi empirique de la nature; par l'universalisation, il doit le représenter comme une exception, ou une transgression faite à une loi universelle de la volonté; il vérifie par son mensonge la volonté de faire exception à la règle puisqu'il veut que l'on croie sincère son intention. Il se veut crédible dans l'ordre des intelligences pour être efficace dans l'ordre des phénomènes. Le mensonge corrompt ainsi le principe des maximes; il érige en *principe* de l'action la perversion humaine, la représentation générale de la méchanceté pour justifier que les lois pratiques puissent s'imposer empiriquement comme des ruses. Mais il ne fait que donner extérieurement de l'autorité à une loi que personne ne peut vouloir intérieurement (FMM, 99). Il est, certes, toujours possible d'en appeler à la généralité pragmatique d'une règle comme à une source d'influence sur l'inclination, ce qui permet à l'individu de comprendre son propre comportement comme un cas parmi beaucoup d'autres; il fait alors de la soumission le confort de la volonté, en quelque sorte, parce qu'elle lui épargne d'avoir, précisément, à vouloir la loi[1]. Mais la morale n'impose pas la loi sans la responsabilité du choix: l'universalisation de la maxime est l'acte entier d'une intelligence volontaire. La nécessité de l'impératif n'incite pas à l'aveuglement; il ne commande qu'à la partie rationnelle de l'individu, sans donner aux influences que celui-ci croit bon d'accepter une quelconque autorité.

Le faux problème du déterminisme

La morale est donc ce qui donne sens au concept de liberté; la volonté morale est autonome, elle n'a aucun besoin d'être sollicitée ou séduite dès lors qu'elle connaît le devoir-être d'un devoir. Pourtant, le philosophe spéculatif ne se laissera pas aisément convaincre par cette découverte pratique de la liberté du vouloir. La morale, en effet, permet d'*arriver* à la liberté en découvrant le pouvoir de détermination de la volonté par la loi; mais la théorie réclame que l'on puisse en

1. L'illustration en est donnée par la profession de kantisme faite par Eichmann et rapportée par H. Arendt: «je voulais dire, à propos, de Kant, que le principe de ma volonté doit toujours être tel qu'il puisse toujours devenir le principe de lois générales» (*Eichmann à Jérusalem*, trad. A. Guérin, Folio, 1991, p. 222). Cette manière de justifier l'obéissance aux ordres venus d'instances supérieures contrefait et falsifie l'autonomie en faisant de la soumission la raison de l'obéissance. Mais le point de vue kantien est sans ambiguïté: l'individu connaît l'injustice des impératifs pragmatiques de la raison d'Etat qui visent la destruction des personnes; il sait qu'il peut, parce qu'il le doit, y résister, même s'il ne peut affirmer qu'il aura empiriquement le courage de le faire (CRPr, p. 30).

partir. Anticipant sur ces objections spéculatives, les *Fondements* entament, en leur troisième Section, un passage à une critique de l'usage pratique de la raison. L'objectivité pratique de l'impératif catégorique ne peut être remise en cause, elle possède le statut d'un fait de raison[1]; mais la capacité du raisonnement analytique à prouver *théoriquement* l'objectivité de la liberté peut se trouver mise en question. En effet, dans la mesure où la démarche analytique va des concepts moraux (les devoirs) à la liberté en tant que condition de leur possibilité, elle procède à une double approche de la liberté: elle lui confère une légitimation morale par laquelle la liberté ne fait qu'un avec l'autonomie du vouloir; mais elle lui attribue aussi une fonction théorique dans la mesure où la liberté est *conçue* comme condition de possibilité d'une philosophie pratique, comme le « point de vue » qui a permis d'entreprendre une analyse pratique de la volonté. On pourrait donc dénoncer l'existence d'un *cercle* (FMM, 133, 136) dans le raisonnement: la liberté est la condition de possibilité théorique de la définition pratique de la liberté. Un tel cercle, il faut y insister, ne concerne que la possibilité théorique de la liberté dont le problème a été formulé par la troisième antinomie: comment concevoir une causalité par liberté? L'intérêt théorique de l'entendement est de connaître des causes déterminées; mais l'intérêt pratique du moraliste aprioriste est d'atteindre le concept *positif* de la liberté, le pouvoir qu'a la raison de déterminer la volonté. Une critique de la raison pratique doit donc assumer le problème de la troisième antinomie, sachant que l'intérêt théorique de l'entendement n'est plus confronté aux chimères spéculatives du dogmatisme, mais à l'intérêt suprême de la raison pratique elle-même, c'est-à-dire à une législation étrangère à son domaine de compétence. La question de la liberté suscite bien un conflit intérieur à la raison.

Le philosophe spéculatif réclame autre chose qu'une preuve morale de la liberté, il demande de quel droit théorique le moraliste s'autorise à partir d'une Idée de la liberté que l'entendement ne peut pas lui faire connaître. Il interroge l'*origine* du concept de liberté. Dans la mesure où ce concept a son origine dans la raison, il faut procéder à une critique de l'usage pratique de la raison selon la

1. Le *factum rationis* désigne la conception du devoir en tant qu'obligation, il s'agit donc d'un fait intellectuel. Il ne peut être traité comme un phénomène empirique, analysable de l'extérieur, mais comme l'acte pur d'une intelligence, intelligible pour d'autres intelligences; il est le principe pratique suprême « reconnu par toute raison humaine naturelle comme complètement *a priori* et indépendant de toutes les données sensibles » (CPRr, p. 97).

méthode qui a été utilisée pour son usage théorique : aller de la condition à son application. Il faut donc prouver que l'Idée de la liberté est la condition originaire de la possibilité des lois pratiques au sens de leur *ratio essendi*. Mais on sait que l'entendement fait du concept de nature la condition de possibilité ou la condition d'intelligibilité de tout *pouvoir* : tout pouvoir est, dans la nature, une causalité empiriquement conditionnée. Etablir que le pouvoir de la raison sur la volonté n'est pas empiriquement déterminé, mais exclusivement déterminant – par le moyen de la loi – revient donc à poser un concept de la causalité qui bouleverse la hiérarchie des intérêts rationnels que la spéculation établit au bénéfice de l'intérêt théorique.

L'argument du théoricien (que la philosophie critique s'adresse à elle-même dans la mesure où elle intériorise les termes du débat) est le suivant : le point de vue moral ne peut accorder à l'Idée de liberté que le statut d'un simple présupposé. Or il est clair que sur le plan strictement théorique, un tel présupposé ne peut avoir qu'une validité simplement subjective. En d'autres termes, il réclame un assentiment ou une « adhésion à un principe que des âmes bien pensantes nous accorderaient volontiers, mais que nous serions à jamais incapables d'établir comme une proposition démontrable » (FMM, 136). Un présupposé théoriquement indémontrable n'est donc qu'un objet de croyance ; si bien que la liberté et, avec elle, les Idées pratiques de Dieu et d'immortalité, théoriquement indémontrables, non schématisables empiriquement, ne pourront jamais être que des objets de croyance. L'argument suffit à faire de la liberté un objet de soupçon, une thèse théoriquement faible, appuyée simplement sur une confiance subjectivement accordée à un concept. L'empiriste peut bien concéder que l'homme agit par des représentations ; mais si ces représentations ne sont que des croyances tout système de normes, se ramène finalement à un subjectivisme théoriquement inobjectivable. Comme on le voit, la croyance est comprise, par le philosophe de l'entendement, d'une manière exclusivement théorique, comme ce qui tient lieu d'un savoir indémontrable, comme un présupposé dont la seule réalité est subjective. La reprise critique de la question va consister à traiter autrement la croyance et à la comprendre d'une manière entièrement pratique. Il lui faut, en ce sens, supprimer le savoir, la faiblesse théorique du *présupposé*, pour faire place à la foi, à la validité objectivement pratique des *postulats* de la raison.

La question du *pouvoir* pratique de la raison doit donc être comprise pratiquement. Pour un observateur extérieur, la solution critique peut paraître pour le moins inattendue puisqu'elle se fonde sur l'affirmation que le problème de la liberté tel qu'il est soulevé par les philosophes de la nature n'existe pas: «ils fabriquent avec le mot *déterminisme* (...) un trompe l'œil» (R, 73, note). Leur erreur, qui donne lieu à de vaines *arguties* (FMM, 140), est de comprendre la liberté comme un obstacle au déterminisme, comme une entrave à l'intelligibilité de la nature. Aussi se donnent-ils pour but de refuser tout pouvoir à une causalité par liberté, en ramenant tout pouvoir d'agir à un phénomène de la nature. L'absurdité consiste à poser à partir de là, à partir du déterminisme, la question de la liberté. A partir du moment où le philosophe s'est donné pour maxime de l'usage de sa raison sa propre croyance en l'omnipotence de son usage théorique, sa propre foi en l'omnipotence du déterminisme, il ne traitera plus la liberté que comme un objet du savoir, c'est-à-dire comme une réalité inévitablement psychologique et empirique (CRPr, 5). L'intelligibilité des phénomènes détruit alors le caractère intelligible de la liberté, mais c'est là une solution fausse à un problème inexistant, parce qu'il est absurde de raisonner «comme si la difficulté consistait à le (le déterminisme) concilier avec la liberté, ce à quoi personne ne songe» (R, 73, note).

Chercher à *concilier* la liberté et le déterminisme après avoir accordé au déterminisme la souveraineté, c'est faire de la liberté, par avance, un simple phénomène, une manifestation de la nature en nous mêmes. L'absurdité saute aux yeux puisque le déterminisme est absolutisé pour que la liberté soit relativisée, la nature étant théoriquement exaltée dans le but d'abolir la liberté, comme si elle trouvait, dans cette négation, sa justification scientifique suprême. Il existe donc bien un faux problème du déterminisme, lié à une fausse approche de la liberté, qui opère comme un obstacle épistémologique à son intelligibilité pratique. La répugnance à parler d'une cause non déterminée provient du refus de comprendre la liberté comme une causalité extérieure à la nature: dans cette résistance théorique, c'est la nature qui est traitée comme une source d'intelligibilité inconditionnée, comme une autorité absolument souveraine, c'est-à-dire comme une chose en soi; en termes simplifiés: la nature nous apparaît plus réelle que tout concept.

Il est plus conforme au véritable esprit de la philosophie de donner toute son envergure au domaine de la raison au lieu de détruire la législation pratique pour assurer le triomphe de la législation théorique. La véritable tâche de la philosophie est de reconnaître l'abîme qui sépare la nature et la volonté, le sensible et le supra-sensible, et d'admettre la coexistence possible du déterminisme et de la liberté. «La *Critique de la raison pure* a démontré la possibilité de penser tout au moins sans contradiction la coexistence des deux législations» (CFJ, 24). Cette coexistence est exprimée par la différence entre la conception intelligible de l'homme, en tant qu'il peut se représenter d'une manière non relative, comme un noumène, et sa conception sensible, en tant qu'il se représente comme un phénomène de la nature. L'Idée de liberté est aussi indispensable à la législation pratique de la raison que l'est la nature à la législation théorique de l'entendement. La liberté n'a pas à être empiriquement connue dès lors qu'elle constitue une source irremplaçable de connaissance, celle des objets pratiques que sont les droits, les devoirs, les lois moralement pratiques.

Le concept de liberté ne devient compréhensible qu'au terme d'une réforme de notre manière de la penser. Elle n'est pas théoriquement connaissable dans la forme d'un objet, et il faut cesser de la regarder comme un objet d'expérience pour accéder au niveau de son intelligibilité rationnelle. C'est alors que, loin de mettre en péril le concept de causalité, elle contribue à lui fournir une nouvelle extension, à l'enrichir d'un nouveau domaine de signification. On n'a plus affaire à une cause de la connaissance phénoménale des objets, mais à une cause de la *réalisation* des concepts dans des intentions. La raison pratique est volonté morale en tant que cause d'objectivité intentionnelle des concepts. La raison n'apparaît plus comme ce qui détermine des objets, mais des sujets. Par la loi morale, le sujet use de la raison comme d'une causalité qu'il se donne à lui-même. Il ne se donne cette cause que comme noumène, c'est-à-dire comme pure intelligence qui n'est intelligible que par d'autres intelligences; la liberté est cause de l'intelligibilité de l'intentionnalité d'un sujet pour d'autres sujets dans ce monde d'intentions qu'est un monde moral, concevable comme un monde suprasensible ou purement intelligible, intelligible sans objectivation naturaliste ou déterministe. Il n'est pas besoin de *concilier* la liberté et le déterminisme puisque la liberté est intelligible en dehors du déterminisme.

C'est l'une des raisons pour lesquelles la philosophie pratique se révélera constitutivement réformiste, source d'un réformisme qui est une application aux mœurs de l'intelligibilité morale des mœurs. La possibilité des progrès de la liberté a pour condition le recul des modes de penser déterministes, dans le droit, la politique, l'éducation et la religion. C'est par une réforme des mentalités ou des manières de penser les mœurs que la liberté pourra s'imposer comme l'unique cause de la dignité humaine et du droit des hommes. Quand l'objectivisme théoriciste perdra du terrain, c'est-à-dire quand la science de gouverner les hommes (dans le droit et la politique), la science de leur salut (dans la théologie) ou la science de leur bonheur (dans la morale) cesseront de soutenir par leur autorité le modèle d'une identification des hommes à des objets naturels, déterminables par influence et par contrainte, qu'une science des sujets libres, au titre d'une métaphysique des mœurs, pourra voir reconnue sa signification normative, exclusive du déterminisme.

Au-delà de l'absurdité pratique et pragmatique : le souverain bien

La réalité du monde intelligible se trouve ainsi déterminée du point de vue pratique (CRPr, 112). Toutefois le devoir-être de cette réalité suprasensible, intentionnelle, doit être pensé et voulu par des individus qui appartiennent au monde sensible et qui réaliseront ici-bas leur destination pratique. Tout homme désire, en tant qu'être vivant, de pouvoir être heureux, et le bonheur joue le rôle d'un principe de réalité sensible quand il s'agit d'aborder la morale du point de vue de ses conditions de possibilité empiriques. Or même s'il arrive que la volonté du bien nous fasse souhaiter d'être de pures intelligences, sa réalité ou sa réalisabilité justifie que la « raison pure ne veut pas qu'on *renonce* à toute prétention au bonheur (CPRr, 99). Le concept de souverain bien est donc un objet nécessaire d'une Critique de la raison pratique puisqu'il définit la réalisation de la morale pour un être qui appartient à la nature : il est l'union du bonheur et de la vertu, autrement dit, de la nature et de la volonté. La définition complète du bien moral associe donc la réalisation du bien à la volonté du bien.

Il est pourtant inévitable que le souverain bien fasse l'objet de définitions antinomiques, dès lors qu'il s'agit d'unir la raison théorique et la raison pratique (CRPr, 131), d'associer deux législations étrangères l'une à l'autre et qui, sur le plan de la définition de la liberté, se sont révélées antagonistes. Dans l'ordre de la vertu, l'individu est déterminé de manière morale et intellectuelle. Dans l'ordre du bonheur, il est déterminé de manière empirique et naturelle. Chacune des déterminations contredit et exclut l'autre. C'est pourquoi « on doit s'étonner que les philosophes de l'antiquité aussi bien que des temps modernes, aient pu trouver déjà dans *cette vie* (dans le monde sensible) une proportion tout à fait exacte entre le bonheur et la vertu » (CRPr, 124). Les philosophes de l'antiquité sont présentés comme les théoriciens d'un souverain bien physique. Les philosophes modernes, identifiés aux rationalistes dogmatiques dans les *Progrès de la métaphysique en Allemagne*, sont présentés comme les théoriciens d'un souverain bien métaphysique (*Progrès*, 68). Il est donc nécessaire de proposer une conception du souverain bien qui assume à la fois la dimension métaphysique et la dimension physique de l'existence humaine, afin d'éviter la négation de l'une au profit exclusif de l'autre.

La tentation dogmatique est aussi ruineuse pour la liberté et la morale que le déterminisme naturaliste. Ni l'ascétisme, ni le fanatisme ne peuvent prétendre s'approprier moralement la réalité suprasensible et imposer la mesure d'une perfection surhumaine, moralement inintelligible. En croyant trouver une proportionnalité, une harmonie, entre la vertu et le bonheur dans le cours du monde tel qu'il va, les rationalistes regardent le souverain bien comme une réalité étrangère à l'homme: ce n'est pas l'homme, mais Dieu, qui veut dans la volonté humaine. Que ce Dieu total absorbe l'humanité comme une partie de soi (chez Spinoza), ou que toute histoire humaine, individuelle ou collective, soit absorbée dans la figure d'une théodicée, d'une histoire de soi de la divinité dans la nature (chez Leibniz), il résulte de cela que la liberté humaine succombe à un déterminisme métaphysique, à un fatalisme qui exclut la responsabilité de l'homme, c'est-à-dire la dignité dont il a la charge, et la théologie, qui se subordonne alors la rationalité philosophique, entraîne la morale dans la voie de la théosophie, du mysticisme et de leurs *monstruosités* (CRPr, 130). La morale ne saurait donc être, pour la Critique, la science de la conduite d'un être non sensible.

La fracture qui sépare les lois de la production de la vertu des lois de la production du bonheur se révèle ainsi tout à la fois redoutable et salutaire, puisqu'elle interdit l'identification entre la morale et l'existence physique tout en réclamant leur accord. C'est ce que met en évidence le traitement dialectique du concept de souverain bien. Partant des théories qui en ont été proposées dans l'histoire de la philosophie, la Critique en relève les contradictions: si elles ont donné lieu à des illusions rationnellement produites, elles seront aussi rationnellement surmontables. Le stoïcisme et l'épicurisme servent de révélateurs significatifs de l'antinomie de la raison pratique parce qu'ils sont respectivement partis de la vertu et du bonheur pour en faire l'unique principe de l'unité complète du bien moral. L'examen des deux doctrines permet de mettre en lumière une même source d'erreur: la logique analytique, logique identitaire qui caractérise l'intérêt exclusif de l'entendement appliqué au domaine pratique. Si le bonheur s'assimile et absorbe la vertu, il réalise alors la plus heureuse des illusions, la confusion entre le bon (l'agréable) et le bien, mais en supprimant tout volontarisme éthique. Si la vertu signifie à elle seule le bonheur, elle néglige la dimension physique de l'existence, mais l'orgueil de la volonté se récompense par une autosatisfaction solipsiste (CRPr, 136).

Il est facile de constater que ces identifications, loin de produire une *union* de la vertu et du bonheur, ne proposent que la *réduction* de l'un des termes à l'autre, soit (pour le dire dans une terminologie contemporaine) que la vie se supprime dans la valeur (stoïcisme), soit que la valeur se supprime dans la vie (épicurisme). Une telle abolition des contraires fait précisément disparaître ce qu'il s'agissait de maintenir, à savoir la coexistence possible du vouloir moral et de la nature physique. Pour le dire en d'autres termes : on tombe dans une *absurdité pragmatique* (*Leçons*, 404), si la loi est impuissante à produire le bonheur, et dans une *absurdité pratique* (*Leçons*, 405), si le bonheur n'est désirable que pour une volonté amorale. La première est négation du bonheur, la seconde négation de la morale. Ou la vertu est sans réalité, ou le bonheur est sans valeur morale : les deux conclusions contredisent le souverain bien recherché, l'accord entre le bien et le monde.

La raison théorique doit donc reconnaître son impuissance à produire une *science* du bonheur en tant que souverain bien moral. Soit sous la forme d'une science de la béatitude, équivalente à une science de la sainteté : cette voie est théosophique, au sens d'« une connaissance de la nature divine » (*Progrès*, 69) pratiquée à même le sensible. Soit sous la forme d'une science totale de la nature physique, parce que c'est un objet impossible de l'entendement[1]. Pour que cesse la contradiction, il faut que la raison spéculative convienne des limites de sa propre intelligibilité du réel et qu'elle admette la capacité de la raison pratique à être la seule source d'éclaircissement de l'usage des Idées. Il lui faut accepter de reconnaître qu'un autre intérêt que le sien, limité à une logique de l'identification, au simple accord de la théorie avec elle-même, préside à la recherche d'une définition pratique du bonheur. Le souverain bien n'est concevable que si l'intérêt pratique de la raison, reconnu comme son intérêt suprême, conditionne et accomplit son intérêt spéculatif (CRPr, 131). Ce qui revient à dire que l'intérêt suprême de la raison réclame une extension des conditions de

1. *Projet de paix perétuelle*, trad. J. Gibelin, Vrin, 1975, p. 56.

possibilité du réel au-delà de sa conceptualisation physique, au-delà des limites que la nature impose à la causalité, à l'existence, au temps.

Le souverain bien veut une représentation de la nature qui soit à la mesure, non plus de la science, comme c'était le cas dans la première *Critique*, mais de l'action. Une volonté morale ne peut agir en vue d'une nature dans laquelle ses actions sont réputées achevées avant d'être commencées (selon la thèse du préderminisme) ou réduites à des agissements aléatoires disciplinés par force ou par habitude. Il est moralement absurde de réaliser la loi morale au sein d'une nature dans laquelle tout mérite serait borné à ne valoir que selon le temps et l'usure des choses. Le souverain bien n'est donc concevable que par une raison pratique, qui élargit le concept de nature jusqu'à l'Idée d'un *monde possible*, monde qui inclut l'existence et la causalité des hommes dans la naturalité. La raison pratique fournit ainsi le concept d'un monde que puisse *anticiper*, par ses décisions, une volonté morale : le bien souverain s'accomplit dans un monde dont la réalité n'est pas subie, mais voulue comme l'effet d'une volonté morale. L'homme qui se propose d'agir selon la loi morale voudrait « qu'il existât un monde d'une manière générale, la loi morale exigeant que le plus grand bien, pour nous possible, soit réalisé » (R, 24).

C'est dans cette forme seulement que l'accord entre la théorie et la pratique est représentable ; autrement dit, la prééminence de l'intérêt pratique sur l'intérêt spéculatif ou la volonté d'agir moralement dans le monde signifient la même chose, à savoir l'intérêt suprême de la raison qui est d'augmenter le domaine de l'intelligibilité rationnelle en élargissant l'usage qu'il est possible de faire de la raison. Cette extension pratique de l'intelligibilité rationnelle trouve une illustration immédiate et exemplaire sur le terrain des Idées de la raison, auxquelles la morale attribue une signification que la spéculation ne permettait pas de découvrir. L'objection sceptique est écartée : alors qu'elle ne voit dans les Idées de Dieu, de liberté et d'immortalité que des présupposés[1] sans objectivité théorique, la raison pratique leur donne le statut de *postulats* nécessaires à l'action. Dans le monde de l'action, en effet, un postulat n'est pas une assertion théoriquement faible, réputée indémontrable, mais une condition pratique de la réalité des objets, puisque la réalité des objets moraux est à *produire*. Les Idées que la spéculation considérait, d'un point de vue sceptique, comme des concepts vides, ou bien, d'un point de vue dogmatique,

1. « Un *besoin* de la raison pure dans son usage spéculatif ne conduit qu'à des *hypothèses*, le besoin de la raison pure pratique conduit à des *postulats* » (CRPr, p. 151).

comme les propriétés d'êtres surnaturels (dans la psychologie et la théologie rationnelles) ou comme des propriétés surnaturelles de l'être (dans la cosmologie rationnelle), se convertissent, dans la Critique, en condition de la possibilité d'un souverain bien à réaliser dans le monde.

Il s'est révélé absurde de concevoir psychologiquement l'immortalité de l'âme, comme la propriété transcendante d'une substance. Mais il est parfaitement sensé de postuler l'immortalité comme la mesure pensable d'une intention morale. La décision n'a pas en elle-même des raisons de mourir, et la volonté peut vouloir un acte dont la valeur dépasse les limites du temps. Il serait même absurde que la décision de perfectionner la volonté morale se fixe une échéance. L'Idée cosmologique, Idée d'un monde dont la cause productrice est libre, était irrecevable pour les catégories physiques de la science des conditionnements naturels. Au niveau pratique, en revanche, la liberté définit une causalité morale qui n'a pas la nature pour cause et pour mesure. Travailler au bonheur d'autrui, par exemple, suppose une causalité qui n'imite pas le mécanisme, mais s'y ajoute. L'Idée théologique, enfin, échouait à faire de l'existence de Dieu l'objet d'un savoir démontrable, puisque l'on tombe dans l'absurdité en attribuant à Dieu une existence physique identique à celle des choses. Mais la réalité pratique de son Idée n'est pas une absurdité ; tout au contraire, l'action morale, loin de s'amoindrir, s'augmente du vouloir de ses propres effets dans le monde, quand elle se représente un juge qui soit la mesure de la valeur morale de ses réalisations. L'Idée de Dieu permet à la volonté de se représenter le souverain bien comme la raison d'être du monde pour lequel elle agit, ou comme souverain bien *primitif* (CRPr, 135) ; l'accord de la volonté et du monde postule ainsi ses propres conditions pratiques de possibilité : la proportionnalité des effets aux mérites, l'accord possible du souhaitable et du réel, l'union du sens et de l'existence.

Il y là une conversion du rôle des Idées qui, de transcendantes qu'elles sont pour la théorie, deviennent immanentes dans la morale (CRPr, 145). Ainsi se trouve confirmée la fonction spécifiquement pratique des *postulats* de la raison : ils font du souverain bien un objet *final* de la volonté, défini d'une manière entièrement pratique. Il ne s'agit pas de présupposer un consensus sur une vue de l'esprit, mais d'anticiper la réalité des objets du vouloir, la réalité d'un monde *possible* par l'action. Cette anticipation est aussi nommée « croyance de la raison pratique » (CRPr, 153) ; la croyance n'est pas théoriquement comprise, comme un succédané du savoir[1], elle est pratiquement intelligible et elle engendre un rapport de la raison à la nature dont la possibilité échappe, précisément, à toute science physique ou dogmatiquement métaphysique de l'action.

Conception morale de la réalisation de la morale

En matière morale, une illusion de la raison n'est pas seulement une chimère que l'on peut traiter, entre philosophes, comme une simple vue de l'esprit, mais un danger pour les mœurs. Aussi la théorie critique du souverain bien doit-elle contribuer à corriger les traitements spéculatifs de l'action par sa conception morale. C'est ainsi qu'elle substitue à la thèse métaphysique du meilleur des mondes possibles la version critique d'une tension continue vers la production d'un monde meilleur. Ce « méliorisme » ou ce réformisme perpétué est ainsi la réalisation moralement concevable de la morale, le seul bien suprême rationnellement souhaitable ; la morale ne peut être voulue que comme le but ou l'avenir de l'action, ce qui évite le double écueil d'un traitement infra-rationnel et d'un traitement supra-rationnel du bien. Réduire la morale à un intérêt empirique revient à faire de l'amour de soi la seule unité qui puisse jamais rendre intelligible l'action humaine, l'unité coalisée des penchants (CRPr, 74). L'action n'est alors théoriquement rationnelle que pour l'observateur, qui peut ramener à la naturalité les déterminations individuellement pulsionnelles, ou infra-rationnelles, des mobiles. Il se peut aussi que les Idées soient identifiées à des réalités suprasensibles, de manière fantastique (CRPr, 151). C'est alors le fanatisme qui exalte, dans l'action, tout ce qui dépasse la raison, jugeant et condamnant la volonté au nom d'un imaginaire de la vertu. Il faut donc qu'une réalisation morale de la morale soit possible, pour être substituée à l'efficacité pragmatique escomptée d'une psychologie médiocre ou fantastique du bonheur. La définition de la morale en tant que doctrine qui n'apprend pas à être heureux, mais à se rendre digne du bonheur (CRP, 544) vient ainsi combattre le pseudo-réalisme du pragmatisme moral.

De sorte que les Idées de la raison, qui définissent un monde possible pour la volonté qui se rend digne du bonheur, trouvent dans la représentation critique du souverain bien la *signification* (CRPr, 146) exacte de leur intelligibilité rationnelle : elles ne s'appliquent pas à l'intuition d'un bien qui existe, elles anticipent la réalité d'un bien qui

1. Si la foi prend la place d'un savoir, elle est anthropomorphique, et si elle est chargée de rendre obligatoire un savoir, elle est dogmatique.

doit exister, dont le pouvoir-être soit adéquat au devoir-être. La réalité finale du souverain bien permet donc de signifier une extension de la possibilité du réel au-delà de l'expérience théoriquement conçue par l'entendement, au-delà de l'objectivisme théoriciste qui domine encore les thèses rationalistes et qui sert de référence au scepticisme des thèses empiristes. C'est bien la pratique qui réclame un élargissement du possible au-delà des limites sensibles du concept de nature quand elle postule une illimitation de la durée qui donne à la causalité libre l'horizon d'une tâche infinie. Si bien que finaliser, idéaliser ou dématérialiser le bien reviennent au même: le bien suprême est coextensif à la destination suprême de l'homme, et sa réalisation sera toujours placée au-delà de son immédiateté empirique. Le souhaitable demeurera toujours au-delà de l'actuel.

Dans les *Lettres sur l'éducation esthétique de l'homme*, Schiller comprenait cette distance entre le réel et l'idéal, dans cette réconciliation empiriquement inachevable de la liberté et de la nature, comme la source d'une frustration illimitée. Mais si l'accord complet de la nature et de la liberté était représenté comme un bien actuel, le bonheur ne se présenterait-il pas simplement comme un idéal de l'imagination (FMM, 91), comme une pensée naïve qui croit la nature magiquement adaptée à la faculté de désirer? Au lieu que, dans la perspective d'un «bonheur universel» (CRP, 568), le bonheur lui-même contribue à ouvrir et élargir l'expérience, en lui donnant pour mesure l'expérience universelle humaine, encore inachevée dans l'œuvre individuelle.

La conception du souverain bien conduit ainsi à un réaménagement du concept mécanique de nature et elle inclut une visée programmatique des thèses ultérieures de la philosophie critique. Dans la mesure où la volonté est mobilisée par son propre effort, la *Métaphysique des Mœurs* met en application cette tension vers le mieux dans le réformisme juridique de la *Doctrine du droit* et dans la conception téléologique des devoirs de la *Doctrine de la vertu*. La question du monde et de l'existence de Dieu est examinée, quant à elle, dans la troisième *Critique*, du point de vue de ses conditions de possibilité dans les facultés de l'esprit. L'usage *immanent* des Idées trouvera alors ses prolongements dans l'exercice du jugement réfléchissant.

CHAPITRE V

LE PHILOSOPHE ET LE JURISTE

L'impératif catégorique est la formule, strictement pure et dépouillée de toute influence, qui isole exactement ce qui commande dans une loi pratique: la simple forme de l'universalité. Cette facture abstraite, qui est l'objet de la critique la plus courante du kantisme, est constitutive de l'intelligibilité des règles volontaires. L'universalité caractérise, dans l'usage théorique de l'entendement, l'extension nécessaire des lois de la nature, et, dans l'usage pratique de la raison, l'essence impérative de toute loi de la liberté; une loi de l'action commande par sa forme parce qu'elle commande à la volonté: elle n'est législatrice que dans la mesure où elle peut être universellement voulue.

La pratique étend la demande d'intelligibilité rationnelle au-delà de l'intelligibilité de la nature. Les lois des mœurs doivent donner lieu à une théorie de l'action qui ne soit pas dérivée des lois naturelles; il faut donc déduire de l'impératif catégorique les principes de sa propre *application* à la réalité des mœurs.

Est *métaphysique* l'enquête sur les principes de l'application des concepts. Mais il suffit d'évoquer la méthode utilisée par la métaphysique de la nature pour que la difficulté de l'introduire dans une métaphysique des mœurs saute aux yeux. Les principes d'une métaphysique de la nature sont des catégories schématisées, qui déterminent l'expérience dans sa réalité phénoménale et empirique. Les schèmes permettent de dériver les énoncés scientifiques des actes constituants d'un entendement législateur; ils font la preuve que l'application des concepts à l'expérience est possible et nécessaire, l'application des concepts correspondant à leur intelligibilité phénoménale. Par suite, se représenter la légitimité législative de l'entendement et présenter la réalisation empirique de ses concepts sont une seule et même chose.

Or une métaphysique des mœurs doit, elle aussi, faire la preuve qu'il existe « des principes de l'application des principes » (MM, 91), ce qui signifie, dans le contexte pratique, faire la preuve de l'applicabilité des principes moraux à la nature particulière de l'homme. Mais ici, la procédure théoricienne de l'objectivation ne saurait convenir, parce qu'il ne s'agit pas de connaître un objet, mais de reconnaître un devoir [1]. Certes, l'action humaine se laisse schématiser dans l'intuition par les catégories de l'entendement, ce qui donne lieu à une connaissance anthropologique de la conduite humaine. Les mariages, les naissances et les décès sont comptabilisables dans leurs manifestations régulières et globalement prévisibles [2]. La manière dont les individus socialisés satisfont les besoins de leur existence, en y ajoutant le luxe de cultiver les passions les plus courantes de la civilisation, fait aussi l'objet de régularités repérables. Mais c'est, là encore, la connaissance de la nature qui s'augmente de ces observations empiriques, quand l'humanité ne trouve à s'enrichir que d'une connaissance *techniquement pratique* d'elle-même, sans accéder pour autant à une connaissance *moralement pratique* de la réalité humaine.

Une métaphysique des mœurs présente donc une différence méthodologique capitale avec une métaphysique de la nature : elle ne sera pas la connaissance de la manière dont les hommes se représentent les mœurs (ils se les représentent, spontanément, toujours empiriquement), mais la connaissance de la manière dont les hommes doivent se représenter les mœurs pour agir moralement. Ce qu'a fort clairement établi l'Introduction des *Fondements de la métaphysique des mœurs* : il est indispensable de substituer à l'approche anthropologique des mœurs une conception métaphysique de la légitimité des règles.

Aussi la partie doctrinale qui s'ajoute à la Critique constitue-t-elle un savoir pratique indispensable à la volonté morale elle-même ; car c'est par la manière dont ils se *représentent* leur devoir que les individus dénaturent le plus souvent la loi morale pour en pervertir l'application, en l'accommodant assez spontanément aux contenus du désir. Il s'agira donc de prouver qu'une *application formelle des lois*

1. Pour ne pas conclure trop hâtivement à l'impuissance théorique de l'impératif catégorique, il convient de ne pas traiter comme une loi de la nature ce qui est une loi de la liberté.

2. *Idée d'une histoire universelle du point de vue cosmopolitique*, trad. S. Piobetta, Aubier, 1947, p. 59.

pratiques est à la fois conceptuellement possible et moralement nécessaire. Cette démonstration trouvera, dans le droit, son domaine d'élection particulier, puisque les lois juridiques ne s'appliquent, précisément, qu'à la forme des relations interhumaines. Aussi la doctrine se présente-t-elle comme l'introduction d'une science des mœurs « éclairée » par leurs principes métaphysiques.

De la loi morale aux mœurs

Le devoir commande à la volonté comme à une chose en soi, à une causalité inconditionnée, non influencée. Il n'en demeure pas moins que la volonté doit pouvoir connaître son devoir. Or les devoirs sont définissables comme des concepts, ils sont des concepts pratiques qui ont également besoin d'une recognition au sens d'une identification pratique. La raison pratique fait donc valoir aussi un besoin de schématisme, le besoin d'une représentation de l'application de ses concepts. Mais il est impossible d'en appeler à l'imagination, car ce serait faire appel à une intuition du bien et du mal, du permis et du défendu, qui ramènerait inévitablement les devoirs à des effets naturels, à des mobiles provoqués psychologiquement et socialement par les circonstances. Au lieu qu'il s'agit de se représenter les devoirs, non pas comme des catégories de la nature, mais comme des catégories de la liberté[1]. Appliquer la loi, dans le contexte pratique, signifie la réaliser, et en connaître l'applicabilité revient à en concevoir la réalisabilité. C'est pourquoi ce qui doit être représentable, dans le devoir, est très exactement son caractère impératif, ce qui le rend exigible pour toute volonté. Les *Fondements* esquissent les conditions de cette représentation quand ils donnent, de l'impératif catégorique, trois *formules* qui sont trois manières de vouloir la même législation fondatrice, trois formules qui conservent la même force impérative dans la représentation de ses applications elles-mêmes. Il ne s'agit pas de mieux connaître la loi morale, transparente et achevée dans son énoncé apriorique formel, mais de montrer que tous les devoirs peuvent être dérivés de cet impératif comme de leur principe (FMM, 94).

Ainsi se trouve énoncée la manière dont la loi peut être voulue par un être de la nature, selon la première formule dérivée : « agis comme si la maxime de ton action devait être érigée par ta volonté en *loi universelle de la nature* » (FMM, 95); la manière dont elle doit être voulue par un être d'intentions, selon la deuxième formule dérivée :

1. Cf. la *Table des catégories de la liberté* (CRPr, p. 69).

« agis de telle sorte que tu traites l'humanité, aussi bien dans ta personne que dans la personne de tout autre toujours en même temps comme une fin, et jamais simplement comme un moyen » (FMM, 105) ; la manière enfin dont elle signifie un être de fins, dont la personnalité est suprasensible : « que la volonté puisse se considérer elle-même comme constituant en même temps par sa maxime une législation universelle » (FMM, 108), au sens où le sujet doit se considérer « comme législateur dans un règne des fins qui est possible par la liberté de la volonté » (FMM, 112).

Dans le premier cas, l'individu doit se représenter *extérieurement* son devoir, dans la forme d'une nature, comme un principe de réalisation de l'action dans un monde commun ; dans le second cas, l'individu doit se représenter *intérieurement* son devoir en tant que principe entièrement intentionnel : la valeur absolue de son intention est acquise dès lors que la personnalité humaine est reconnue comme l'unique finalité de toutes les fins qu'il pourra se donner ; dans la dernière formule, les *Fondements* envisagent l'impératif d'une réalisation complète de la morale dans l'horizon d'une unité systématique des personnes par des lois de cohabitation purement intelligibles ou strictement volontaires. De sorte qu'il est possible de se représenter la moralité selon sa *forme*, selon sa *matière*, et selon sa *détermination complète*, c'est-à-dire la visée d'un règne des fins qui puisse être voulu *comme* un règne de la nature (FMM, 115).

L'évocation d'un accomplissement des devoirs dans un règne des fins, un monde moral ou un « *corpus mysticum* des êtres raisonnables » (CRP, 545), indique assez l'enjeu de ce problème d'« épistémologie » pratique : comment rendre représentable pour un être sensible une destination purement intelligible ? Car c'est bien en vue de cette destination à une libre union des volontés que le devoir commande ; si le but n'en était pas supra-phénoménal, si l'homme *sensible* était compris comme un noumène, le devoir serait fanatique ou barbare. Aussi a-t-on affaire à un besoin de schématisme qui ne soit pas un schématisme naturaliste, puisqu'il n'est pas question de rendre empirique le devoir, mais d'indiquer que, dans la nature même, il excède la nature. La *Critique de la Raison pratique* éclaircit ce point dans la Typique du jugement pratique pur ; elle réassume alors la fonction de la première formule dérivée de l'impératif catégorique, la réalisation de la loi dans la *forme* d'une nature.

Une lecture pragmatique, non critique, de la Typique entraîne une incompréhension de l'ensemble de la morale kantienne. Si l'universalité de la loi morale, en effet, est identifiée à l'universalité d'une loi de la nature, alors Hegel n'a pas tort de réduire à un pur logicisme le transcendantalisme pratique et de l'identifier à une simple philosophie de l'entendement. S'il suffit d'apercevoir que le désir du vol ou du suicide ne pourra jamais s'imposer comme une loi naturelle parce que ses conséquences, si elles sont généralisées, détruisent le concept mécanique et déterministe de nature, il est clair que cette contradiction strictement logique ne révèle que l'inaptitude du mobile à constituer un intérêt pragmatique pour les mœurs. Rien d'autre n'est prouvé par là que l'impossibilité d'en faire une règle empirique de la vie collective. Mais cette lecture, qui peut satisfaire les adversaires du formalisme critique, n'est simplificatrice que parce qu'elle substitue l'entendement à la volonté, en supposant que le savoir pragmatique des effets de l'action en constitue l'unique motivation, inévitablement empirique.

Mais l'universalité pratique, incommensurable à toute généralité empirique, a le statut rationnel d'un *modèle* ou d'un *archétype* de l'action qui ne sera jamais obtenu par une quelconque induction à partir d'illustrations ou d'exemples intuitifs. Aussi la Typique, loin de substituer l'entendement à la volonté, ou l'exemple (de la nature) au modèle (de la moralité) dans la genèse de la décision, établit-elle entre eux une relation d'expression symbolique ; c'est à la volonté que la loi morale commande lorsque l'entendement se la représente *comme* une loi de la nature, « car la loi naturelle sert toujours de fondement à ses jugements les plus habituels » (CRPr, 72). Il faut vouloir, dans la forme conceptuelle d'une nature (*formaliter spectata*), ce qui outrepasse tout contenu intuitif naturel (d'une nature *materialiter spectata*), à savoir une nature qui pourrait résulter d'une volonté. Il n'est permis de « se servir de la *nature du monde sensible* » que comme d'un « *type* d'une *nature intelligible* » et à la condition d'en évincer les contenus intuitifs pour en conserver la « *forme de la conformité à la loi* » (*ibid.*). La Typique ne contribue donc pas à conforter, mais à refuser toute généalogie empiriste de la décision morale. Si l'on avait affaire à une nature matérielle dont l'unité résulte de l'entendement, il suffirait de se représenter l'harmonie des égoïsmes, empiriquement réglée par les déterminismes de la concurrence vitale ou sociale, pour sélectionner et favoriser les appétits les plus utiles à la vie commune et en faire des lois de l'action. Mais la Typique, en réclamant une nature dont l'unité puisse résulter de la volonté, impose, à l'inverse, le renoncement à l'égoïsme et à la particularité, en faveur d'un modèle d'action qui exporte l'individu hors et au-delà de lui-même quand il se propose de vouloir et de juger son vouloir du point de vue d'une totalité, d'un système des relations humaines dont l'unité est celle d'une législation. Ce décentrement du sujet par rapport à son égoïté sert de règle à l'objectivité du jugement : ce n'est pas l'intérêt qui juge, mais une législation universelle qui est érigée en point de vue d'où chacun se juge lui-même et ses actions.

La nature ne peut donc servir qu'à exprimer ou symboliser[1] la volonté de réaliser extérieurement le devoir, et la Typique a la vocation critique de contrarier la tentation d'utiliser la nature comme un schème. Par cette substitution de la nature-type à la nature-schème est écartée la tentation de donner à la nature une souveraineté théoriquement déterminante sur la conduite humaine, de légitimer toute emprise doctrinale exercée en son nom, qui aurait pour effet d'absorber les règles morales dans les lois naturelles. Quand l'empirisme naturalise la moralité, enfermée dans un réseau d'habitudes utiles, fixées et reproductibles, quand le mysticisme se donne l'intuition merveilleuse d'une surnature « schématisée » ou réalisée dans le sensible, leurs représentations subordonnent la morale à l'objectivation théorique qui convient aux réalités phénoménales.

La Typique joue donc, sans conteste, un rôle décisif dans la définition de l'objectivité proprement pratique des lois pratiques ; son importance n'est pas ponctuelle, elle n'est pas une source de clairvoyance pratique dont l'individu serait le seul bénéficiaire. Les *Fondements* étant une propédeutique à la *Métaphysique des mœurs*, les différentes formules qu'ils donnent de l'impératif catégorique préparent la possibilité d'en dériver un système de tous les devoirs dans la partie doctrinale de la philosophie pratique. Aussi la distinction établie entre la *forme* (l'universalité) et la *matière* (la fin en soi) du principe de la moralité est-elle pourvue d'un intérêt méthodologique déterminant pour les divisions de la doctrine des mœurs. La première fait valoir la réalisation extérieure, la seconde la réalisation intérieure, ou strictement intentionnelle, de la loi. La *Critique de la raison pratique* explicite encore le caractère fonctionnel de cette subdivision quand elle fait succéder à la Typique l'examen des Mobiles de la raison pure pratique. Cette partition est justifiée par une double approche, extérieure et intérieure, de l'action : « le concept du devoir réclame donc *objectivement* de l'action l'accord avec la loi, et subjectivement de la maxime de l'action, le respect pour la loi comme le mode de détermination unique de la volonté par la loi »

1. « Il y a donc symbole parce qu'il y a reprise transformante du schématisme catégorial », F. Marty, *La naissance de la métaphysique chez Kant*, Beauschesne, 1980, p. 260.

(CRPr, 85). Le mobile étant un principe de détermination subjectif l'action subjectivement ou intérieurement morale est celle qui a l'impératif catégorique pour principe intérieur de détermination : la loi elle-même est le mobile. La même subdivision donne lieu, dans la *Métaphysique des mœurs*, à l'importante distinction entre la *légalité* (qui définit l'action extérieurement conforme au devoir) et la *moralité* (qui définit l'action intérieurement accomplie par devoir) : la *Doctrine du droit* et la *Doctrine de la vertu*.

Morale, droit et éthique

La *Métaphysique des mœurs* a pour tâche d'appliquer la règle énoncée par les *Fondements* : mettre en application la méthode métaphysique qui consiste à dériver les devoirs de la loi morale en tant que leur principe ou leur origine. De là sa facture abstraite ou strictement conceptuelle ; elle se passe de tout recours à l'intuition en ne s'appuyant pas sur une connaissance empirique de la nature humaine. La méthode métaphysique ne considère que ce qui commande *a priori* dans une obligation, qu'elle soit juridique ou éthique. Une loi pratique est donc toujours par essence un devoir, c'est-à-dire une loi de la volonté. La doctrine des mœurs a, pour la pratique, la même fonction méthodologique que la métaphysique de la science de la nature a pour la théorie, et elle s'attache à dériver de la raison pratique le système de tous les devoirs, à déduire de manière *a priori* rationnelle leur intelligibilité proprement impérative ou normative et à prouver que leur objectivité n'est tirée que de leur universalité entièrement apriorique.

Les lois de la liberté sont dites *morales* par distinction d'avec les lois de la nature. En ce sens large, le terme désigne génériquement le domaine de législation de la partie pratique de la philosophie et il comprend toutes les lois capables de déterminer la volonté : ce sont les lois de la liberté (MM, 88). Il s'agit là du sens objectif, *a priori* rationnel : est morale toute obligation dérivée de la raison pratique. Mais la *Doctrine de la vertu* ajoute à ce sens objectif une autre signification, spécifiquement subjective, qui désigne alors la *moralité* interne des intentions, distinguée de la *légalité* externe des actions. Est originairement moral le vouloir qui n'a pas d'autre mobile que le devoir lui-même ; le devoir se substitue, dans l'intention, à toute autre détermination empirique de la volonté. Ainsi se définit la volonté vertueuse qui exerce intimement, à l'intérieur de soi, une contrainte librement voulue sur sa propre sensibilité. Elle fait du devoir, en tant que *fin* de l'action, l'unique cause de la décision. Le vouloir se veut lui-même comme vouloir moral ; par exemple : vouloir devenir généreux ou bienveillant, vouloir le bonheur d'autrui, vouloir le perfectionnement de ses propres dispositions etc. Cet exercice intérieur de la liberté définit la législation proprement *éthique*, et les devoirs de vertu sont des lois éthiques.

La *Métaphysique des mœurs* comprend le domaine du droit comme celui de la légalité des actions, celui de leur conformité extérieure aux lois juridiques, tandis que la vertu doit agir « par devoir conformément au devoir »[1]. Le droit ne réclame rien de plus que la légalité des actions, une obéissance externe aux lois, sans imposer d'intention vertueuse dans le respect des règles (MM, 88). Cet exercice extérieur de la liberté définit la législation juridique, les règles juridiques s'appliquant aux relations extérieures entre les individus. Lorsque la raison pratique commande les règles, elle commande *objectivement* en ce qu'elle en fait un objet universel de la volonté ; quand elle commande les maximes, elle commande *subjectivement* en ce qu'elle fait de la règle le mobile subjectif d'une détermination objective du vouloir (R, 82, note).

Les termes *morale* et *éthique* peuvent être rapprochés en ce qu'ils désignent des lois pratiques, mais ils doivent être distingués au niveau de leur domaine d'application. Il en résulte un certain embarras pour le lecteur, le risque de confusions non seulement terminologiques, mais philosophiques. La première interrogation spontanément suscitée porte sur le statut du droit, avec la question de savoir s'il convient de distinguer le droit de la morale ou de traiter le droit comme une partie de la morale. La question mérite, en effet, quelques éclaircissements puisqu'elle concerne la modernité du droit et la contribution, sujette à controverses[2], du criticisme au concept de droit naturel. Aussi la difficulté de comprendre l'enjeu philosophique de la *Doctrine du droit* tient-elle tout autant à l'histoire des conceptions du droit qu'à la littéralité abstraite du texte critique ; il s'agit d'une difficulté instruite des enjeux respectifs ou de la séparation, ou de l'union entre le droit et la morale. Pour en prendre succinctement la mesure, il est utile de distinguer entre deux extrémités que Kant lui-même a identifiées et répertoriées, et entre lesquelles il lui faut découvrir une conceptualisation originale. D'un côté, la séparation entre le droit et la morale peut donner lieu à une conceptualisation « cynique » de l'autonomie du

1. *Doctrine de la vertu*, *op. cit.*, p. 62.

2. Sur les polémiques suscitées par le concept moderne de droit naturel, voir la Préface de M. Villey à la *Doctrine du droit*, *Métaphysique des mœurs*, première partie, Vrin, 1971.

droit. D'un autre côté, l'union du droit à la morale, et plus exactement la dépendance du droit par rapport à la morale peut signifier une conception despotique et fanatique de l'exercice du pouvoir.

L'ouvrage consacré par Christian Garve[1] aux rapports entre la morale et la politique peut servir à illustrer une conception « amorale » de l'autonomie du droit. Il oppose les devoirs de droit, (*Gerechtigkeitspflichten*) domaine de la légalité, aux devoirs de conscience (*Gewissenspflichten*), domaine de la moralité, pour en tirer les conséquences relatives à l'autonomie de l'homme politique. Les devoirs juridiques, extérieurs, sont publics, tandis que les devoirs de conscience, intérieurs, sont privés. En adoptant la thèse selon laquelle on ne saurait imposer aux décisions publiques de l'homme d'Etat les obligations de vertu qui pèsent sur la vie privée de l'homme ordinaire, on libère la politique de la morale (au sens de la moralité subjective ou de l'éthique) afin qu'elle puisse se consacrer plus parfaitement et plus spécialement à sa fonction la plus lourde : la décision des guerres. Il s'agit là d'une conception pragmatique de l'autonomie du droit par rapport à la morale que l'on peut dire « cynique » dans la mesure la puissance et le succès en constituent la suprême justification. Cette théorisation a pour effet de présenter la conception moderne du droit comme une théorie politique du droit, la philosophie du droit se « spécialisant », en quelque sorte, dans une légitimation de l'exercice du pouvoir et de la souveraineté.

A l'inverse, l'assujettissement total du droit à la morale peut servir à fortifier l'intérêt des politiques d'asservissement qui se plaisent à confondre l'esprit d'obéissance et l'esprit de servilité dans le but de maintenir les individus en état de minorité perpétuelle. Kant n'éprouve pas l'enthousiasme que nourriront les Romantiques à l'égard des religions populaires ; la religion populaire des Grecs, par exemple, est assimilée à « une soumission illimitée » (R, 223) ; et il se garde de toute confusion entre la politique et l'éthique, qui aurait pour effet d'identifier la communauté politique à une totalité éthique. Sans la distinction entre communauté éthique et communauté politique (R, 130) – autrement dit, sans la spécificité et l'autonomie juridique des droits de l'homme –, l'exercice du pouvoir est en situation de servir d'instrument au fétichisme des religions du peuple, au sectarisme des

1. C. Garve, *Abhandlung über die Verbindung der Moral mit der Politik, oder einige Betrachtungen über die Frage, in wiefern es möglich sei, die Moral des Privatslebens bei der Regierung der Staaten zu beobachten*, Breslau bey W. G. Korn, 1788.

doctrinaires fanatiques de la vertu, au terrorisme des tenants d'un pouvoir spirituel sans limites (R, 176, note).

Face à la complexité des rapports entre l'éthique et le droit, entre la vertu et la politique, il se pourrait que les distinctions critiques entre la morale, le droit et l'éthique se révèlent plus précieuses et éclairantes qu'inutilement abstraites. Elles assument méthodologiquement les différences signifiées par les formules plurielles de l'impératif moral, la différence entre la forme et les mobiles de l'action, entre l'application extérieure et l'application intérieure de la loi. La distinction entre le droit et l'éthique révèle ainsi sa pertinence pratique en ce qu'elle refuse toute confusion politiquement dangereuse entre la légalité et la vertu, en préservant leurs domaines d'exigence et d'application respectifs. Le droit commande des actions et non des intentions, ce qui permet d'en caractériser les règles comme des *devoirs parfaits*. Acquérir ou transférer une propriété par contrat, obtenir la citoyenneté par un travail indépendant, rendre son dû à un créancier... sont des actions entièrement définies par leur forme, celle de leur application extérieure. La légalité juridique exige de chacun qu'il s'y conforme, mais sans imposer cette action comme une finalité vertueuse de la volonté. Devenir propriétaire ou citoyen, c'est acquérir légalement des droits, cela ne constitue pas une manifestation extérieure de vertu personnelle. La rupture entre la conception moderne du droit et la conception du droit naturel antique est par là signifiée : au droit n'incombe pas la finalité de rendre les hommes meilleurs.

L'éthique, de son côté, ne comprend que des devoirs dits *imparfaits* pour cette raison qu'ils ne commandent, précisément, qu'aux maximes subjectives qui engendrent librement la décision : ils ne réclament donc que des intentions (l'intention de se perfectionner, par exemple), et non des actions ; celles-ci restent à déterminer individuellement, circonstanciellement et, souvent, casuistiquement. Si la vertu exigeait des actions convenues et complètement déterminées, l'individu n'aurait qu'à s'y conformer sans les vouloir, et ce légalisme, ou ce conformisme éthique, ruinerait alors la valeur morale intérieure de l'intention. La distinction entre le droit et l'éthique se révèle ainsi décisive pour sauvegarder la spécificité éthique de l'objectivité morale elle-même puisqu'elle préserve de toute annexion hétéronomique les modes subjectivement différenciés de l'exercice de la liberté que sont les vertus.

Pourtant Kant revendique tout aussi expressément la nécessité de traiter la morale en tant que doctrine du droit (PP, 82), ce qu'il nomme encore « la morale comme telle, mais théorique » (PP, 55). Entendons par là que la morale, au sens objectif le plus général d'une théorie des devoirs, est ce qui constitue la partie pure et rationnelle d'une science des mœurs, par opposition à sa partie empirique, à laquelle pourrait appartenir une *anthropologie pratique*: « la philosophie naturelle aussi bien que la philosophie morale peuvent avoir chacune sa partie empirique, car il faut qu'elles assignent leurs lois, l'une à la nature en tant qu'objet d'expérience, l'autre à la volonté de l'homme en tant qu'elle est affectée par la nature » (FMM, 50). En tant qu'elle se définit comme une théorie pratique des mœurs, la morale est à comprendre dans le sens critique d'une discipline philosophique pure, radicalement distincte du sens commun et populaire qui en fait un instrument pragmatique destiné à influencer les comportements et à intervenir sur les intentions et les convictions. Elle n'est pas une « moralisation » pragmatique des mœurs, mais une source rationnelle de concepts, de définitions originairement pratiques des devoirs, qui peuvent être à l'origine de révolutions théoriques dans les manières de penser les lois. De sorte que le droit et la vertu sont présentés comme les deux branches doctrinales constitutives de la morale (PP, 84). En ce sens large, la morale est coextensive du domaine de la pratique, elle est ce qui définit conceptuellement ou normativement le domaine de la pratique non pas comme un système d'objets, mais comme un système de règles.

Le droit relève donc de la morale en tant que théorie pratique des mœurs; cette acception morale ne fait que souligner son autonomie conceptuelle; les concepts juridiques ne sauraient être traités comme des concepts physiques, ils doivent être uniquement compris comme des concepts pratiques, autrement dit comme des lois de la volonté ou des devoirs. La méthode métaphysique de l'enquête sur le droit prend ainsi toute sa signification opératoire du point de vue pratique: elle permet de traiter les objets du droit (comme la propriété, les contrats, la souveraineté ou la citoyenneté) comme des sources d'obligations, ce qui les soustrait à l'empirisme – qui les traite anthropologiquement comme des intérêts pragmatiques ou comme des objets de jouissance –, et ce qui les distingue de l'éthique, en tant que les obligations juridiques commandent des actions et non des intentions.

Conception formelle, ou normative, du droit

Le formalisme critique impose donc méthodologiquement une nouvelle manière de penser le droit. Si la propriété ou le mariage, par exemple, n'étaient conçus que comme des réalités coutumières, comme des traditions dont l'autorité est fondée sur l'ancienneté et la durée[1], comme des pratiques dans lesquelles la vie collective des nations se serait définitivement et empiriquement fixée, le formalisme ne serait qu'une présentation rhétoriquement artificielle de leurs règles. La pensée du droit serait alors descriptive et s'appliquerait à la sauvegarde du bonheur, des intérêts ou des jouissances que ces réalités procurent. Mais, du point de vue critique et prescriptif, les droits constituent, dans leur acception pratique, un devoir-être rationnel des rapports humains. Il en est ainsi du droit de propriété, dont le devoir-être juridique est de prévoir et d'aménager le dépérissement des privilèges, de contrarier les méfaits de la colonisation par fait de guerre ou pseudo-transactions commerciales qui ne cachent qu'un abus de pouvoir (DD, 142), de préparer la fin des empires fonciers héréditaires. Traiter ainsi la propriété comme un droit en devenir, et non comme un fait, revient à préserver, dans son devoir-être, la capacité d'anticiper une expérience possible, ouverte sur des réalisations futures. Le concept critique de propriété valide ainsi, par avance, une réalisation du droit qui n'existe pas encore, une situation cosmopolitique d'échanges internationaux entre des nations libres, c'est-à-dire des Etats dont la souveraineté s'inscrit dans un système de reconnaissances réciproques.

Cette visée propédeutique permet, peut-être, de comprendre la difficile conceptualisation du droit de propriété, difficile parce qu'elle se refuse tout support empirique ou anthropologique, ce qui produit un concept non intuitivement possessif de la propriété, le concept *intelligible* de propriété devant permettre d'en légitimer les applications. Un tel concept ne se règle pas sur les choses, dont il se refuse de dépendre; il ne légalise pas la détention empirique des biens en fonction de son passé ou de son histoire. Il ne retient que le concept de leur usage pour des intelligences volontaires. De sorte que les

1. Rappelons que cette manière de fonder le droit dans l'histoire est dirigée, chez des auteurs comme Burke ou Herder, contre les conceptions jugées trop abstraites des Lumières. Elle constituera une arme privilégiée des thèses romantiques. Sur la réhabilitation de l'autorité et de la tradition, voir H. G. Gadamer, *Vérité et méthode*, Seuil, 1976, p. 115.

choses ne sont elles-mêmes juridiquement définissables que par les rapports qui interviennent entre des volontés.

La tâche d'une métaphysique des mœurs est donc de faire valoir l'indépendance normative des règles de droit. La *Doctrine du droit* a pour critère d'objectivité ou de scientificité philosophique la capacité de se représenter des relations possibles par les seules lois de la volonté ; ainsi de la possibilité d'une monarchie républicaine (dans le droit public interne), d'une paix perpétuable entre les nations (dans le droit public international) et d'une libre circulation des personnes dans la perspective d'une hospitalité généralisée (dans le droit public cosmopolitique). Aussi veut-elle se distinguer radicalement d'une science naturelle ou d'une science sociale des mœurs puisque ces horizons pratiques ouverts à l'action et à la volonté contribuent à affranchir le domaine des relations humaines des limites connaissables de la nature physique. Ses concepts n'empruntent à la nature matérielle aucun contenu intuitif, et à la nature humaine aucune *finalité* sensible.

Il semble donc bien que la méthodologie élaborée dans la Typique se révèle particulièrement précieuse pour l'intelligibilité des constructions juridiques critiques : elle enjoint de représenter l'application extérieure des règles dans la *forme* d'une nature, c'est-à-dire dans la forme d'un système de lois, que la volonté voudrait analogue à une nature possible. Ce qui autorise à penser que cette représentation préserve d'une conception empiriquement et matériellement naturaliste de la nature. Kant n'adhère pas, en effet, à l'empirisme des thèses jusnaturalistes : il juge que la représentation qui identifie les droits naturels aux contenus naturels des appétits et des penchants est impuissante à signifier les exigences pratiques d'une théorie du droit. La théorisation critique doit donc être spécifiquement pratique et représenter le domaine du droit d'une manière strictement formelle ; ce qu'elle fait en ne retenant que la simple forme des relations humaines dans l'espace de la coexistence possible de tous les arbitres ; cette représentation apriorique pure est dite analogue à la construction mathématique d'un concept dans une intuition *a priori* pure (DD, 107). Pour représenter la dynamique de ces rapports, la pure doctrine du droit ne recourt à l'expérience physique que pour en extraire la simple forme pensable des échanges, celle de l'égalité de l'action et de la réaction (DD, 107) : la revendication d'un droit par chacun autorise réciproquement tout autre à la même revendication. Il ne s'agit pas de penser selon les contenus, et de rendre le droit identique à la force, mais selon la simple forme de l'analogie (*Prolégomènes*, § 58, 147, note). De la même façon, le pouvoir de contraindre, qui caractérise l'application du droit en tant qu'il est limitatif de l'action d'autrui, est analytiquement déduit comme « l'obstacle à ce qui fait obstacle à la liberté » (DD, 105).

Ces efforts d'une formalisation extrême et souvent pointilleuse, parfois inutilement techniques dans leur souci du détail, ont pu être sévèrement jugés, voire mise au compte de la sénilité. Il semble pourtant que Kant s'applique surtout, et certes avec effort, à délivrer les concepts du droit des représentations trop exclusivement anthropologiques de l'état de nature qui servent à représenter l'état primitif du droit chez les théoriciens jusnaturalistes. Lorsque l'on justifie par la peur, par le désir de bien-être ou par l'utilité[1] l'autorité d'un droit, on ne fait qu'expliquer psychologiquement le besoin du droit comme instrument de jouissance, de succès ou de bonheur. Mais cette représentation naturaliste d'un premier état du droit est incapable de légitimer le caractère obligatoire des devoirs juridiques, de rendre intelligible ce qui commande à la volonté dans les lois. Aussi Kant oppose-t-il, parce qu'il s'agit de produire une fondation de la légitimité (ou de l'exigibilité) des lois, le concept de droits *originaires*, aprioriques et rationnels, à la thèse de droits simplement *primitifs*[2], historiques, naturels et empiriques. Si le contrat social, par exemple, est conçu comme un contrat primitif, comme un contrat historiquement conclu, il est alors empiriquement schématisé comme un contrat d'affaires, une sorte de transaction commerciale (TP, 29). Or la méthodologie formelle vise, certes, à « présenter » conceptuellement la réalisation du droit dans la *forme* d'une nature, comme ensemble des relations de cohabitation entre individus, mais de telle sorte que la réalisation en soit dérivée, non de la nécessité, de l'urgence ou du besoin, mais de la volonté.

C'est ainsi que la théorie du droit ne dérive la légitimité des usages possibles des choses et des hommes que d'une volonté universelle. Il ne s'agit donc que de vouloir réaliser une « nature » juridique, au sens d'une vie commune possible qui puisse être le type d'une « nature intelligible » de rapports entre des volontés. Si la propriété ou la communauté originaire du sol peuvent être dites

1. On ne pense pas juridiquement le droit quand on le subordonne à la sanction pragmatique du succès ou du bonheur, *Théorie et pratique*, trad. L. Guillermit, Vrin, 1972, p. 44.

2. Ainsi de la communauté du sol, qui est *originaire* en tant qu'elle est *intelligible* ; rationnellement déductible. Elle ne peut être dite *primitive* que quand elle n'est pas fondée sur des principes, mais sur l'histoire (DD, p. 133).

intelligibles, c'est parce qu'elles sont moins regardées comme des choses que comme des sources de liens volontaires. Pour le droit naturel qu'est le *droit privé*, qui concerne la propriété et les contrats au niveau des personnes, il s'agit moins de constater l'utilité naturelle des choses que de légitimer *a priori* les règles de leur usage : les choses ne deviennent des biens, juridiquement compris et qualifiés, qu'en tant qu'elles sont créatrices d'obligations. Telle est « la loi universelle du droit : agis extérieurement de telle sorte que le libre usage de ton arbitre puisse coexister avec la liberté de tout un chacun suivant une loi universelle » (DD, 105). La tâche d'une métaphysique du droit s'accomplit dès lors que « le concept d'un droit extérieur en général découle entièrement du concept de la liberté dans les rapports extérieurs des hommes entre eux » (TP, 30).

Définition juridique de l'Etat

Une science du droit est donc une science morale, distincte par essence d'une science naturelle, une science des actions et des liens qui peuvent être voulus. C'est pourquoi Kant effectue une distinction tranchée entre l'état social et l'état civil (DD, 116). Car il peut exister des sociétés naturelles (comme la société conjugale), et alors l'état social relève de la nature, la nécessité phénoménale suffisant à le produire. Il y va, dans cette distinction, du concept d'Etat en tant qu'état civil institué ; car si l'Etat n'est pas une institution, il n'est ni bénéficiaire de droits, ni soumis à obligations, et il est vain de lui appliquer une quelconque théorie de la liberté. Selon le mode de penser critique, il faut pouvoir penser conceptuellement (d'après le concept pratique du droit) la genèse de l'Etat comme son institution ou sa constitution légitimes. L'existence de l'Etat signifie que l'union des hommes sous des lois communes est un état juridiquement fondé, la constitution exprimant la volonté qui les unit, volonté générale s'exprimant publiquement dans des lois de coexistence commune, qui constituent le *droit public*.

A ce niveau encore, la représentation formelle d'un état de nature des relations interindividuelles est ce qui permet de penser rationnellement, et non empiriquement, le passage à l'état civil, c'est-à-dire, à l'intérieur des divisions de la *Doctrine du Droit*, le passage du droit privé au droit public. Le droit privé est dit *droit naturel* en ce qu'il ne concerne que les relations entre des arbitres, abstraction faite de l'existence d'un Etat. Ce sens méthodologique lui est donné par les théoriciens jusnaturalistes : un état du droit qu'il est possible de concevoir ou de se représenter indépendamment de l'Etat, et dont Kant retient la fonction théorique rationnelle. Mais la méthode apriorique a pour effet de dématérialiser la représentation de la nature en lui retirant ses contenus empiriques, en la vidant des forces et des violences du désir. De celles-ci, elle ne conserve que leur forme, celle d'une réciprocité indéfinie des actions et des réactions des individus les uns contre les autres (DD, 189). Ce qui suffit à faire voir l'injustice d'un droit qui en resterait à l'état de nature : les revendications y sont, certes, égales parce que réciproques, mais cette égalité, individuellement revendiquée, est analogue à une égalité physique ; elle perpétue des relations interindividuelles mécaniques indéfiniment reproductibles. Il est donc injuste de vouloir maintenir une situation qui fait obstacle à l'émergence d'une réglementation commune, accordant la prééminence à la dimension obligatoire du droit.

La genèse de l'Etat, dans le contexte critique, n'a pas besoin, pour être intelligible, de l'épreuve, pragmatiquement vécue, ou historiquement reconstituée, de l'expérience (*ibid.*). Sa fondation conceptuelle y suffit. La méthode métaphysique, dans le droit comme dans la science naturelle, se substitue à la thèse d'une généalogie empirique des lois. Ainsi se trouve fondée rationnellement une théorie *juridique* de l'Etat, dont la genèse est pratiquement et aprioriquement comprise. Certes, l'état de nature est représenté, comme il l'est chez Hobbes, comme un état d'injustice ; comme chez Hobbes encore, l'institution de l'Etat est ce qui garantit l'application du droit[1] ; l'analogie peut inciter à comprendre la *Doctrine du droit* comme la légitimation d'un positivisme juridique. Cependant, c'est *contre Hobbes* que l'opuscule *Théorie et pratique* expose les principes du droit politique. Pour juger que la doctrine kantienne du droit s'engage dans la voie d'un positivisme juridique, il faut donc aller contre les affirmations et les précautions prises par Kant lui-même. Alors qu'une thèse positiviste fait du droit le résultat et le produit de l'Etat, Kant reproche précisément aux juristes de son temps leur allégeance au pouvoir, qui les conduit à subordonner le droit à la politique. A une science positive du droit, il préfère « une connaissance *systématique* de la doctrine du droit naturel » (DD, 103)[2], autrement dit une application de la méthode métaphysique, la dérivation des règles à partir de la

1. De *provisoire*, le droit privé devient *péremptoire*, (DD, p. 131).

2. « On peut donc concevoir une législation extérieure qui ne contiendrait rien que des lois positives ; encore faudrait-il qu'une loi naturelle précédât pour fonder l'autorité du législateur » (DD, p. 99). Le droit naturel « se trouve devant nos yeux comme modèle dans l'idée de la raison » (PP, p. 59).

raison pratique. Loin de subordonner le droit à la puissance de l'Etat, il affirme que «la politique doit plier le genou devant le droit» (PP, 74). Au niveau des principes[1], qui est celui de la doctrine, il s'agit donc de penser les droits des individus et l'institution de l'Etat d'une manière entièrement juridique, en faisant la preuve de l'autonomie conceptuelle – pratique – d'une pure science du droit. L'institution de l'Etat ne change pas la matière du droit privé, qui reste la même dans le droit public (DD, 188); de plus, en tant qu'il est rationnellement conçu, comme dérivé de principes *a priori*, le droit naturel «ne saurait recevoir aucune atteinte des lois statutaires» de la constitution civile (DD, 131) qui ne sont donc pas fondées à en transformer arbitrairement la valeur obligatoire. Par suite, vouloir l'existence d'un Etat, vouloir un règlement des conflits par la voie légale d'un arbitrage, ou vouloir que les droits privés soient garantis par une contrainte publique reviennent au même: il s'agit de substituer à l'égalité naturelle des actions et des réactions, l'égalité civile du droit au même usage de la contrainte publique pour tous.

Aussi les lois de droit doivent-elles toujours pouvoir être conçues comme des droits de l'homme: elles ne sont pas tirées de sa nature empirique, mais de sa raison pratique. L'universalité des règles juridiques ne peut être dérivée que d'une volonté universelle. C'est une volonté universellement législatrice qui fournit le modèle ou l'archétype d'une loi juste. En ce sens, «le pouvoir législatif ne peut appartenir qu'à la volonté unifiée du peuple» (DD, 196). Il s'agit alors d'une universalité intelligible, *a priori* exigible, et non de la généralisation utile d'intérêt privés, même partagés par plusieurs. Le vocabulaire de Rousseau aide exprimer cette apriorisme législatif[2]: la *volonté générale* s'affranchit des influences et des pressions, elle regarde au-delà de tout intérêt partiel; aussi sert-elle à juger de la légitimité des lois; la *volonté de tous* correspond à l'addition de plusieurs intérêts, aux revendications communes à un groupe. Dans la théorie critique du droit, la volonté collective du peuple dont est dérivée la justice des lois est représentée par l'Idée de son unité. Ce qu'un peuple ne voudrait pas pour son unité, un souverain ne saurait le

1. Ce niveau est celui du concept pratique de droit, il dérive de la volonté la validité obligatoire des lois. La question de la *réalisation* du droit, comme celle de la formation *empirique* des Etats réclame d'autres ressources théoriques, relevant de la philosophie de l'histoire.

2. «Il y a souvent bien de la différence entre la volonté de tous et la volonté générale; celle-ci ne regarde qu'à l'intérêt commun, l'autre regarde à l'intérêt privé, et n'est qu'une somme de volontés particulières», *Du contrat social*, Livre II, Chapitre III.

vouloir (DD, 211). La volonté du peuple n'est pas traitée comme une force, mais comme un modèle pratique, modèle originaire[1], intelligible, des règles justes de la vie commune.

La constitution républicaine : un normativisme prospectif

La dimension prospective du devoir-être des droits se révèle encore plus clairement dans le concept de citoyenneté républicaine, dont la légitimité anticipe un avenir qui contrarie les pratiques despotiques des monarchies de l'heure. Si le mode de penser critique se fonde entièrement sur la validité rationnelle pure et strictement *a priori* du droit de citoyenneté, c'est qu'il importe de lui donner, par avance, une postérité possible. Le droit d'accéder à la citoyenneté prend ainsi une importance déterminante, qui inclut la représentation du droit des générations futures. C'est ainsi que doit être considéré comme un droit universel des hommes le droit de bénéficier de la diffusion des Lumières, le droit d'accéder à la liberté de l'usage de l'entendement. Il est donc *a priori* illégitime d'admettre une constitution politique qui refuserait aux générations à venir le libre accès au savoir et le libre usage de l'intelligence, en les privant par avance du droit de majorité ou de citoyenneté culturelle (DD, 210). Il y a bien là une conception anhistorique, purement normative, de la légitimité rationnelle des règles ; elle permet d'identifier les devoirs de droit à des obligations envers les hommes en tant que le devoir-être d'une légitimité exigible. Mais cette fondation anhistorique de l'obligation juridique revient à attribuer aussi aux hommes des possibilités d'action qu'ils ne possèdent pas encore, qui ne proviendront ni de la nature ni du hasard des circonstances, mais qui ne pourront résulter que d'une volonté unanimement collective et commune.

Au niveau des principes, souveraineté et citoyenneté sont des concepts que Kant élabore d'une manière entièrement juridique ou exclusivement normative ; sur ce terrain, le droit et la politique s'accordent entièrement dans la mesure où le concept de citoyenneté est destiné à renouveler celui de la souveraineté, à marquer la fin d'une conception possessive du pouvoir. L'accord des deux est contenu dans la constitution républicaine, constitution « issue de la source pure qu'est la notion de droit » (PP, 16).

La constitution républicaine reconnaît aux hommes la liberté, critère de leur humanité, l'égalité, critère de leur appartenance à un

1. Aussi le contrat social est-il dit « originaire » en tant qu'il est une Idée de la raison pratique (TP, p. 38).

état civil commun, et l'indépendance, critère de la citoyenneté partagée (TP, 35). La liberté civile de chacun suppose une égale dépendance de tous à l'égard des lois, ainsi placées, selon la prescription rousseauiste, au-dessus des individus. Quant à la citoyenneté, elle est moins comprise comme un bien personnel ou comme un objet de jouissance privée que comme une création d'obligations à l'égard des souverains : elle inclut le vote de l'impôt et aussi celui de la guerre (PP, 17). Elle engendre d'abord une mutation conceptuelle relative à la valeur des hommes : le mérite, et non l'hérédité, sont *a priori* déterminants, ce qui suffit à opposer à l'aristocratie la noblesse propre à une « méritocratie » : « car si l'ancêtre avait du mérite il n'a pu cependant le transmettre à ses descendants, mais il faut que ceux-ci l'acquièrent par eux-mêmes » (DD, 212). N'étant pas un nouveau privilège, la citoyenneté s'acquiert donc par l'indépendance personnelle, synonyme d'une liberté d'esprit et de jugement qui dépasse les limites des simples revendications individualisées. Qu'elle ne soit attribuée ni aux femmes, ni aux enfants, ni aux employés, qui dépendent d'autrui, est sans doute une mesure réputée « élitaire »[1], mais dont il faut souligner qu'elle n'interdit à personne l'accès à l'indépendance par le travail.

C'est assurément la citoyenneté, plus que le bonheur, qui constitue juridiquement une « idée neuve en Europe », propre à transformer l'ancienne conception, possessive et paternaliste[2], de la souveraineté. Le souverain ne saurait plus être tenu pour le propriétaire du sol et de ses habitants, et si Frédéric II aimait à se présenter comme le premier serviteur de l'Etat (PP, 20), la formule implique, dans sa littéralité, un déplacement de l'origine légitime de la souveraineté. La *Doctrine du droit* l'exprime par sa distinction entre la souveraineté législative, qui est celle du peuple, et la souveraineté exécutive, qui est celle du Régent, du détenteur du pouvoir auquel incombe la mise en application de la contrainte civile. Quoique le peuple n'exerce pas le pouvoir par lui-même dans un régime représentatif comme est le régime républicain[3], ses droits ne lui sont pas arbitrairement octroyés par la sympathie ou la bienveillance du Prince ; la liberté et la

1. De là l'expression de « libéralisme aristocratique » utilisée par R. Polin, *L'obligation politique*, PUF, 1971, p. 130.

2. Le gouvernement paternel traite les sujets d'un Etat comme des enfants ; le gouvernement patriotique s'en distingue (DD, §49, p. 199).

3. Kant distingue le régime républicain de la démocratie au sens littéral d'un gouvernement populaire ; dans la mesure où tout le pouvoir se trouve dans les mêmes mains, le poids de l'exécutif absorbe la fonction législative de la volonté générale et incline au despotisme (PP, 19).

citoyenneté lui sont dues de manière *a priori*, en tant que droits dérivés de l'Idée de volonté générale, autrement dit du concept juridique et pratique de peuple.

La citoyenneté implique ainsi la conception républicaine de la souveraineté, qui n'a pas d'autre raison d'être que de traiter les sujets d'un Etat comme des citoyens. La citoyenneté devient le principe « éclairé » de l'exercice de la souveraineté, elle la fait entrer dans la modernité politique par cette vocation juridique : le type de constitution que se donne une nation est ce qui décide de son statut en tant qu'Etat de droit.

Alors que les formes de la *domination* des hommes définissent une typologie de la puissance (autocratique, aristocratique ou démocratique), les modes de *gouvernement* d'un peuple caractérisent un projet constitutionnel (PP, 18). La distinction ainsi faite entre les deux permet de construire une véritable théorie de la pratique du pouvoir politique ; rien n'empêche, en effet, un état monarchique, autocratique, de se donner un mode de gouvernement républicain ; le despotisme ne tient pas au nombre des gouvernants (une démocratie peut être despotique), mais à la volonté de confisquer la volonté générale au bénéfice du personnel dirigeant. Est préconisée la séparation entre les pouvoirs législatif et exécutif, au bénéfice d'un régime représentatif, pour éviter le risque de dérives despotiques [1]. La citoyenneté assigne ainsi un devoir-être à la souveraineté politique, la mise en pratique de son propre devenir juridique.

C'est pourquoi la citoyenneté impose en politique un point de vue mondialiste ou cosmopolitique, qui dépasse les bornes nationales des pouvoirs souverains. La constitution républicaine est appelée à se généraliser en tant que dynamique juridique permettant de reconnaître à tous les hommes le droit à la même garantie de leur liberté civile. La citoyenneté définit ainsi un véritable droit commun du régime républicain de la liberté, qui n'est pas déterminé par les particularités géographiques et historiques des nations, mais dérivé du concept juridique d'état civil. L'« illusion nationale » [2] constitue un obstacle pour le droit des peuples dans la mesure où les souverains en font leur bénéfice, qui est de préserver et de perpétuer leur volonté paternaliste, possessive et belliciste de souveraineté. Aussi la citoyenneté doit-elle être regardée du point de vue cosmopolitique qui est, dans l'espace, celui de son extension à tous les peuples et, dans le temps, celui de son

1. Tout Etat comprend trois pouvoirs, législatif, exécutif et judiciaire (DD, § 45, p. 195).

2. AK, XV, Réflexion 1313.

institution universelle future et nécessaire en vue de la paix entre les Etats. C'est dans la mesure où les nations s'institueront et se reconnaîtront comme des Etats que la constitution républicaine pourra s'universaliser et qu'un état juridique des relations internationales deviendra possible. Le droit de citoyenneté est cosmopolitique en ce sens que le droit des hommes doit servir de règle au devenir de la souveraineté : « le droit des hommes doit être tenu pour sacré, dût-il en coûter de gros sacrifices à la puissance souveraine » (PP, 74).

L'aporie morale de la politique

N'est-il pas inévitable qu'une telle science normative du droit, si elle est valable en théorie, se condamne à rester impuissante en pratique ? L'objection n'est pas postérieure au kantisme, même si la critique hégélienne des philosophies de la réflexion, puis la critique marxienne des droits simplement formels, ont contribué à la rendre populaire, elle en est contemporaine. A l'époque de Kant, elle provient d'une conception politique de la pratique, touchant la mise en application du droit par la politique, conception que l'opuscule *Théorie et pratique*[1] aussi bien que l'Appendice du *Projet de paix perpétuelle* ont dû battre en brèche. Il s'agit du réalisme politique dont la conviction tient en un mot : il n'est pas de meilleure théorie que la pratique elle-même, c'est-à-dire l'expérience ; ce qui revient à dire que l'expérience de la politique se passe de théorie et de théoriciens (TP, 12) ; en clair : la politique n'a pas besoin de philosophes.

Au premier degré, il s'agit d'un conflit entre les juristes et les philosophes, entre la Faculté de droit et la Faculté de philosophie. Il arrive que Kant ne mâche pas ses mots : le juriste de profession est une tête vide (DD, 104), entendons par là qu'il met en avant un réalisme juridique empirique et pragmatique qui cache mal son inaptitude à penser la justice, laquelle réclame une tête plus transcendantale ; il est habile « à se maintenir en selle en toutes circonstances » (PP, 62), parce que seul lui importe le maintien du pouvoir en place, dont sa propre place dépend ; aussi ne comprend-il le droit que comme le serviteur de la force, d'une manière empiriquement « positive ». Dans la mesure où sa doctrine se borne à faire de lui un « représentant des puissants de la terre » (PP, 66), il vérifie que « tout pouvoir corrompt » puisqu'il corrompt même les intellectuels et les savants, ou les spécialistes (*Gelehrten*). Mais derrière ce conflit entre juristes et

1. Le titre complet de l'opuscule de 1793 est en effet : *Sur l'expression courante : il se peut que ce soit juste en théorie, mais en pratique cela ne vaut rien.*

philosophes – concurremment représentatifs de deux types possibles de « conseillers du pouvoir » –, c'est la possibilité et l'utilité d'une théorie philosophique de l'Etat qui se trouvent directement mises en cause. Car si le réalisme politique s'autorise du fait que tout Etat naît dans la force, que l'art de gérer la violence s'impose au niveau du droit politique interne (par la soumission de tous) et du droit international (par la guerre), alors la *prudence* politique s'imposera comme unique *sagesse*[1], sagesse paradoxale qui se résout à l'immoralité par souci d'efficacité, reléguant la morale parmi les chimères philosophiques, comme une position théoriquement faible dans un contexte où l'expérience de la vie politique est comprise comme celle de l'hostilité généralisée. Les rapports du droit et de la force posent inévitablement le problème des rapports entre la morale et la politique.

Du point de vue empirique ou historique, le chef de l'Etat (désigné par Kant comme *Regent*, *Prinz*, *Befehlshaber*, *summus imperans*, *Beherrscher* ou *Staatsoberhaupt*[2]) est celui qui confère à un peuple l'unité de son existence empirique, c'est-à-dire historique. S'il détient le pouvoir de disposer des lois de contrainte, c'est dans le but d'assurer la protection de son peuple contre toute agression, extérieure ou intérieure. L'unité nationale et la concorde civile tiennent donc au fait que l'autorité du souverain (le souverain exécutif, ou le Régent) peut être tenue pour incontestable, sauf à faire de la guerre civile un but paradoxal de la vie politique. Pour que soit préservée la paix civile, tout peuple doit pouvoir supposer que le souverain ne peut vouloir faire de tort à son peuple (TP, 49) ou, ce qui revient au même, qu'un accord est possible entre la morale et la politique.

Dans l'*Idée d'une histoire universelle au point de vue cosmopolitique*, le chef de l'Etat est représenté comme celui qui doit limiter lui-même par le droit l'exercice du pouvoir en s'imposant l'obligation d'agir en vertu d'une constitution. Cette autolimitation du pouvoir réclame une « bonne volonté » (IHU, prop. 6) ; ce qui suppose une raison morale de limiter l'exercice du pouvoir et suscite la question de savoir quel peut être le maître moral du maître politique. La limite de cette solution est par là-même indiquée puisque que ce n'est pas un Dieu, mais un homme, qui a pouvoir sur les hommes.

1. La terminologie du *Projet de paix perpétuelle* oppose la *Staatsklugheit* (prudence) à la *Staatsweisheit* (sagesse). Elle est analogue à celle des *Fondements* : la prudence (*Klugheit*) relève de l'habileté, tandis que la sagesse (*Weisheit*) appartient à la sphère de la moralité.

2. *Doctrine du droit*, § 49 et Remarque A, p. 201.

L'écrit de 1793, consacré aux rapports de la théorie et de la pratique, envisage un cas limite de l'exercice du pouvoir : si le souverain commet une injustice, le peuple peut-il s'arroger le droit de refuser la contrainte commune, le droit de résister au souverain ? Il n'est pas possible de répondre, à la manière d'Achenwall, en faisant du droit de résistance un droit naturel au sens empirique, conditionné par le succès, c'est-à-dire par la force, sous peine de renoncer, au niveau des principes, à tout accord possible entre la morale et la politique. Si l'injustice vient de que le pouvoir se place au-dessus des lois, elle ne se trouve pas légitimée par le changement de bénéficiaire. Et quoique les révoltes soient des signes de la nécessité des réformes, elles ne peuvent devenir des principes constitutionnels, sauf à justifier la destruction de l'Etat. La fracture entre morale et politique est encore plus grande si la force est banalisée comme droit commun de toute revendication ; l'exigence pratique de justice se convertit en une prétention pragmatique de puissance : cessant de réclamer, comme il en a le droit, davantage de justice, le peuple décide de s'approprier davantage de pouvoir. La conception possessive du pouvoir est corruptrice en ce qu'elle fait du droit un mobile de l'accroissement du pouvoir.

Mais il ne s'agit pas pour autant de mettre la politique au-dessus du droit, et la violation du droit peut aussi résulter des principes adoptés par le politicien. C'est pourquoi la réponse de Hobbes – telle que l'interprète Kant – n'est pas non plus légitimable. Il n'est pas possible de juger incontestable et à l'abri de la critique l'exercice du pouvoir politique, et il faut admettre que les gouvernants peuvent commettre des erreurs (TP, 47). La thématique de l'erreur constitue ainsi un terrain consensuel pour une rectification possible, ce qui oblige à reconnaître au peuple le droit de faire valoir publiquement l'Idée de la justice dont il incarne la demande. La liberté d'expression est à la fois la légitimation et la limite du droit du peuple[1].

Mais le *Projet de paix perpétuelle* fait un pas de plus quand il met l'accent sur la teneur belliciste de l'amoralisme qui se cache dans la revendication de réalisme politique. Le contexte des relations entre Etats, qui est encore celui de l'état de nature, celui de la désolante réciprocité de l'usage de la violence, fait brutalement surgir la perspective d'une aporie morale de la politique, inhérente au concept même de la *prudence* politique. Si le chef de l'Etat conçoit son rôle

1. Le peuple peut résister légalement « par ses propres représentants dans le parlement » (DD, Rem. A, p. 204) ; ce qui ne se confond pas avec un activisme visant à s'emparer du pouvoir exécutif.

d'une manière *exclusivement politique*, affranchi de la morale, il identifie simplement l'Etat à son pouvoir. Kant ne parle plus, comme en 1784, de la bonne volonté du souverain qui doit le rendre prêt à accepter la constitution, mais plutôt de l'indifférence de la politique à la morale ; il semble alors illusoire d'attendre une autolimilitation spontanée du pouvoir engendrée par une volonté politique, par la volonté d'un souverain. La problématique de la raison d'Etat peut tenir dans une formule synthétique et transparente : « il n'existe pas de monarque dont la volonté d'agir soit en faveur du bien de l'espèce, pas même celui du peuple, mais qui ne soit pas, en revanche, en faveur du seul prestige de l'Etat, et donc uniquement de ce qui n'est qu'extérieur »[1]. La gravité du problème soulevé ici tient au fait que le souverain peut ne pas commettre uniquement des erreurs, mais encore mettre en pratique la négation même du droit ; par là est engendrée une véritable *antinomie* entre la morale et la politique (PP, 80).

La prédominance de cette morale politicienne[2] sur toute politique morale met en péril le sort de la paix sur le plan interne et sur le plan international. Tant que la prudence est comprise comme la fin pragmatiquement suprême de la politique, elle sert de prétexte au pragmatisme machiavélique qui s'impose au titre de moralisme politique. Le *moraliste politique* traite son propre peuple, qu'il juge inapte au bien, comme un ennemi potentiel, et regarde de la même façon les Etats voisins ; aussi contracte-t-il avec eux des alliances diversement utiles, selon qu'ils sont menaçants ou menacés, mais toujours dans le but d'étendre sa zone de domination ou d'influence. Les maximes de la prudence, qui servent de règles pour cette politique amorale, se fondent sur une même conviction : il est irréaliste de croire que la sécurité intérieure et la paix entre les Etats puissent être désirées autrement qu'au nom de l'intérêt privé des Etats avec lequel elles se confondent. Or tant que la paix demeure un mobile politique, la prudence ne fait que perpétuer la logique de la domination. Si bien que la politique n'est pas pensée en rapport à la paix, mais toujours en rapport à la guerre, et que la paix continue de servir d'alibi à la violence organisée. La politique de la paix entre inévitablement en conflit avec la morale.

1. AK, XV, Réflexion 1416.
2. Celle du *moraliste politique*, par opposition à la *politique morale* (PP, p. 59).

De la publicité

Un problème aussi décisif pour le sort des peuples interdit que soit reconduite, même au nom de la morale, l'erreur du moralisme politique. Car la duplicité de la politique consiste précisément à jouer sur le double registre de l'*éthique* et du *droit*. En alléguant que la bienfaisance et l'amour de l'humanité sont les mobiles qui justifient tous les moyens d'un pragmatisme efficace, elle impose comme des devoirs indiscutables les maximes de l'habileté et de la ruse, ainsi identifiées à la prudence. Elle ne flatte la vertu que pour mieux s'affranchir du droit. Si bien que morale et politique ne s'allient que pour la plus grande domination des individus : « la politique s'entend aisément avec la morale, au premier sens (en tant qu'éthique) pour livrer le droit des hommes à leurs chefs » (PP, 84).

Il faut donc préserver les principes du droit par une solution qui soit entièrement juridique, c'est-à-dire *formellement* possible. Il faut pouvoir dénoncer l'injustifiable, la perversion qui est faite de la pratique au nom de la théorie, d'une théorie de l'expérience qui se réduit à un technicisme sommaire. C'est ainsi que la publicité de toute maxime politique doit être érigée en règle, afin d'obliger la politique à en donner une formulation universalisable, juridiquement recevable. La publicité est donc le moyen formel de faire connaître la réalité du mensonge politique (à savoir l'intérêt privé de son bénéficiaire) en même temps que l'impossibilité d'en faire une raison universelle ou consensuelle de gouvernement. La publicité agit au cœur même de la falsification politique du droit, du fait que l'habileté a elle-même besoin de se donner l'apparence du droit ; de sorte qu'en voulant justifier pragmatiquement la violation du droit, la politique commet une sorte de contradiction performative, qui consiste à légitimer le refus du droit, à mépriser le droit au nom du droit. Cette apparence se trouve condamnée par la règle de transparence : « toutes les actions relatives au droit d'autrui dont la maxime est incompatible avec la publicité, sont injustes » (PP, 76).

La publicité ne retient des maximes de la politique que ce qui peut s'accorder avec la morale, qui doit être alors entendue au sens d'une doctrine du droit. Il s'agit bien d'une application de l'impératif catégorique aux conditions du droit, celles de la coexistence possible des individus et des Etats par des lois formelles de relations intersubjectives. Ainsi se trouve évité le risque de moralisme politique, qui prétend faire de la morale un bien empiriquement politique, politiquement et techniquement productible. La morale ne pouvant commander, en politique, que l'obligation de respecter le droit, il ne s'agit pas de rendre les souverains vertueux – il ne s'agit donc pas d'éthique –, mais d'élargir la sphère juridique de l'objectivité pratique en étendant davantage le domaine de la *légalité* des maximes, publiquement identifiable et exigible. La publicité ne se confond pas avec l'opinion publique[1] puisque la prudence s'attache à former et à manipuler l'opinion pour son propre compte ; elle est plutôt assimilable à une méthode, que l'on désignerait, dans un vocabulaire contemporain, comme une méthode procédurale d'identification du juste[2]. Elle retient ce qui fait de la loi l'expression d'une volonté commune, parce qu'elle fait ressortir la différence qui sépare l'expression d'une volonté et la revendication d'un intérêt. Elle est méthode d'expression publique de l'universalité de toute règle de droit, qui rend le droit public publiquement disponible, et elle atteste ainsi de la prévalence ou de la *validité* originaire d'une raison publique, d'un langage commun public. Avant d'espérer rendre vertueuse la politique, on pourra dire qu'une politique est (juridiquement) morale quand elle traite les individus et les Etats comme des êtres capables d'un même langage public plutôt que comme des êtres exclusivement déterminés par le langage de la soumission.

C'est pourquoi la paix ne peut être revendiquée comme un bien politique *avant* que soient instituées des relations de droit entre les Etats. Le concept de droit international ou de droit des peuples[3] ne désigne encore que le droit à la réciprocité dans l'usage de la guerre. Il s'agit donc d'un droit naturel des Etats, au sens d'un droit privé, qui sanctionne des actes de souveraineté en l'absence de relations juridiques permanentes entre les Etats et dont la juridicité n'est encore qu'un devoir-être possible du droit international. Ce dernier ne pourra trouver de validité pratique que s'il est reconnu comme un droit originairement contractuel dont la publicité actualise la consensualité exigible : le passage du droit naturel privé (la guerre perpétuelle entre

1. La solution kantienne paraît trop formelle pour être identifiée, selon la formule synthétique de J. Habermas, au « bourgeois-homme-citoyen », *Publizität als Prinzip der Vermittlung von Politik und Moral*, in *Materialen zu Kants Rechtsphilosophie*, Suhrkamp, 1976, p. 189. La règle de publicité fournit plutôt un critère de l'identification du juste qui n'est pas circonstanciel, mais universel, c'est-à-dire toujours formellement disponible.

2. Cette terminologie est empruntée à J. Rawls pour sa référence au kantisme dans les concepts de la « position originelle » et du « voile de l'ignorance », cf. *L'interprétation kantienne de la justice comme équité*, in *Théorie de la justice*, trad. C. Audard, Seuil, 1987, p. 287.

3. *Völkerrecht*, traduction de *jus gentium*, « droit des gens ». Kant observe que *Staatenrecht*, « droit des Etats » (DD, § 53, p. 226) serait un terme plus exact, par référence à l'injonction de traiter les individus comme des citoyens.

souverainetés) à un droit public des Etats (règlement des conflits par des normes publiques communes) ne peut se faire que par une volonté permanente d'éviter le recours à la guerre. Son expression publique constitue le seul mode d'être d'une volonté fédérative, une volonté générale internationale n'étant qu'une volonté publiquement déclarée et pluralement reconnue. Pour que le droit des peuples ne soit plus le droit de la guerre, mais le droit à la paix, il lui faut être le droit commun d'un association fédérative (DD, 227), la publicité des maximes constituant d'elle-même le tribunal du droit. Sans cette possibilité de mettre la loi au-dessus des hommes, la paix restera ce qu'elle a toujours été, celle des armistices.

Que la paix doive être *perpétuelle* n'est donc qu'une Idée, et peut-être une chimère. Sa fondation rationnelle n'est pas pour autant mise en cause. Quoique politiquement contingente, la paix est juridiquement perpétuable, engendrée par son propre concept objectivement pratique: il n'y aura de paix qu'*instituée*. La publicité force à reconnaître que la volonté de la paix est celle qui renonce sans réserve au moyen de la guerre. Toutefois, puisque le réalisme fait pragmatiquement juger chimérique cette fondation pratique, force est de juger finalement déterminante, pour rendre prédominante la manière juridique de penser la politique, la vision du monde qui habite le conseiller du pouvoir et dont dépend la crédibilité publique d'un mode de pensée cosmopolitique possible. Par suite, si la philosophie peut avoir une signification politique, ce n'est pas en possédant, mais en *conseillant* le pouvoir: l'accord de la morale et de la politique, qui implique l'extension du principe de la citoyenneté dans tous les peuples, son application à toutes les nations qui se font des Etats, suppose l'introduction de réformes visant à une harmonisation mondiale des droits nationaux. Aussi les réformes doivent-elles venir d'en haut, par le choix d'un mode de gouvernement républicain éclairé par l'intérêt supérieur d'un monde de plus en plus civilisé. La paix peut être espérée autrement que comme un prétexte politique si elle correspond à un but culturel commun, cosmopolitiquement souhaitable. Mais ceci est du ressort de l'histoire de la civilisation humaine.

CHAPITRE VI

ÉTHIQUE ET SENSIBILITÉ

La morale kantienne est en butte à un certain nombre de préjugés dont aucun commentateur sans doute ne la délivrera jamais tout à fait. S'étant donnée pour la formule universelle de la moralité, elle passe pour être l'instrument le plus généralisable et le mieux acceptable de la moralisation des individus. Cette vision « moralisatrice » – et quelque peu infantilisante – reste prisonnière d'une conception pragmatiquement légaliste des mœurs et de l'éducation; s'il n'avait pour effet qu'une homogénéisation réussie des comportements, le transcendantalisme devrait alors apparaître comme une dépense théorique inutile, ou comme un détour conceptuellement luxueux pour ramener l'action, au total, à un légalisme bien compris. Il saute aux yeux que, si la philosophie morale n'a pas d'autre but que ce consensualisme légaliste, l'utilitarisme remplit cet office mieux que ne le fait le criticisme. Et John Stuart Mill n'a pas tort d'exprimer l'impératif catégorique, simplement et concrètement, comme l'intérêt collectif d'un groupe, individuellement accepté et pratiqué, rapprochant ainsi la loi morale de la vie et de l'homme ordinaire.

D'un autre côté, à ne retenir du kantisme qu'un rationalisme pratique formellement vide, on manque l'essentiel du drame que constitue, pour l'existence humaine sensible, sa destination irréductible à la moralité – sa destination métaphysique –, laquelle ne peut être subjectivement vécue que comme une disproportion entre ses propres facultés vitales, entre la sensibilité et la raison, que la morale, aussi bien que l'esthétique, révèlent « sublime ». La pensée du souverain bien présuppose cette fracture qui menace de non-sens la moralité des mœurs, et il lui faut surmonter l'abîme qui oppose la valeur morale et la vie. La question de la morale : « que dois-je faire ? » ne trouve aucune réponse théorique empirique dans le monde phénoménal, il n'existe pas de science naturelle du bien; c'est ce que l'individu expérimente aussi à l'intérieur de soi. Toutefois, le même individu fait également l'expérience de soi en tant que subjectivité esthétique; la faculté de porter des jugements esthétiques lui fait éprouver sa propre intériorité comme un autre type de relation à la nature et à la sensibilité, une libre relation que ne commandent ni la science ni la morale. L'analytique du jugement esthétique effectuée par la troisième *Critique* introduit ainsi, avec le sentiment du beau et du sublime, la voie d'une expérimentation tout intérieure des pouvoirs de l'esprit dont le libre jeu permet d'aborder autrement, avec d'autres ressources critiques, la dualité entre la nature et la liberté.

Ni ascétisme, ni hédonisme

Le questionnement spécifique de l'éthique, de la *Doctrine de la vertu*, est celle du fondement subjectif de la décision morale. Par opposition à la législation juridique, qui ne commande l'action que dans sa forme exécutable et publiquement identifiable, l'éthique concerne le niveau le plus intime de l'intériorité intentionnelle: le choix des maximes, la possibilité d'une genèse morale de la maxime qui permette d'accomplir par devoir des actes qui seront conformes au devoir.

Une spontanéité éthique absolue serait une volonté sainte, qui n'a pas d'autre intention que la loi morale elle-même, une intention objective d'objectivité. Mais l'homme expérimente d'abord, primitivement, la subjectivité de ses maximes comme un rapport pragmatique à soi-même. Les sollicitations vitales et sociales individualisent la décision en ce sens que l'individu penche d'abord vers soi-même, rassemble autour de son égoïté les raisons d'être et la dynamique de son vouloir. C'est pourquoi il n'y de vertu, au sens moral, que dans la mesure où la différence entre ce qu'il est et ce qu'il devrait être, entre ce qu'il veut et ce qu'il devrait vouloir est ce qui vient constituer à son tour une dynamique capable de mobiliser la décision. La vertu est toute la condition humaine *subjectivement* morale parce qu'elle est tension, effort et lutte. L'homme vertueux est celui qui fait de la loi une *force*, la force de s'opposer au pouvoir des influences (DV, 64).

La vertu conduit ainsi à regarder autrement la loi morale, non plus du point de vue d'un être raisonnable en général, mais d'un point de vue existentiel et vécu, celui d'un libre arbitre qui se trouve mis en situation de révolutionner intérieurement ses choix; c'est dans le conflit entre sa nature sensible et sa destination nouménale qu'apparaît l'homme proprement dit, au plus près de l'usage rigoureusement libre de son libre arbitre, avec l'injonction de se contraindre librement soi-même. Aussi la loi morale n'est-elle plus seulement présentée comme ce qui est doté d'une valeur objective incontestable, elle doit encore devenir un *mobile* du libre arbitre. Est donc *morale* en un sens *éthique* ou subjectif cette conception de la vertu qui ne sert à légitimer aucune pratique culturelle ou religieuse préexistante, qui ne sélectionne aucun type de conduite ni aucun type d'homme en particulier, aucun modèle de « bon désir » qu'il conviendrait de privilégier, et qui ne reproduit aucune habitude socialement acquise, même heureuse ou performante. Cette conception morale de la vertu s'élabore en complète rupture avec le registre antique et plus particulièrement aristotélicien des analyses de la prudence, rangées dans la catégorie des impératifs pragmatiques de l'action; ce qui a pour effet de transformer le rôle de la subjectivité vertueuse: la vertu n'est pas un moyen privé d'atteindre un bonheur privé, elle n'est pas un amour de soi légitimé. Quoique l'on entende par *éthique* la détermination subjective de l'action, la *Doctrine de la vertu* est ce qui propose une conception objectivement morale de l'éthique. Il faut dire, pour mieux souligner son opposition à l'éthique prudentielle, que la vertu n'est pas faite pour l'homme, mais l'homme pour la vertu [1], parce qu'il y va, dans son être le plus intime qu'est ici son libre arbitre, de sa capacité d'assumer sa destination morale tout entière, de faire individuellement du devoir ce « qui élève l'homme au-dessus de lui-même » (CRPr, 91). C'est pourquoi la philosophie de la vertu, soit comme théorie des mobiles de l'action dans la deuxième partie de la *Métaphysique des mœurs*, soit comme théorie du caractère de l'homme dans la *Religion*, affronte le problème du libre arbitre en tant que fondement subjectif de toutes les maximes: comment vouloir *subjectivement* une loi qui ne s'impose qu'objectivement comme une loi pratique? Comment « rendre la raison subjectivement pratique ? » (CRPr, 160).

Si les actions d'un individu peuvent être dites intrinsèquement bonnes, n'est-ce pas à la condition qu'il dispose de bonnes motivations internes ou de bons sentiments? L'éthique a à traiter tout particulièrement la question philosophiquement redoutable des motivations humaines. Question redoutable parce que les réponses, en la matière, ont précédé le mode d'interrogation critique et que les morales du sentiment, en accordant à la subjectivité une part déterminante dans la définition du bien, contribuent à infléchir d'une manière

1. « La vertu n'est pas représentée comme une chose que l'homme possède, mais plutôt comme une chose qui possède l'homme » (DV, p. 78).

décisive les orientations de la modernité philosophique. Les morales du sentiment, en effet, ont une portée polémique anti-intellectualiste, qui conteste à la raison le pouvoir d'entraîner efficacement à l'action ; il faut des sentiments, c'est-à-dire des mobiles subjectivement déterminants, pour faire de la vertu l'énergie même du bien, une sorte d'inclination naturelle. Mais la thèse d'une adhésion sensible au devoir, ou d'une sorte de « penchant volontaire » (CRPr, 89) a pour effet de supposer que la sensibilité, non la raison, est pratique par elle seule.

Parmi les théoriciens objectivistes ou dogmatiques[1], ceux qui ancrent la morale dans la théologie, pour faire de la perfection la mesure de l'action, attendent volontiers de l'enthousiasme sentimental un pouvoir mystique de se porter à la transcendance par la puissance de l'amour ou de l'admiration pour les actions nobles et héroïques, comme si la vertu engendrait la vertu, et la perfection la perfection, par contagion affective. Les moralistes subjectivistes, qui pratiquent davantage une physique sentimentaliste, empiriste et réaliste, habitués qu'ils sont « aux explications physiologiques » (DV, 46), ramènent plutôt la morale à la promotion du bonheur personnel, comme si la nature s'arrangeait de nos faiblesses et des bornes de nos appétits pour en faire de sages équilibres ; il n'est alors pas d'autre bien que le bien-être, dont le sentiment constitue l'indice privilégié.

Dans les *Observations sur le sentiment du beau et du sublime*, le kantisme précritique identifiait, lui aussi, le sentiment à une intériorité morale, à un dynamisme interne par quoi la valeur morale résulte directement de son origine subjective. Rompant avec le logicisme[2] rationaliste de Wolf et l'objectivisme fataliste de Crusius, il cherchait alors dans le tempérament ou le caractère empirique (le mélancolique, par exemple, est celui qui s'accorde à la vertu) la force subjective de se rendre objectivement moral. Mais l'intériorité véritablement vertueuse, déjà, est décrite comme celle qui est capable de se déterminer à agir par des *principes*[3], ce qui préfigure, quoique de façon lointaine, l'autonomie morale ou le commencement de l'action dans l'intention plutôt que dans le sentiment. Aussi la rectification des

1. La *Critique de la raison pratique* les classe en deux catégories: les écoles wolfienne et stoïcienne, pour leur théorie de la perfection, et celle de Crusius, qui fait de la volonté de Dieu l'unique principe objectif de la morale (p. 40). La critique kantienne de l'enthousiasme refuse, d'une façon générale, l'identification du sentiment à un point de vue divin sur le bien.

2. « L'idée de perfection ne peut constituer qu'un principe formel, à la façon du principe d'identité », V. Delbos, *op. cit.*, p. 84.

3. *Observations sur le sentiment du beau et du sublime*, trad. M. David-Ménard, GF, 1990, p. 102.

thèses sentimentalistes, après que leur adoption a permis de concevoir subjectivement la valeur de l'action, constitue-t-elle une part propédeutique importante pour la théorisation critique de la vertu. La *Doctrine de la Vertu* s'accorde avec l'Examen des Mobiles de la raison pratique dans la deuxième *Critique* pour dénoncer l'erreur commune et fatale aux didactiques du sentiment : « il n'y a point, dans le sujet, de sentiment qui détermine antérieurement la moralité » (CRPr, 79), une telle détermination pathologique de la volonté ne pouvant conduire qu'à l'« *euthanasie* de toute morale » (DV, 46).

L'erreur est de prendre pour un mobile moral le plaisir d'accomplir facilement une action qui convient à notre désir, de confondre le motif qui nous attire et le mobile qui doit nous pousser ou même nous forcer à agir (CRPr, 126). Il résulte de cette confusion un renversement de la valeur morale de l'intention ; au lieu que la morale se trouve enrichie de cette contribution pathologique de la sensibilité, c'est, au contraire, l'intérêt subjectif et privé de l'acteur qui s'attribue et s'approprie la force et l'énergie qui doivent revenir au devoir ; au point qu'il prend plaisir à « s'enivrer de sentiments moraux » quand il exalte, à travers eux, son autosatisfaction. C'est alors l'amour de soi qui en tire la prétention d'ériger sa spontanéité en législatrice de la conduite à la place de la loi (CRPr, 78). Au lieu de vouloir se rendre moral, le soi apprend à se passer de morale comme en témoignent les effets pervers d'une éducation morale pratiquée à la manière des philosophes populaires et qui, ne sollicitant et n'excitant que l'imagination, « ne produit que des héros de romans » (CRPr, 165).

Cette illusion qu'il puisse exister une détermination pathologique de la morale donne lieu à deux types d'errements dans lesquelles le sentiment est soit fanatisé, soit physicalisé. Le premier cas est celui de l'enthousiasme religieux qui se mue en intolérance quand il conçoit la vertu, en dehors de toute mesure humaine, comme une fusion transcendante avec la divinité (CRPr, 130). Il existe un mysticisme pathologique qui devient monstrueux quand il fait de la sainteté, dont il s'attribue la possession particulière, non pas un idéal, mais un ennemi de la vertu simplement humaine. Kant condamne résolument l'ascétisme et le *purisme* (DV, 100) qui dégradent l'humanité, en font un objet de mépris, de suspicion et de subordination. Loin d'exalter la sublimité morale humaine, l'enthousiasme fanatique ne cultive qu'un « hypocrite dégoût de soi-même », une haine de la joie qui s'applique à faire de tout devoir une corvée (DV, 163), comme s'il mettait son zèle à faire du bien lui-même l'ennemi du bien.

D'un autre côté, le sentiment peut apparaître comme la motivation la plus réaliste, parce que la plus pragmatique, qu'il est humainement possible de donner à l'action[1]. Mais ou bien l'hédonisme fait du désir de bonheur une valeur morale, et alors c'est la morale elle-même qui est déjà choisie dans le désir de bonheur (DV, 59); ou bien, si le mécanisme des motivations est sa vérité naturelle, l'action n'est qu'une suite de réactions, ou une série de frustrations périodiquement régénérées en vue d'une même satisfaction, comme le manifeste l'exemple des couples qui ne réactivent leurs affects que sur fond de querelles régulières (DV, 149). Le sentiment n'est pas alors une force éthique, mais une force simplement physique, soumise, comme telle, aux chocs et aux mécanismes qui ont pour effet de détruire le sentiment par le sentiment, comme le désir peut tuer l'amour ou l'amitié (DV, 149).

Qu'il soit adopté comme une détermination supra-rationnelle ou comme une détermination infra-rationnelle de l'arbitre, le sentiment produit une situation étrange dans laquelle le sujet devient pour lui-même la justification hétéronomique de sa propre action. C'est pourquoi l'autonomie du choix réclame que le fondement subjectif des maximes soit l'unique influence, strictement intérieure, qui combatte toutes les autres. Il ne peut donc y avoir qu'un unique mobile vertueux: la simple représentation de la loi doit rendre influent le devoir, la pureté de l'intention être la force de la décision; la vertu est une lutte entre soi et soi-même.

Le sentiment moral

Le respect est, conceptuellement, un sentiment embarrassant (FMM, 68), puisqu'il est le sentiment qui convient à une éthique qui se refuse à s'appuyer sur le sentiment. Il suscite un intérêt pratique pur, une sorte d'intérêt sensible pour le désintéressement moral. Il reste incompréhensible d'un point de vue strictement objectiviste, tant que la volonté est abstraitement pensée comme la propriété d'un être raisonnable en général. Il n'est intelligible que du point de vue rationnellement subjectif qui caractérise l'éthique: «dans l'éthique, cette loi est pensée comme la loi de *ta* propre *volonté*, et non comme celle de la volonté en général» (DV, 60). Le respect concerne un

1. Le subjectivisme moral comprend les thèses d'Epicure (sentiment physique) et de Hutcheson (sentiment moral), d'après la classification de la deuxième *Critique* (CRPr, p. 40).

vouloir sensible ou affecté, il exprime la condition d'un être qui, dans sa nature, peut dépasser la nature.

La *Critique de la faculté de juger* distingue entre trois types de sentiments : celui des sens (le plaisir et la peine), le sentiment moral (le respect) et le sentiment esthétique (du beau et du sublime). Le premier ne se comprend que d'une manière physiologique, qui exprime la nature physique d'un vivre animal purement réactionnel. Mais les deux autres appartiennent à l'humanité parce qu'ils en expriment la dualité intérieurement vécue. Le sentiment est alors le propre d'un être qui n'est pas uniquement sensible, mais doué de raison. La *Doctrine de la vertu*, en tant que théorie de la subjectivité rationnelle, fait jouer à la dualité humaine un rôle théorique critique : il lui faut combattre le présupposé sceptique qui ramène la morale à un ensemble d'évaluations subjectives, ce qui rend vaine la recherche de principes *a priori* dans la morale. Aussi le dualisme éthique (la lutte contre soi-même) a-t-il pour effet d'évincer le dualisme sceptique qui consiste à ranger la moralité du côté des motivations empiriques et des affections, en les mettant à l'écart de l'activité rationnelle. C'est ainsi que le respect, en expérimentant la contrainte de la loi sur la sensibilité, se présente comme une certaine expérience de la raison au sein de la vie intérieure, d'une raison qui se fait subjectivement morale.

Le respect est, négativement, ce qui arrête les prétentions de la sensibilité à dominer l'existence, faisant la preuve que l'appétit n'est pas exclusivement vaincu par l'appétit, selon un processus mécanique aveugle. S'il « humilie » la sensibilité (CRPr, 78), ce n'est que dans les aspects présomptueux ou extravagants que prend le délire de l'amour de soi. Cette atteinte portée à l'amour-propre (FMM, 68) rectifie pratiquement ce qui se voudrait pathologiquement souverain. Mais le respect est aussi un sentiment positif (CRPr, 79), au sens où il se confond avec la loi morale[1], ce que désigne synthétiquement le terme de *sentiment moral* également défini comme une *aptitude* (R, 47). Une telle aptitude[2] suggère un état de la sensibilité antérieur à la réception des contenus empiriques qui la font verser dans l'agitation pathologique ; elle évoque une sensibilité encore disponible, en quelque sorte, extérieure aux manifestations possessives ou agressives qui

1. « Dans sa positivité, il se confond avec la loi comme mobile, plus qu'il n'en dérive », G. Deleuze, *La philosophie critique de Kant*, PUF, 1971, p. 67.

2. Kant « demande à une disposition originaire de la nature humaine le fondement subjectif grâce auquel la raison peut devenir pratique et le respect un mobile pour la liberté ». J. Nabert, *Note sur l'idée de mal radical chez Kant*, in *Essai sur le mal*, PUF, p. 183.

proviennent de l'excitation et de la comparaison. Ce « silence des passions », pour emprunter le langage de Rousseau, s'assimile à une posture d'accueil de la loi morale. Le respect remplit ainsi sa fonction pratique, il est « quelque chose pour lequel n'est possible aucun sentiment *antérieur* » (CRPr, 126), il prouve, par la sensibilité, que la moralité peut être un mobile par elle-même. Il se substitue aux équivocités d'un *sens moral* aussi mystérieux que polysémique et qui sert bien souvent à n'exalter qu'un irrationalisme extravagant (DV, 58).

Le respect n'est donc pas simplement une limite que l'éthique impose à la subjectivité pathologique, il est aussi une conquête de l'éthique, une sorte d'esprit des lois de vertu, par quoi la subjectivité humaine, dont la dignité personnelle est fin en soi, sert aussi à signifier la valeur sacrée de la loi morale. Le respect de soi, comme celui d'autrui, n'est possible qu'à la condition de regarder l'existence incarnée des hommes comme une existence à la fois sensible et libre. Or ce n'est pas faire du corps un objet de respect que d'exalter la nudité des appétits ou la brutalité des penchants ; s'il arrive que la puissance des instincts devienne un objet de louange ou de fascination, il a d'abord fallu se débarrasser de la dimension inhibitrice du respect et se donner d'autres mesures d'évaluation, comme le pouvoir de s'exploiter soi-même ou de dominer le plus grand nombre. Le respect qui, dans la *Doctrine de la vertu*, s'applique au corps aussi bien qu'à l'intelligence et aux sentiments, ne semble prendre pleinement son sens que sur le fond de ce pouvoir étrange du libre arbitre qu'est la possibilité du crime contre soi-même : se vendre, aliéner l'usage de son corps, se laisser mutiler, abaisser, faire de soi-même un objet de mépris etc. L'éthique du respect est ici, au niveau des déterminations originaires de la valeur de l'intention, subjectivement fondatrice pour le choix du droit : c'est « la *doctrine de la vertu* qui commande de tenir pour sacré le droit des hommes » (DV, 66).

Il faut, en effet, qu'il existe un rapport moral de l'individu à lui-même pour faire subjectivement de l'humanité, en lui-même et en autrui, un principe de dissuasion éthique contre l'exploitation technique de ses ressources corporelles, intellectuelles et affectives. L'homme a des devoirs envers lui-même en tant que son être sensible est celui d'un être de raison, devoirs envers son être physique, intellectuel, social et moral, qui font des devoirs qu'il doit à autrui des devoirs qu'il se doit à lui-même (DV, 117). En choisissant le principe de la *perfection personnelle* pour principe général de tous les devoirs envers soi, (au lieu d'une perfection imposée par autrui) la *Doctrine de la vertu* distingue entre l'exploitation de soi et le développement de soi. En faisant du *bonheur d'autrui* le principe général de tous les devoirs envers les autres, elle interdit de vouloir, à la place d'autrui, même son propre perfectionnement, même sa propre moralisation.

Une éthique téléologique

C'est une téléologie morale qui permet de passer d'une statique à une dynamique du respect. Or le besoin de fins caractérise naturellement la sensibilité. Ce besoin est techniquement téléologique lorsqu'il réclame la force mobilisatrice du sentiment pour susciter l'énergie d'agir (DV, 56). Aussi le besoin de finalité signifie-t-il une faiblesse quand l'humanité raisonnable est regardée du point de vue nouménal, indépendamment de la sensibilité : la forme de la loi doit suffire à déterminer une volonté objective de moralité. Mais l'écrit sur la *Religion* pose que la loi *s'élargit* et que la raison pratique *dépasse* la forme de la loi lorsqu'il s'agit « d'admettre la fin morale dernière de la raison parmi ses motifs déterminants » (R, 27, note). Une téléologie éthique est donc indispensable pour rendre la raison subjectivement pratique dans un être sensible.

Le souverain bien est conçu de manière finale par la deuxième *Critique*, et il prend en compte à la fois la nature sensible et la nature rationnelle de l'homme. La *Doctrine de la vertu* se situe dans ce contexte en ce qu'elle suppose « l'*existence empirique en général de la raison*, c'est-à-dire son insertion, en tant que *raison humaine*, dans une *nature* empirique et contingente pour elle »[1]. La vertu est ainsi la fin que doit se donner un être de raison qui est aussi un être de la nature. Elle se définit téléologiquement comme une fin qui est en même temps un devoir (DV, 55).

Mais l'homme sensible est empiriquement inscrit dans la chaîne des causes et des effets indéfinis des relations de réciprocité naturelles. Les descriptions que la *Métaphysique des mœurs* donne du *plaisir de satisfaction*, qui ne vise l'action que pour ses bénéfices empiriques, en font ressortir les limites physiques en même temps qu'elles soulignent, comme le faisaient déjà les *Observations sur le sentiment du beau et du sublime*, la profonde ambivalence des motivations affectives. L'amitié se révèle être un moyen d'avantages réciproques. Le respect, pragmatiquement compris, se confond avec la peur qui fait honorer les hommes pour leur puissance. La générosité ou la bienveillance mobilisent la joie de goûter le sentiment de sa propre supériorité. Si l'on adopte ce réalisme empirique, force est de reconnaître que, réduits

1. B. Rousset, *La doctrine kantienne de l'objectivité*, Vrin, 1967, p. 510.

à leurs aspects strictement phénoménaux, les sentiments se lient et se repoussent, au gré des intérêts, à la manière d'une nature physique. L'ingratitude, la misanthropie, le ressentiment ou la haine font incontestablement partie des ressources de l'existence sensible ; l'amour et l'amitié sont des raisons pragmatiques de remédier à l'infériorité d'autrui, quand celle-ci procure une source paradoxale de plaisir. D'une façon générale, « le penchant est aveugle et servile » (CRPr, 127) par sa propension inévitable à l'asservissement de soi ou d'autrui. C'est donc une illusion de confondre le point de vue physique avec un point de vue pratique, une illusion qui cache la morne redondance des mêmes intérêts, inlassablement recommencée. Une philosophie exclusivement physique de la vie ne peut engendrer une éthique de la vie.

Il faut donc qu'une autre téléologie soit possible, non plus pragmatique, mais pratique, qui fasse apparaître l'existence physique, intellectuelle et morale – dans les rapports à soi-même –, l'amour, la sympathie ou la bienveillance – dans les rapports à autrui –, comme des réalités qu'il est digne d'estimer, de vouloir et de cultiver. La *Doctrine de la vertu* assume cette tâche en en appelant à la pure finalité définie par les *Fondements*, finalité qui suspend l'usage instrumental des fins parce qu'elle est fin qui ne peut être le moyen d'aucune autre : l'humanité comme fin en soi, finalité absolument indisponible. Cette qualité d'humanité est subjectivement définie dans l'éthique, comme la propriété inaliénable de se *proposer des fins* : « je ne puis jamais être contraint par autrui à *posséder une fin*, c'est moi seul qui détiens le pouvoir de *me* proposer quelque chose comme fin » (DV, 51). La moralisation de la conception des mœurs est donc synonyme de leur « désinstrumentalisation ».

La téléologie éthique surmonte ainsi une difficulté du pragmatisme sentimental : il est absurde de vouloir commander à un individu d'avoir des sentiments, même bons, comme il est absurde de vouloir être ce que l'on est déjà : la bienveillance, par exemple, ne peut être dite bonne en tant qu'elle est une inclination psychologique ; elle n'est morale que si elle est un devoir. Aussi l'éthique porte-t-elle sur le surcroît de sens et d'intentionnalité que l'activité volontaire ajoute à la nature : « *rends-toi plus parfait* que la seule nature ne t'a créé » (DV, 92). Quand il s'agit du devoir de cultiver ses facultés, la vertu ne concerne que l'effort et le mérite, ce qui n'est pas donné dans le don, mais qui lui confère plus de valeur que ne lui en donne la nature. La volonté ajoute à l'expérience un supplément de finalité ou d'éthicité qui ne développe la nature que dans le sens de l'humanité. Il en va de même dans les rapports à autrui, la vertu concernant la part de « gratuité » ajoutée par la finalité aux relations nécessaires et conditionnées : « je dois sacrifier une partie de mon bien-être à d'autres sans espérer de compensation, parce que cela est un devoir » (DV, 65). L'amour prend alors une signification pratique non pathologique, il est devoir de faire siennes les fins d'autrui, indépendamment de toute préférence ou répugnance affective. La bienveillance peut se définir aussi de manière pratique ; elle n'est pas alors limitée à son utilité pour quelques individus, mais conçue comme un devoir d'entraide qui réunit « dans une même demeure » tous les êtres raisonnables soumis à des besoins (DV, 130).

Un subjectivisme entièrement immanent peut donner lieu à une philosophie pragmatique du bien dans la figure technique d'un utilitarisme moral. En ce cas, l'utilité que chacun peut donner à sa vie pour le plus grand bien de tous les autres définit ce qui est empiriquement le plus souhaitable. Pourtant, cette conception utilitariste ne suffit pas à qualifier la valeur inconditionnelle, « sublime », de l'humanité en tout homme, valeur qui est au-delà de toute utilité et qui ne peut être utilisée au nom même du bien. La facture téléologique de la vertu étend ainsi l'exigence des fins au-delà des effets empiriquement désirables de l'action. C'est pourquoi l'on peut dire aussi que l'éthique élargit les principes de la cohabitation au-delà des rapports de droit, elle les augmente d'un surplus d'activité volontaire qui met le pardon au-dessus de l'offense (DV, 138), l'estime au-dessus de la coutume (DV, 142), le don au-dessus de la compassion (DV, 135).

Problème d'un « schématisme » moral

Le perfectionnement de soi, comme la contribution à l'augmentation du bonheur d'autrui sont définis comme des devoirs larges (DV, 63) ou des obligations imparfaites, ce qui signifient qu'ils commandent l'intention sans déterminer, comme c'est le cas pour les devoirs de droit, la forme de l'exécution. Les questions de savoir jusqu'où, dans quelles circonstances, envers qui etc. ils doivent être, selon les cas, appliqués donnent lieu à une casuistique, et non à un exposé détaillé de toutes les occasions de la vertu, qui serait illimité. D'une part, il s'agit là du caractère spécifique d'une éthique du respect : la vertu doit toujours être un commencement, l'acte original et libre du libre arbitre. Mais on peut considérer, d'autre part, qu'il s'agit aussi de la limite de l'éthique critique. Il manque à la *Métaphysique des mœurs* le schématisme qui permet à la *Métaphysique de la nature* d'identifier ses principes dans l'expérience. De là le succès de la critique hégélienne, jugeant que la raison législatrice se borne à être une raison « examinatrice », incapable de déterminer entièrement la volonté dans son rapport à l'expérience [1].

Pour ce qui concerne la tâche d'une doctrine de la vertu, il semble utile de se garder d'un malentendu : le fait que l'éthique n'impose pas de vertus dans le détail, en fonction d'un catalogue exhaustif, signifie-t-il qu'elle est impuissante à déterminer entièrement subjectivement le libre arbitre ? Il paraît difficile de le penser sans contradiction. Car la vertu doit rester dans son être, le libre arbitre, un devoir-être. Et si la *Métaphysique des mœurs* déterminait la vertu comme empiricité, par son efficacité expérimentale, il lui suffirait d'en faire une bonne habitude (DV, 79), un bon sentiment, un moyen utile à la vie domestique, sociale ou politique. L'application déterminerait le principe, ce qui est contraire à la méthodologie proprement métaphysique de la Critique. Un schématisme socialement ou politiquement déterminant donnerait lieu à une tout autre éthique, non critique.

Appliquer un procédé *théorique* de schématisme en éthique est précisément l'erreur que commet le fanatique, qui prend pour schème empirique ce qui doit valoir comme un symbole de la moralité réalisée. Il s'agit donc, dans une doctrine de la vertu, non de déterminer l'intention par l'expérience, mais de déterminer le mode de détermination proprement moral du libre arbitre. Déterminer ses propres maximes par la finalité de la vertu, c'est rendre moral leur mode de détermination, ou encore, les déterminer à ne pas se déterminer empiriquement. La téléologie morale réalise cette injonction par ce qui pourrait être nommé, faute d'un meilleur terme, une « idéalisation » de l'action, et à la condition de ne pas confondre l'« idéalisation » critique avec un quelconque « enchantement » de type romantique. Par les fins que chacun érige en devoirs, l'humanité morale, idéale, peut commander à l'humanité empirique quand elle est voulue comme sa propre et suprême fin. La *Doctrine de la vertu* a pour efficacité pratique de subordonner les rapports pragmatiques à l'expérience au rapport éthique de l'homme à son existence. C'est un devoir de l'homme envers lui-même « que d'être, au point de vue pragmatique un homme propre à la fin de son existence » (DV, 121). Dans ses relations à soi et aux autres, chaque individu peut donc

1. « *Elle ne peut aller jusqu'à la politique. Elle ne parvient donc pas à être cette détermination totale du donné*, qu'elle ne pouvait être dans l'ordre théorique, mais qu'elle prétendait être, qu'elle commençait à être dans l'ordre pratique », B. Rousset, *op. cit.*, pp.513.

vouloir l'existence sensible elle-même comme ce qui destine l'individu à être une fin. C'est ainsi que les devoirs envers autrui font valoir, par les liens qu'ils rendent possibles, un certain type ou une certaine image de la coexistence par relations entre des fins, la vertu consistant à faire siennes les fins d'autrui.

L'éthique n'a pour but que de déterminer entièrement le vouloir par sa propre destination morale: «une fin est un *objet* qui doit précéder la détermination de la volonté par une règle pratique» (CRPr, 41). Il est donc clair qu'elle n'a de pouvoir que sur les maximes, et non sur la nature, qu'elle ne commande pas. C'est seulement une action technique, non une action éthique, qui agit efficacement, matériellement sur la nature. C'est la raison pour laquelle la morale a besoin d'un point de vue cosmique, ou d'un point de vue divin, celui d'un juge qui dépasse les limites subjectives de l'entendement, pour donner toute son envergure au problème de l'existence humaine en tant qu'être-au-monde de la raison. Aussi la question d'un accord entre la nature et les fins de la liberté dépasse-t-elle les limites subjectives d'une théorie de la vertu. La représentation sensible d'une finalité moralement intelligible est l'objet, esthétique et téléologique, de la troisième *Critique*. Quant à la représentation sensible de l'homme en tant que sujet d'une téléologie morale pure, le problème est affronté, dans la *Religon dans les limites de la simple raison* comme celui de la représentation qui convient au *caractère* ou à la *nature* de l'humanité, dans la mesure où cette nature désigne le fondement subjectif de l'usage de la liberté (R, 39).

Le problème du mal

Alors que l'aptitude au respect de la loi définit le sentiment moral, faut-il admettre aussi une aptitude à refuser la loi, qui serait plus originaire ou plus naturelle en l'homme ? La réalité du mal oblige la théorisation de la vertu à pénétrer plus avant dans l'intériorité humaine, au niveau du *cœur*.

Le paradoxe du mal est d'être à la fois le scandale de la liberté et la preuve de la liberté; c'est pourquoi il conduit à l'idée d'une duplicité foncière du libre arbitre, qui ne peut que blesser l'image de soi de l'espèce humaine. La question de la nature du mal pose conjointement le problème de sa réalité et celui de son origine. Au niveau anthropologique, la réalité du mal peut être dite *naturelle* au sens où elle est universelle et qu'elle permet de qualifier, au stade de l'observation, le caractère phénoménal de l'humanité en tant qu'espèce vivante. L'« innocence » attribuée aux sauvages n'est que comparative, relative au point de vue des convictions de l'observateur (R, 55). On peut donc parler d'un *penchant* universel ou inné (R, 50) au mal parce qu'il est anthropologiquement inextirpable et qu'il accompagne toute manifestation historique de l'existence du genre humain.

Pourtant, ce n'est pas au niveau de l'expérience que la nature du mal est intelligible. Il est impossible de comprendre la racine du mal à partir de ses manifestations phénoménales (R, 56). L'induction en la matière ne mène qu'à des généralités, à des représentations qui sont parfois naïves quand elles aboutissent à nier finalement la réalité intellectuelle et morale du mal pour mieux en souligner l'intolérabilité physique et le choc qu'il produit sur l'imagination. Deux conceptualisations extrêmes échouent ainsi dans leur tentative de théorisation, l'une qui consiste à le naturaliser ou à le physicaliser, l'autre à le diaboliser (*ibid.*). La première lui attribue la sensibilité pour unique origine, sans voir qu'en réduisant le mal à la *bestialité*, elle lui donne la figure d'une sorte d'innocence monstrueuse, dont la réalité est simplement infra-morale. La seconde attribue à la raison la cause de tout mal, comme si la réalité du mal, supra-humaine et supra-morale cette fois, pouvait faire de l'homme une sorte de démon ou de « malin génie » ; vouloir le mal pour le mal serait le fait d'un arbitre métaphysiquement nécessité par une intention *diabolique*, au lieu que le mal humain porte la marque de la perversion, d'une intention pervertie qui veut le mal comme un bien. Les deux thèses manquent, par leur extrémisme, l'essentiel, qui est de cerner ce qui rend précisément le mal *imputable* à la nature humaine. Le mal est donc méchanceté (en un sens non diabolique) ou malignité, c'est-à-dire volonté de mal faire ; il est scandale en tant que transgression délibérée. L'imputabilité ne concerne ainsi ni la sensibilité, ni la raison, mais la liberté elle-même. Le mal est de nature morale et il est *radical*, épithète qui ne décrit pas extérieurement les actions, mais qualifie ce qui précède l'acte, l'humanité qui s'y dispose de façon universelle et libre.

L'essence morale du mal est donc exprimée comme une corruption de l'intention, qui intervient au niveau du choix et qui opère une inversion entre la maxime et la loi : « il fait des mobiles de l'amour de soi et de ses inclinations la condition de l'obéissance à la loi morale » (R, 57). La formule ne conclut pas simplement que l'amour de soi est mauvais, constatation qui réduirait le mal à la perception qu'en donne globalement une éthique ascétique. Elle insiste sur le renversement du rapport entre le soi et la moralité, renversement qui fait de la méchanceté un choix universellement et communément praticable ; il suffit, en effet, d'agir de telle sorte que la loi que je prescris volontiers à autrui comme universellement valable serve d'abord à réaliser mon intérêt. La corruption est une « mentalité » qui se pratique aussi bien avec la plus parfaite bonne conscience (R, 58). Aussi peut-on dire que le mal est radical, universellement spontané, en ce sens qu'il n'est pas exceptionnel, et qu'il est vain de lui attribuer une causalité extraordinaire ou diabolique, quasi-inimitable par sa rareté ; il se présente bien plutôt comme la plus commune des tentations, à savoir le mensonge de chacun sur ses propres intentions morales, pourvu qu'il soit réussi. La thèse kantienne du mal radical, comme le concept arendtien de la *banalité* du mal, peut donc paraître théoriquement frustrante au premier abord, en ce que sa conceptualisation ne semble pas prendre en compte le sentiment de révolte que le mal inspire spontanément, surtout quand ses formes sont particulièrement inattendues ou spectaculaires. C'est qu'en effet, elle ne pense pas le mal au niveau de ses conséquences, mais au niveau de sa racine, en tant qu'il est une possibilité d'agir qui est la plus communément partagée. Elle en dévoile ainsi la condition la plus amère, qui rend dérisoires les prétentions dogmatiquement doctrinaristes en matière de vertu, à savoir que le mal s'insinue dans la volonté même du bien, en faisant du bien son moyen. Rien n'est plus ordinaire que de se montrer hostile au mensonge quand on est incapable, par anxiété, d'y recourir soi-même, ou pour faire comme tout le monde (R, 58). On donne alors à l'action l'apparence de la conformité à un devoir et ce, non par faiblesse – parce que la loi manquerait de force (R, 49) – mais par ruse et perfidie, parce que l'inversion des maximes est le moyen, toujours disponible, de tirer une sorte de satisfaction morale d'une conduite corrompue. C'est pourquoi « la seule corruption de fait qui soit significative est la *corruption du meilleur*[1]. Agir conformément au devoir, tout en sachant qu'il sert un intérêt destructeur des relations éthiques, est un mobile à la fois banal et ignoble en ce qu'il autorise la duperie sur soi et peut procurer la sérénité dans l'exécution du pire[2].

1. O. Reboul, *Kant et le probème du mal radical*, Les Presses de l'université de Montréal, 1971, p. 93.

2. Cette analyse, « singulièrement profonde et 'moderne' du mal », comme le fait valoir O. Reboul, trouve un certain nombre d'exemples dans l'œuvre kantienne. Ainsi de la cruauté qui consiste à damner un moribond ; de l'Inquisition qui oppose la lettre à l'esprit du devoir de croire ; de la raison d'Etat qui autorise la diffamation etc.

Le problème du mal fait de la nature humaine un problème. On ne peut, sans contradiction, imputer la méchanceté à la nature sensible des hommes, car il est incohérent de condamner moralement le mal tout en tenant le libre arbitre pour une réalité simplement physique, qui n'aurait donc pas le choix de la transgression. La nature humaine ne peut désigner «que le fondement subjectif de l'usage de la liberté d'une manière générale» (R, 39). La transgression n'est imputable qu'à la liberté qui se choisit elle-même, en une fois, dans la volonté du mal. Il y a bien là quelque chose d'insondable pour l'intelligence, qui peut, certes, condamner la méchanceté, mais non la comprendre. Le mal corrompt, à la racine, la maxime qui décide d'user du libre arbitre en vue de choix pervertis, maxime qui se substitue à l'unité que la loi procure aux intentions dans un être moralement sain. Les concepts empiriques sont impuissants à désigner cette intériorité originaire d'un choix pour le mauvais choix. Car il s'agit bien d'une *mentalité*, d'une *manière de penser* et de vouloir qui va bien au-delà d'un simple penchant empirique (R, 63); on parlera de *péché* au sens d'une forme d'esprit identifiée au *mauvais principe*, ce qui se traduit le plus adéquatement, dans le vocabulaire transcendantal, par le concept de *caractère*, parce que le terme peut s'appliquer à la fois à la réalité empirique de l'espèce humaine et à la réalité intelligible, purement intellectuelle, de l'Idée d'humanité. Le caractère intelligible désigne ainsi le choix libre de se donner un caractère qui se manifestera empiriquement dans l'exécution des maximes. Le concept remédie aux faiblesses et aux maladresses de la thèse innéiste, qui n'atteint régressivement que des causes qui ne sont jamais des raisons, des facteurs héréditaires qui ne sont pas des objets d'imputation juridique ou morale. Le caractère intelligible signifie le commencement du libre arbitre dans la liberté, il est «fondation d'un caractère» de l'humanité[1] (R, 71). Il est dit «intemporel» parce qu'une histoire du mal est impuissante à définir l'essence du mal. Il signifie que l'intentionnalité mauvaise décide par elle-même d'un certain caractère intérieur de l'humanité, dans lequel elle inclut la participation d'autrui (comme allié ou comme victime), ou qu'elle engage l'idée de l'humanité tout entière dans l'unité d'une même complicité, celle du mensonge, de la

1. Le choix du mal est la destruction radicale de la confiance dans le monde quand sa perversion de l'idée de l'humanité fait se demander si l'intention de détruire l'humanité d'un homme ne fait pas du bourreau «un dieu ou tout au moins un demi-dieu», cf. J. Améry, *Par-delà le crime et le châtiment*, Actes Sud, 1995, p. 73.

ruse ou de la violence. Cette intimité insaisissable du choix pervers est au-delà des causalités naturelles, proportionnées aux effets.

Le mal et la téoléogie morale

Le caractère intelligible échappe ainsi à toute science empirique du mal, juridique ou théologique. Il signifie – peut-être est-ce là l'aspect le plus terrible de la méchanceté – que le mal échappe à la logique des représailles et qu'il concerne, plus dramatiquement, la nature humaine en tant qu'elle constitue, méta-empiriquement, un objet de jugement. Ce qui est en cause, au niveau du mal, c'est le jugement que l'homme se fait lui-même de la nature humaine, jugement qui ne peut être expérimental, mais uniquement moral. La « balance de la raison pure » doit ici servir de tribunal (R, 44, note), ce qui implique qu'aucun jugement empirique ne peut ramener à soi la mesure de la sainteté pour en faire un facteur de représailles, ni celle de la faiblesse comme instrument de complaisance. La réalité du mal, en tant que propension inéliminable de la volonté, met donc gravement en cause la question des fins, et elle porte atteinte à la pensée de la vertu en tant que téléologie éthique. L'humanité peut-elle se choisir un caractère qui détruise sa propre destination ? Et puisque ce problème, théoriquement insondable, relève entièrement du jugement moral de l'humanité sur elle-même, faut-il conclure que l'homme doit juger l'humanité irréductiblement ou originairement mauvaise par son caractère ?

Si la problématique du mal prend place dans une théorie de la religion, c'est que la philosophie de la vertu a besoin d'être administrée sur un plan nouménal, au niveau du jugement moral de l'homme sur l'essence de l'humanité. La religion constitue ce point de vue car, en comprenant les devoirs de vertu comme des commandements divins, elle fait le lien entre la subjectivité sensible et l'objectivité morale. La religion est donc aussi une théorie de la vertu, une théorie des *mobiles* de l'action, et elle propose des mobiles qui puissent être *subjectivement* objectifs. La morale conduit à la religion (CRPr, 139) en ce sens qu'elle réclame une pure religion morale qui associe l'homme à lui-même, l'individu à l'humanité, d'une manière universelle et finale. La religion prend en charge l'insondable, le problème du caractère intelligible, en l'unissant à l'être subjectif sensible des individus. C'est en elle que l'intériorité morale trouve à se donner une expression figurée, imagée ou extérieurement symbolisée de sa destination. Il arrive que la religion effectue un « saut » dans l'invisible d'une façon simplement pragmatique, par les moyens de la superstition ou de la « thaumaturgie » (R, 77), en donnant aux miracles une fonction technique qui n'a rien de spirituel. Mais elle se nie alors comme religion morale et se manifeste plutôt comme une religion de la peur, soucieuse de recueillir les faveurs d'une divinité dont l'autorité, qui n'est qu'une sorte d'égoïsme transcendant, n'entretient avec les hommes que des rapports d'utilité réciproque.

Il est visible que le fait d'accorder au mal une complète souveraineté suffit à légitimer une version simplement cynique de la subjectivité morale, qui se borne à rendre impensable l'aspiration au bien. Le constat de la généralité empirique du mal est à même de fournir aux directeurs de conscience l'argument dont le *moraliste politique* fait le moyen de sa domination : juger la nature humaine inapte au bien, jugement qui simplifie singulièrement la relation du pouvoir aux individus. Il suffit de comprendre toute intention comme coupable et de condamner l'humanité, pour ses fautes, à la servilité que peut lui imposer une discipline mécanique.

Pourtant, quoique la réalité du mal puisse alimenter la tentation d'exercer un véritable pouvoir religieux, le pouvoir de condamner l'homme même contre sa foi, l'écrit sur la *Religion* n'adopte pas les principes et les conclusions d'une théorisation pragmatique et sceptique, de type voltairien. Mais il utilise les ressources de la rationalité critique en tant qu'elle permet de déchiffrer, dans les symboles de la foi, l'expression d'une pure volonté éthique. Un traitement critique de la représentation religieuse de l'homme est à la fois possible et nécessaire parce qu'une religion purement morale est précisément plus indispensable à l'éthique qu'une religion cultuelle et pragmatique. Pour le dire autrement, le besoin d'une expression religieuse de la destination morale de l'homme ne résulte pas empiriquement, anthropologiquement, de l'existence des Eglises ; il n'a sa source dans aucun pouvoir sacerdotal, et il peut être dit originaire. Il est donc rationnellement légitime de déchiffrer la symbolique religieuse à son point le plus haut, le mystère de la raison de vouloir des hommes, afin d'en retirer le pouvoir de signifier la dimension proprement humaine de leur vie, au-delà des ressources naturelles de l'entendement, qui ne sont qu'empiriquement figuratives. La *chute* est ainsi une manière de signifier synthétiquement, quasi-phénoménalement (R, 107) le mystère du caractère intelligible, la possibilité de se rendre bon aussi bien que mauvais. La volonté d'une régénération morale, d'un « triomphe du bon principe » ou le modèle d'« un homme agréable à Dieu » sont autant d'expressions symboliques d'une pure dynamique de l'intériorité morale, qui ont pour effet d'assumer la responsabilité du mal à l'intérieur de la volonté du bien. Elles confirment la nature intrinsèquement téléologique de toute vertu, qui ne pourra jamais se présenter autrement que comme une volonté de transformer sa mentalité. La volonté du mieux ou du meilleur n'est pas, comme le prononce le verdict hégélien[1], l'ennemi du bien, mais son unique possibilité interne, subjective. Le mal impose ainsi à la vertu sa facture téléologique; toute vertu étant condamnée, en quelque sorte, à ne valoir que contre le soupçon d'une méchanceté innée, elle se doit de restaurer la vocation *originelle* de l'homme au bien. Une religion morale n'est possible que par cette tâche, qui est de témoigner de la primauté de la destination morale pour en faire l'unique but de l'intention.

Il faut se représenter comme une conversion ou comme une *révolution* (R, 71) le renversement de cette inversion des maximes qui constitue le mal. Révolution qui signifie un acte décisoire inaugural dans lequel la liberté choisissant, en une fois, la volonté de la loi, s'identifie à l'essence ou au caractère originaire de l'humanité. Car si les choix humains peuvent être ignobles, c'est précisément parce que la volonté humaine peut ne pas l'être. Et quoique la détermination de l'arbitre par le mal soit imputable à la nature humaine en tant qu'espèce vivante, la détermination de l'arbitre par la loi est ce qui définit la disposition originelle de l'humanité. La première est phénoménalement liée à l'histoire du genre humain qui commence par le mal[2]. La seconde fait de la vertu, en un sens nouménal, une pure « aptitude » (R, 33) et de la nature humaine une *pure possibilité* (R, 47). Ces considérations, dont la facture est passablement abstraite, puisqu'elles représentent l'homme comme un caractère intemporel engagé dans le temps, sont particulièrement précieuses pour ce qui concerne la fonction critique de la téléologie. S'il est possible de combattre, par la morale, les pseudo-moralismes aussi bien dogmatiques que sceptiques, c'est parce que l'existence phénoménale des hommes ne détermine ni n'achève la *possibilité* de la nature humaine, et que ses *dispositions*, qui sont des *aptitudes* à être homme ne font l'objet d'aucune appropriation empirique possible. Une téléologie morale pure interdit ainsi à toute morale de servir de caution

1. « Le plus grand ennemi du bien, c'est le mieux », Hegel, *Principes de la philosophie du droit*, § 216.

2. « L'histoire de la *liberté* commence par le mal, car elle est l'œuvre de l'*homme* », *Conjectures sur les débuts de l'histoire humaine*, trad. S. Piobetta, Aubier, 1947, p. 162.

spirituelle à un pouvoir qui prétendrait s'attribuer, à la place de la raison, la science des fins.

Sujet éthique et subjectivité esthétique

Le rigorisme kantien, explique V. Delbos, « a paru choquant parce qu'il semblait condamner les bons sentiments et interdire la joie naturelle de bien faire. Ce n'est pas là toutefois la pensée qui l'a inspiré »[1]. L'accusation de rigorisme, sommairement identifié à un idéal ascétique personnel du philosophe, n'est que l'expression du rejet de l'éthique kantienne. La morale ne commande ni de renoncer au bonheur, ni d'exécuter avec répugnance ce que le devoir ordonne, selon l'objection plaisante de Schiller[2]. Toutefois, on peut entendre par « rigorisme » l'esprit et la facture d'une morale de l'obligation. Il ne consiste pas tant dans le fait que le devoir brime la spontanéité des appétits – les raisons pragmatiques de prescrire des interdits font la même chose, même si elles sont au service du bonheur ou de la puissance – que dans le fait qu'il n'existe pas d'accommodements, d'aménagements dans l'exécution de la loi, qui ajusteraient le devoir aux moyens d'un bonheur plus facile à atteindre. La raison se veut elle-même dans la loi, et l'impératif catégorique a d'abord pour effet de « libérer » la morale elle-même de tout anthropomorphisme éthique. Ce qui donne à l'éthique critique sa facture spécifique : la subjectivité doit se rendre objective en se donnant des *principes* pour mobiles. Le sentiment, aussi loin qu'on veuille l'associer à la vertu, n'engendrera jamais aucun devoir-être du sentir.

Ce n'est pas dans l'éthique, mais dans une critique de la faculté de juger esthétique que le sentiment est examiné en tant que sentiment vital. Reprenant la distinction déjà utilisée dans les *Observations sur le sentiment du beau et du sublime*, Kant associe le beau à un épanouissement des forces vitales, le sublime à un arrêt de ses mêmes forces, suivi d'un « *épanchement* de celles-ci beaucoup plus fort » (CFJ, § 23, 85). Le spectacle de la nature provoque un plaisir auquel nous nous attardons volontiers, et nous nous appliquons à faire durer cet état de réceptivité inhabituel qui nous rend attentifs aux formes des choses, aux pures combinaisons de formes que la nature manifeste, comme si elle-même engendrait ces associations et ces accords pour notre seule joie. Tel est le sentiment du beau. Cette réceptivité à la

1. V. Delbos, *op. cit.*, p. 272.

2. Kant s'explique, à l'intention de Schiller, sur la « mentalité de chartreux » supposée dans l'intention morale (*Religion*, p. 42, note).

beauté constitue le goût, et l'on estime que c'est avoir du goût que de juger belle la nature.

Le spectacle du monde sensible est également en mesure de susciter l'effroi ou une admiration qui confine à la peur, et cela d'une manière purement esthétique, c'est-à-dire sans que la crainte ait de cause réelle, l'apparence seule suffisant à l'émotion. Tel est le cas des manifestations grandioses ou des apparitions grotesques, violentes ou difformes des phénomènes naturels ; ils sont l'occasion d'un plaisir paradoxal, qui inclut aussi la peine comme une modalité du plaisir esthétique. C'est là ce qui caractérise le sentiment du sublime. Le sublime est dit *mathématique* lorsque le grandiose dépasse toute grandeur mesurable, *dynamique* lorsque la réalité fait paraître une force productrice formidable, disproportionnée à nos propres pouvoirs.

L'analyse du sentiment dans la troisième *Critique* a pour effet de découvrir une manière *esthétique* d'éprouver en soi-même la vie sensible, qui ne soit pas *pathologique*. La *Doctrine de la vertu* nomme encore « esthétique », au sens de « subjectivement sensible », le sentiment en général, mais en tant que modalité du sentir qui reste, du point de vue moral, pathologique. Relativement aux deux sphères de l'objectivité que sont la connaissance et l'obligation, la sensibilité reste passive[1] : elle est réceptive, dans la connaissance, et réactive, en tant qu'affectée, dans l'action. Ce qui change avec le plaisir esthétique, c'est le fait que la subjectivité ne se rapporte qu'à elle-même. En tant que forme supérieure du sentiment, le plaisir esthétique est un plaisir pur, uniquement provoqué par le libre exercice de nos facultés représentatives ; il est le plaisir d'être – car c'est un état – une pure activité de représentation. A la différence d'un plaisir pathologique, est *esthétique* le pur plaisir de juger, d'apprécier, d'adhérer. Le goût consiste dans le seul plaisir de juger belle la nature, plaisir pris à une libre évaluation. La distinction entre le sentiment de l'agréable, plaisir des sens, et celui du beau, plaisir de juger, suffit à marquer la distance qui sépare l'esthétique de l'esthésique, le goût de la sensibilité physique.

L'intelligibilité du plaisir esthétique réclame une véritable révolution méthodologique qui est assumée par une critique du jugement esthétiquement *réfléchissant*, par opposition aux jugements de l'entendement qui *déterminent* le savoir objectif et aux jugements de la raison qui *déterminent* l'objectivité d'une action. Ce qui

1. Aussi la première Critique commence-t-elle par juger inappropriée l'application du terme « esthétique » à une science sensible du beau, selon l'appellation récente qu'en fait Baumgarten (CRP, p. 54, note).

caractérise en propre le plaisir esthétique et qui autorise à dire que « le goût ne prétend qu'à l'autonomie » (CFJ, § 32, 118), doit être soustrait à tout objectivisme théorique aussi bien que pratique. Il ne peut donc y avoir qu'une critique, et non une science, du goût. Ni une science rationnelle du beau, parce qu'elle soumettrait le jugement esthétique à des concepts, ni une science anthropologique qui le ramènerait à un simple fait de type social, empiriquement collectif. Une critique respecte méthodologiquement ce qui fait du jugement esthétique un véritable jugement de valeur, la « faculté d'appréciation esthétique » (CFJ, § 33, 120) ne s'exerçant jamais comme une faculté démonstrative de la validité d'un concept, qu'il soit théorique ou pratique. L'objectivité du jugement esthétique elle-même en respecte la genèse subjective, et, quand le goût sollicite l'assentiment d'autrui, il postule l'adhésion possible d'une pluralité de subjectivités.

L'autonomie du jugement esthétique signifie qu'il n'est au service d'aucun intérêt, théorique ou pratique ; il est donc essentiel que le plaisir esthétique ne soit intrinsèquement d'aucune utilité. La dernière partie de la *Critique de la raison pratique* lui a déjà assigné sa place : la Méthodologie fait une présentation résumée du jugement esthétique pour lui attribuer une fonction originale et médiatrice, le pouvoir de faire transition entre le pathologique et le pratique : « tout ce dont la considération produit subjectivement une conscience de l'harmonie de nos pouvoirs de représentation et nous fait sentir le développement de tout notre pouvoir de connaître (l'entendement et l'imagination) procure une satisfaction qui peut aussi être communiquée à d'autres, quoique pourtant l'existence de l'objet nous laisse indifférents, parce que cet objet n'est considéré que comme l'occasion de découvrir en nous l'ébauche de talents qui nous élèvent au-dessus de la nature animale » (CRPr, 170). L'analyse du goût ne s'inscrit donc pas dans l'éthique, dans une théorie des mobiles moraux. La tâche de l'éthique étant, en effet, de rendre subjectivement pratiques des lois objectivement pratiques, il faut que la représentation du principe moral produise à elle seule l'énergie du faire ; tandis que l'analyse du goût fait entrer subjectivement dans la subjectivité, accéder de l'intérieur aux facultés, éprouvées comme des dispositions, des talents, ou des forces librement exercées, et qui découvrent par elles-mêmes l'étendue de leur pouvoir contemplatif, purement représentatif. Le jugement esthétique ne saurait donc ni prouver ni faire exécuter la loi ; mais il est un témoignage, spontanément vécu, de ce que la dualité de la nature humaine ne saurait en justifier aucune vision cynique, prétextant de l'amoralité de ses dispositions pour conclure que la vertu ne sera jamais qu'un leurre ou un fantôme[1].

Le sujet que considère la *Critique de la faculté de juger* n'est ni l'arbitre, ni le cœur, mais l'*esprit*. Comme tout jugement, celui du goût est analysable selon le fil directeur des formes catégoriales. Selon la qualité, le beau fait l'objet d'un jugement désintéressé, selon la relation, la beauté est comprise par le principe d'une finalité subjective. Il existe une « finalité du sujet par rapport aux objets, en ce qui intéresse leur forme ou même leur absence de forme » (CFJ, 38). La finalité subjective est caractéristique du jugement esthétique, de son libre rapport aux formes de la beauté. Il y a bien une révolution méthodologique qui prend résolument en compte la nature subjective du plaisir, le plaisir d'approuver la beauté en ne la rapportant qu'à soi, à une subjectivité qui trouve sa joie dans sa propre activité d'évaluer. Les facultés de connaître, l'entendement et l'imagination, se révèlent finales dans l'exercice du goût en ce qu'elles collaborent à la production d'un calme plaisir résultant de leur harmonie. Cette finalité est subjective puisque les facultés de connaître ne servent pas à connaître un objet, mais à provoquer le plaisir d'un sujet. Le sentiment d'un épanouissement de la vie est dû uniquement aux ressources propres des facultés représentatives.

Aussi la Critique s'engage-t-elle dans la voie d'une esthétique que l'on peut dire anti-intellectualiste : l'Analytique se consacre à l'exposition de la différence qui sépare le jugement de goût du jugement logique (théorique) aussi bien que du jugement pratique. Les thèses rationaliste sont écartées, et Kant n'adhère pas aux thèses récentes de Baumgarten qui mettent l'accent sur le concept plutôt que sur la satisfaction[2]. Si l'objectivité du beau signifie la représentation sensible d'une perfection, il faut admettre que sa différence avec un jugement logique consiste dans la présentation confuse d'un concept, confusion qui est une véritable contradiction[3], comme est, pour la deuxième *Critique*, l'idée d'un « sentiment intellectuel ». Une telle conceptuali-

1. Le paradoxe de l'éthique de la perfection est son incrédulité à l'égard de la nature humaine, qui lui fait mépriser finalement l'*effort* de l'homme vers la vertu « comme une vaine affectation et une présomption mensongère » ; comme si l'individu était incapable de sentir le « progrès de son jugement » (CRPr, p. 164). Aussi la Méthodologie insiste-t-elle sur le*plaisir* d'exercer son jugement, plaisir dont l'esthétique signale toute l'importance.

2. Sur l'histoire des théories esthétiques qui entourent le *Moment kantien*, voir L. Ferry, *Homo aestheticus*, en particulier les chapitres II et III.

3. *Première introduction à la critique de le faculté de juger*, trad. L. Guillermit, Vrin, 1975, p. 52.

sation manque ce qui fait précisément le caractère spécifiquement subjectif du jugement esthétique.

Le goût ne s'explique pas davantage par la pression des conventions sociales ; si l'on peut parler d'un *goût appliqué* (CFJ, § 16, 72) quand il est instruit ou érudit, le *goût pur*, qui se révèle dans la beauté librement attribuée par chacun à la nature, n'exprime pas un jugement *a posteriori*, il ne vérifie pas une appartenance à un groupe. Cette fonction « sociologique » du goût existe bien, mais elle relève d'une anthropologie descriptive de la vie sociale, non d'une critique de la genèse *a priori* du jugement. Aussi faut-il accepter que la spécificité esthétique du goût tienne à sa différence : il n'est pas démontrable. A la différence des jugements logiques et pratiques, on n'en peut prouver l'objectivité par une science de la nature ni par une science des devoirs.

L'examen critique du goût procède donc à l'approfondissement des raisons subjectives de juger. C'est ainsi que la subjectivité attribue aux belles formes une finalité qui ne vaut que pour elle-même, pour le plaisir procuré. La beauté désigne la « forme de la finalité d'un objet », finalité dont la caractéristique est de se passer de la « *représentation d'une fin* » (CFJ, § 17, 76) ou d'être une finalité sans fin. La beauté est donc *libre* ou librement jugée à l'aune de la satisfaction subjective, dès lors que les belles choses ne sont subordonnées à aucune utilité. Cette finalité, sans fin objective extérieure au sujet, échappe à toute instrumentalité, et évoque une sorte de manifestation gratuite de la nature en vue de nous plaire, comme si la nature se faisait, pour nous, productrice de belles formes. Cette productivité excédentaire et inouïe relativement aux rigidités du mécanisme n'est appréhensible qu'à une subjectivité réfléchissante, une imagination qui s'affranchit de la domination des concepts.

Si le beau est, selon la quantité, « ce qui plaît universellement sans concept », c'est que l'imagination, comprise comme la plus haute des facultés sensibles, exerce, comme pour elle-même, sans autre profit que la contemplation du sujet, sa compétence spécifique qui est de « présenter » le sensible, d'embrasser et de rassembler librement les apparitions multiples offertes à l'intuition. Dans l'expérience de la beauté, l'équilibre entre les facultés, d'où naît le plaisir, se fait ainsi au profit de l'imagination qui prend l'initiative ; elle schématise sans concept quand elle rassemble librement la matière de l'intuition, sans subordonner la phénoménalité au pouvoir de connaître, mais en autorisant le jeu des concepts. L'expérience de la beauté est ainsi l'expérience que le sujet fait de ses propres facultés lorsque celles-ci, n'étant ni dominées ni dominantes, s'élargissent et s'épanouissent en un accord final qui n'a d'autre fin, l'esprit se trouvant alors défini comme le « principe vital lui-même » (CFJ, Rem., 113), que le plaisir d'en éprouver l'animation ou la vitalité (CFJ, § 21, 79).

C'est pourquoi le désintéressement qui caractérise le goût, en tant qu'activité représentative, contemplative, ne correspond à aucune « vertu » de type spéculatif ou pratique. Ce n'est pas un plaisir qui serait, en quelque sorte, aseptisé. Nietzsche paraît conformer son propre jugement aux prémisses d'un idéal ascétique quand il croit déceler la domination, jusque dans l'analyse kantienne du beau, d'une exigence cognitive[1]. Mais le désintéressement n'amoindrit pas le plaisir, il le rend tout simplement possible. L'indifférence à l'*existence* de l'objet est ainsi la marque d'une sensibilité libérée de l'emprise du monde extérieur, affranchie des contraintes du savoir et de l'action. Les objets ne sont ni à consommer, ni à dominer, ni à transformer ; le jugement ne réfléchit, dans les formes et les accords, que les apparences qui lui plaisent.

Signification esthétique du respect

Le sentiment du beau n'est donc en rien dans la dépendance de la morale, dont il ne saurait être dérivé. Son désintéressement même est une propriété esthétique, et non éthique. Mais son intérêt philosophique est capital pour la représentation de la nature humaine, représentation qui importe à la morale. Ce qui compte alors n'est pas la connaissance de la loi, mais la possibilité de traiter la sensibilité, l'entendement et la raison comme des dispositions naturelles. L'approche critique du jugement esthétique est décisive parce ce qu'elle n'impose pas de l'extérieur cette représentation, comme le point de vue théorique d'un savant – il ne s'agit pas, en effet, de produire une science du beau –, mais parce que l'expérience du sentiment montre que les facultés sont des dispositions à un *accord* final. Alors que le sentiment du beau concerne l'accord entre l'entendement et l'imagination, le sentiment du sublime concerne l'accord, paradoxal, entre la raison et l'imagination.

Le sublime introduit le sentiment de peine dans le registre de la valeur esthétique. Le sentiment du sublime s'éprouve subjectivement à l'occasion des manifestations de la nature pour lesquelles l'entendement ne peut fournir aucune mesure ni de leur grandeur ni de leur puissance. Aussi l'imagination ne peut-elle plus jouer avec les

1. O. Chédin, *Sur l'esthétique de Kant*, Vrin, 1982, p. 17.

concepts de l'entendement et n'éprouve-t-elle plus l'heureuse et calme harmonie qui résulte, dans le beau, d'une collaboration finale des facultés. Il lui faut sortir des limites conceptuelles de l'entendement pour chercher, dans les Idées de la raison et dans leur extension transcendante par rapport à l'expérience phénoménale, la mesure d'une démesure. La subjectivité se trouve ainsi entièrement renvoyée à elle-même, à l'épreuve tout intérieure de la dysharmonie que lui révèle cet usage de ses facultés, à la disproportion qui existe entre la sensibilité et la raison. Ici la «matière» du jugement esthétique importe plus que sa forme, car elle est constituée par l'intuition humaine elle-même qui n'éprouve sa propre force qu'à l'occasion d'une expérience qui la met précisément en échec.

Cette complexité du rapport à soi qui se révèle dans ce rapport à la nature fait la sublimité du sentiment du sublime, et elle permet de comprendre la joie qui accompagne esthétiquement l'expérience de la peine. Car c'est le sentiment du sublime qui est, par lui-même, la mesure d'une démesure, l'épreuve paradoxale d'une impossibilité d'éprouver. La souffrance qui s'expérimente alors esthétiquement, en tant que forme supérieure du sentiment de peine, vient de ce que l'imagination revendique pour elle-même l'étendue et la force de la raison, rivalisant ouvertement, mais vainement, avec elle. Il est esthétiquement sublime de pouvoir ressentir cette peine avec joie, car la peine provient de l'échec, tandis que la joie résulte de l'extension inouïe du pouvoir de l'imagination. De sorte que la dualité entre sensibilité et raison, qui, dans la pratique, fait s'opposer l'une à l'autre la passivité et l'activité du sujet, se trouve intériorisée dans la dynamique de la plus haute des facultés sensibles. L'incapacité de donner à une Idée sa mesure, celle d'une totalité inconditionnée, me fait éprouver que ma nature, parce qu'elle fait cette tentative, dépasse la nature: il m'est impossible de «naturaliser» une illimitation. L'imagination expérimente l'impossibilité de rendre entièrement intuitive une Idée à laquelle elle est pourtant invinciblement portée, mais qui déborde toute présentation fragmentaire. De là la joie qui se mêle à la douleur de l'impuissance dans le spectacle de grandeurs inappréhensibles, de forces excédant toute domination.

Parce qu'il indique une grandeur et une force qui sont en quelque sorte «surréelles» par rapport toute réalité phénoménale, et «surnaturelles» relativement à toute mesure naturelle, le sublime peut être, lui aussi, analysé selon le critère spécifiquement esthétique du jugement, qui est celui de la finalité subjective: «il est final de trouve toute mesure de la sensibilité insuffisante» (CFJ, § 27, 96). Il est final, en effet, que notre sensibilité ne puisse expérimenter autrement notre destination morale. L'insuffisance de l'imagination y est ici révélation, révélation sublime de la destination que nous découvre la morale; toute unité de mesure est petite au regard de la grandeur de notre tâche. La sensibilité n'est aucunement humiliée par l'épreuve d'une impuissance que, pourtant, l'imagination fait au comble de sa puissance même. Kant nomme *respect* pour la destination finale de l'humanité cette manière d'en rendre l'infinie supériorité paradoxalement intuitionnable: «le sentiment du sublime dans la nature est le respect pour notre propre destination» (CFJ, § 27, 96). Le paradoxe est d'éprouver une impossibilité, l'impossibilité de réduire une Idée à une intuition. C'est le même sujet qui suscite et en même temps subit cette épreuve-limite. C'est pourquoi le sentiment du respect trouve place aussi dans l'esthétique; il s'effectue un déplacement qui va d'un rapport esthétique à la nature à une relation esthétique entre l'homme et l'Idée d'humanité. Cette figure du respect est assimilable à une «estime de soi» que le sujet éprouve à l'égard de lui-même en tant qu'esprit: «l'esprit se sent grandir dans sa propre estime» (CFJ, § 26, 95).

Ici doit s'arrêter une exposition du sentiment esthétique simplement rattachée à son origine subjective. Quand elle se porte à la hauteur des Idées de la raison, en effet, l'analyse du sublime, fait une incursion dans la métaphysique qui réclame, pour son intelligibilité, la prise en compte de tous les enjeux du mode de penser téléologique. Il est toutefois possible d'apprécier la manière dont l'analyse du sentiment a pu correspondre à la fonction médiatrice que lui assignait la Méthodologie de la *Critique de la raison pratique*.

La Méthodologie attirait tout particulièrement l'attention sur l'échec qui menace toute pédagogie morale quand elle entend mettre au service de l'éthique la force supposée empiriquement attractive des exemples. Cette didactique de l'exemplarité est à la fois crédule et infra-morale, dans la mesure où la subjectivité sensible, pathologiquement réactive, est toujours tentée de faire son bénéfice de l'intérêt même de la morale; l'*ego* trouve à s'aimer lui-même dans le bien qu'il voit faire aux autres; aussi trouve-t-il, dans les illustrations qui lui sont proposées pour leur hauteur et leur rareté, des raisons finalement pragmatiques et amorales d'admirer. Or ce n'est pas à l'exécution de la loi que la Méthodologie rattachait le rôle de l'expérience esthétique, mais à la perspective d'une *culture* morale (CRPr, 172), dont le sentiment esthétique doit pouvoir révéler par lui-même la possibilité. On peut constater que la partie esthétique de la

Critique de la faculté de juger reprend les mêmes considérations : toute didactique moralisatrice est exclue, car il est erroné de faire du sentiment moral une figure de la *Schwärmerei*, un enthousiasme qui se substitue au respect. Un tel pédagogisme ne révèle que sa propre peur de la faiblesse des Idées (CFJ, Rem., 111). En revanche, le sentiment moral est mieux défini comme la déterminabilité du sujet sensible par l'Idée de liberté, dont Kant souligne qu'elle est « tellement apparentée à la faculté de juger et *à ses conditions formelles*, qu'elle peut servir à représenter la légalité de l'action faite par devoir comme esthétique aussi, c'est-à-dire comme sublime, ou même comme belle, sans en altérer la pureté » (CFJ, 104).

Aussi le goût peut-il être présenté comme une aptitude qui peut être *cultivée* parce que le beau « prépare à aimer d'une manière désintéressée, même la nature » (CFJ, 105). Or un tel amour esthétique de la nature ne peut être produit par la nature, qui procède mécaniquement et avec indifférence ; il révèle donc la manière dont les hommes se donnent une représentation cultivée, esthétisée, de leur propre appartenance à la vie sensible. Utilisant les principes critiques de l'analyse du beau dans ses *Lettres sur l'éducation esthétique de l'humanité*, Schiller les développe résolument dans la voie d'un véritable humanisme esthétique, en insistant tout particulièrement sur la possibilité de substituer une approche esthétique à une approche pratique de la sensibilité. C'est ainsi que l'expérience de la beauté apparaît comme ce qui libère la sensibilité d'elle-même, de sa propension à la domination. La sensibilité se découvre ou se redécouvre ainsi, esthétiquement, comme une faculté au sens originaire d'une disposition, d'une pure disposition à accueillir le monde. La sensibilité s'éprouve, dans la beauté, comme disponibilité à l'accueil des formes.

Si l'analyse kantienne se prête à ces développements, c'est dans la mesure où elle permet de donner accès à une connaissance de soi de la subjectivité qui n'est pas conceptuelle, mais intérieure et sensible. La subjectivité ne jouit de la nature que quand elle échappe à toute relation instrumentale avec elle ; elle jouit de la liberté de s'affranchir elle-même des contraintes de l'efficacité, de l'utilité, de l'opportunité. Elle éprouve ainsi le plaisir de n'être *pas liée* à la nature par le besoin, et elle échappe aux modalités pathologiques et réactionnelles de l'urgence vitale. Si la beauté ne tient pas aux ornements qui flattent et distraient le désir (CFJ, § 13), c'est que la nature peut cesser d'apparaître, dans le goût, comme un ensemble d'agréments ou de désagréments, et que la jouissance cesse d'être identifiable à l'intensification de la seule utilité de l'existence.

Le sentiment du beau, et plus encore celui du sublime, accèdent au point où la subjectivité éprouve sa force vitale elle-même comme un libre dépassement de toute satisfaction réduite à un sentir purement pathologique et déterminé. La faculté de juger esthétique surmonte ainsi l'opposition logique et pratique entre subjectivité et humanité, elle enseigne à comprendre l'humanité, de l'intérieur, comme une subjectivité qui ne se connaît que par sa destination.

Le sentiment du sublime peut donc être dit « semblable au sentiment moral » (CFJ, 105) en tant qu'il exprime un « élargissement de l'esprit qui se sent capable de dépasser les bornes de la sensibilité dans une autre perspective, qui est pratique » (CFJ, § 27). Un lien subjectif entre la raison et la sensibilité est donc esthétiquement possible et, en tant qu'il fait l'expérience d'une satisfaction exaltante, il rend l'esprit sensible à ce qui est proprement sublime en sa destination. Si le beau ennoblit la nature, le sublime révèle à elle-même la noblesse de la nature humaine : est sublime, en l'homme, le fait que le dépassement de sa propre nature sensible lui soit révélé comme une *disposition* intrinsèque à sa nature elle-même.

CHAPITRE VII

DE LA NATURE À LA LIBERTÉ

Le pouvoir législateur de l'entendement est théoriquement *déterminant*, et les lois de la nature sont constitutives de la forme universellement connaissable de toute l'expérience possible. Mais l'expérience renferme une multiplicité d'événements si particuliers et hétérogènes qu'ils se présentent comme un obstacle à l'intelligibilité formelle. Le pouvoir législateur de la raison est *déterminant* pour les lois de droit et de vertu que leur formulation universelle rend impérativement exigibles. Mais la *Doctrine de la vertu* évoque la multiplicité inépuisable des cas particuliers qui font de l'expérience vécue un ensemble d'événements et de circonstances, une pluralité de particularités occasionnelles.

Le pouvoir de la volonté, qui agit sur les représentations humaines, ne peut influencer ni transformer démiurgiquement la matière ; il est impuissant à adapter merveilleusement la nature, par la production d'un bonheur approprié aux mérites de chacun, à l'effort vertueux. L'expérience doit donc être considérée dans son pouvoir de se manifester aussi hors des cadres formels et normatifs de l'universalité ; le réalisme empirique fait constater sa multiplicité radicale, ses apparitions fragmentaires en agrégats hétérogènes.

Empiricité et contingence

En tant que chercheur, en tant que *Naturforscher* qui se livre à l'observation et à la description de la nature, Kant a lui-même fait ressortir, dans le registre de la géographie et de l'histoire, cette diversité factuelle. En témoignent ses travaux sur les races humaines, qui conçoivent leur pluralité phénoménale comme le mode d'être empirique du genre humain. Les descriptions de l'*Anthropologie du point de vue pragmatique* prennent également en compte les particularités réelles qui différencient les hommes, soit individuellement, par le tempérament, soit culturellement, par les caractéristiques propres aux comportements nationaux. Autant d'expériences dont la multiplicité peut figurer, dans le domaine anthropologique, parmi celles que Kant classe dans le registre des « lois empiriques » (CFJ, 31) de la nature, et qui sont dites « particulières » au regard des lois universelles de l'entendement. Au niveau de l'observation plus fine du détail, c'est l'individualité elle-même, l'individualisation extrême de la vie dans la singularité inimitable des visages, qui paraît renfermer un mystère pour l'universalité des catégories scientifiques [1].

Le point de vue de l'empiricité révèle ainsi une sorte de donation virtuellement infinie ou inépuisable de la phénoménalité, particulièrement repérable dans la variété surprenante des êtres vivants [2], et qui suscite l'interrogation sur la possibilité de sa *genèse* dans la nature. Car il fait apparaître une diversité *réelle*, qui n'est pas réductible à la diversité simplement formelle de l'intuition spatio-temporelle où se construit mathématiquement le concept *a priori* des objets. C'est une pluralité qui « résiste » à la conceptualité physicienne, à l'homogénéité intellectuelle conquise, pour son application, par le schématisme de l'entendement [3].

Cette factualité du divers conduit alors à regarder l'entendement lui-même d'un autre point de vue que celui des formes de l'intelligibilité théorique de la nature, du point de vue où l'expérience elle-même se révèle « inquiétante », par sa disparité sans bornes, pour les pouvoirs de la science : « il se pourrait faire que la multiplicité et l'hétérogénéité des lois empiriques fussent si considérables que, tout en nous montrant bien capables de lier des perceptions en une expérience, de façon partielle, d'après des lois particulières découvertes occasionnellement, il nous soit cependant tout à fait impossible de ramener ces lois empiriques à l'unité de leur affinité sous un

1. « Dans chaque visage humain on trouve une certaine originalité (pour ainsi dire un véritable dessein) qui marque exactement l'individu pour des fins particulières », *Sur l'emploi des principes téléologiques en philosophie*, trad. S. Piobetta, Aubier, 1947, p. 185.

2. La variété et la complexité des organismes vivants renvoie la problématique de la contingence à la téléologie objective, c'est-à-dire à la deuxième partie de la troisième *Critique.* Toutefois, la finalité subjective de la nature est également reconnue comme « une liaison des expériences particulières » (CFJ, § 61, p. 181).

3. *Première introduction à la critique de la faculté de juger*, *op. cit.*, p. 28.

principe commun» (PI, 28-29)[1]. Cette présentation quelque peu dramatisée souligne l'importance que signifie, pour la théorie de la nature, le phénomène de la contingence du réel.

L'expérience la plus immédiate de la contingence ressortit à l'exercice le plus ordinaire de la réflexion. Lorsqu'un médecin, par exemple, doit décider du traitement qui convient à la souffrance particulière d'un patient, «l'entendement ne suffit plus à comprendre et à expliquer» (CFJ, 19). Il ne s'agit pas, en effet, de comparer plusieurs cas pour en tirer un concept général, mais de découvrir quelle connaissance il convient de solliciter pour l'adapter à l'unicité d'un cas particulier. L'enjeu étant de ne pas se tromper quand il s'agit de «discerner si c'est ou non le cas où la règle s'applique» (*ibid.*), la faculté de juger s'exerce d'une façon, non pas déterminante, mais réfléchissante: la singularité étant, seule, donnée, il faut, à *cette* occasion découvrir une généralité qui n'est pas donnée. Cette tâche ne s'identifie pas à une conceptualisation scientifique, il n'est pas question de produire la possibilité théorique d'un objet, elle réclame la mise en pratique d'un talent qui ne s'apprend pas, un *art* de juger. Cet exercice de la faculté de bien juger, d'une manière appropriée à la singularité, est aussi nommé «bon sens» (CFJ, 19), «sens commun» (CFJ, 128), lorsqu'il s'agit de signifier une manière de penser réfléchissante, qui regarde son jugement individuel d'un point de vue universel.

La même expérience de la particularité se produit chaque fois que l'entendement est mis en demeure d'affronter l'inattendu dans la nature. La pratique de la recherche scientifique en fournit l'illustration. Dès que l'observateur a affaire aux manifestations de la vie animale dans son ensemble, il se trouve en quelque sorte débordé par une matière indéfiniment différenciée. Le constat de la contingence résulte de ce qu'aucune méthode ne vient s'imposer impérativement et univoquement pour maîtriser cette surabondance. Les uns préconisent l'exploration complète, le souci du détail, le catalogue des différences et des variétés. Les autres s'attachent à maîtriser cette exploration trop sporadique par des repères plus généraux, allant des classes aux espèces et de là aux genres, espérant qu'un genre commun permette de ramener l'ensemble à une commune unité. Or ce n'est pas, en l'occurrence, l'entendement qui décide, mais le jugement du chercheur

1. L. Guillermit associe cette suggestion kantienne, qu'il nomme une «hypothèse-fiction» à une remarque qui l'anticipe dans la première *Critique*: «il pourrait parfaitement y avoir des phénomènes ainsi faits que l'entendement ne les trouvât pas du tout conformes aux conditions de son unité» (PI, note 21, p. 129)

et, plus précisément, la maxime qu'il se donne pour l'usage de son entendement ; la démarche est nécessaire pour présupposer et anticiper un type de liaisons propres à la nature vivante, un mode de connexions naturelles qui échappent à l'entendement, parce qu'ils sont pour lui empiriquement contingents.

Ainsi, lorsque la nature est représentée comme *produisant* par elle-même la diversité et l'hétérogénéité de l'expérience, cette productivité qui lui est attribuée échappe aux moyens théoriques des facultés de connaître. La singularité, l'organicité, la vie qui se manifestent dans la matière sont contingentes pour les lois formelles de toute expérience possible, elles débordent leur domaine d'application. La contingence qui caractérise les êtres vivants au regard des lois de la nature, qui sont celles de l'entendement, impose donc une nouvelle exploration des facultés de connaître du sujet[1], celui-ci se trouvant engagé dans un rapport à une nature qui lui échappe par la prodigalité de ses productions. La généralité catégoriale ne suffit plus, car elle se limite à la forme de toute expérience possible pour l'entendement humain, alors que l'observation de la nature réclame ici des règles appropriées à sa contingence, c'est-à-dire une autre *légalité* pour le contingent. Par suite, la contingence signifie que l'entendement n'est pas en mesure de rendre compte de la *réalité* de la nature au sens de son *existence*. Il lui est, en effet, impossible de connaître de l'intérieur les forces qui engendrent une telle variété de formes, car il ne produit pas lui-même cette genèse. Il découvre ainsi qu'il n'est pas en mesure *fonder* l'intelligibilité de la nature, de rendre intelligible son intelligibilité, parce qu'il faudrait, pour connaître ce qui peut rendre la nature intelligible *par elle-même*, ou en soi, pour accéder à une science absolue de la genèse du réel, un entendement qui en serait le créateur.

Il résulte de la nature de nos facultés de connaître une nécessaire distinction entre le possible et le réel qui ne permet pas au sujet connaissant de poser le réel lui-même comme la condition du possible : « toute notre distinction entre le simple possible et le réel repose sur ce que le possible signifie seulement la position de la représentation d'une chose relativement à notre concept et en général à

1. Dans la première *Critique*, l'Appendice à la dialectique transcendantale examinait déjà les conditions d'une dynamique des recherches sur la nature (cf. *supra*, chapitre troisième) ; il s'agissait alors d'établir un lien entre la raison et l'entendement. La troisième *Critique* confie entièrement la compétence de cette liaison au jugement. La *Première introduction* fait la transition entre ces deux traitements critiques, elle explique les raisons de cette refondation méthodologique qui donne au sujet réfléchissant le droit d'user des Idées de la raison.

la faculté de penser, tandis que le réel signifie l'acte de position de la chose en soi elle-même (en dehors de ce concept)» (CFJ, § 76, 216). Pour que la science inclue en elle-même la fondation ultime du savoir, il lui faudrait concevoir une genèse qui ne soit pas relative aux conditions de la pensée, il faudrait une co-naissance du concept et du réel qui abolisse la distance de la représentativité, c'est-à-dire, dans le vocabulaire kantien, un entendement intuitif, pour lequel «il n'y aurait pas d'autre objet que le réel» (*ibid.*). La *Critique de la raison pure* a déjà abordé cette question comme celle du fondement métaphysique recherché pour la science: la fondation de la science dans la métaphysique, pour le rationalisme cartésien, ou la question d'une origine radicale de toutes les choses, chez Leibniz, a pour visée une perfection du connaître qui ne peut être obtenue que par son identification à l'Etre, abolissant la distance inhérente à la représentation. Le réel est alors connu dans sa perfection ontologique; par rapport à un entendement divin, le réel est identique au possible. Ce qui change, avec la reprise du problème de la métaphysique par la troisième *Critique*, est le fait qu'il ne s'agit plus simplement de dénoncer les divagations dogmatiques au nom de la rigueur théorique de la science phénoménale, mais le fait que la philosophie critique doit maintenant prendre en charge les *implications métaphysiques de la phénoménalité*, autrement dit, de la relativité du savoir aux conditions de la pensée. Aussi l'examen de la faculté de juger la réalité de la nature conduit-elle à un approfondissement de la subjectivité rationnelle sous la forme d'un examen de toutes les facultés de l'esprit en quête de leur propre et suprême unité. En faire la critique consiste à examiner les représentations du monde qui servent à guider l'exercice de notre propre activité représentative, c'est-à-dire les *présupposés* que la réflexion se donne à elle-même pour fournir un *fondement* ultime à l'objectivité, non plus simplement formelle, mais réelle des jugements. A la connaissance de la nature doit venir s'ajouter la connaissance de soi de l'exercice de la pensée.

Il faut donc donner toute son importance à la conceptualisation critique de la contingence, d'abord parce que c'est elle qui introduit le troisième domaine théorique de la pensée transcendantale, ensuite parce que le travail de la réflexion ne peut qu'être celle d'un sujet qui est lui-même engagé dans le monde sensible. Un signe caractéristique en est déjà donné par la position du chercheur, quasi-existentiellement confronté à l'imprévu, à la surprise des apparitions phénoménales complexes. S'il lui faut se donner des maximes, des orientations de recherche, pour prolonger l'usage qu'il peut faire de l'entendement au-delà des limites théoriques du mécanisme, c'est qu'il faut recourir à des présupposés, à une manière d'anticiper ou de présupposer une unité *réelle* de son objet qui autorise à le juger intelligible. Ce que confirme la subdivision des facultés de l'*esprit* en trois facultés de connaissance : la faculté de juger est celle qui met en relation, dans le même individu, l'entendement, qui affronte les phénomènes sensibles, et la raison, qui propose les principes d'une unité complète (CFJ, 42).

Contre toute téléologie naïve

Il revient au même de constater la contingence des lois empiriques particulières et de recourir au présupposé d'une finalité naturelle ; il s'agit de la même façon d'avoir affaire à un inconnu : comment penser la possibilité d'un « accord des choses de la nature avec notre faculté de juger ? » (CFJ, § 77, 220); comment nous représenter pour nous-mêmes la nature qui est *hors* de nous en tant que nous n'en sommes pas les auteurs ? Quelle présupposition rend compréhensible le fait que les réalités empiriquement hétérogènes peuvent « mériter d'être dites des lois (comme l'exige aussi le concept d'une nature) » ? (CFJ, 28). Il faut donc présupposer que la nature est fondée à convenir à nos facultés de connaître. Cette présupposition est *subjective* pour la faculté de juger esthétique, et la « représentation d'une finalité subjective d'un objet va même jusqu'à s'identifier au sentiment de plaisir » (PI, 54) : le plaisir s'estime être lui-même le destinataire d'une productivité naturelle « généreuse » en ses belles formes. La faculté de juger téléologique admet, quant à elle, une finalité *objective*, car elle présuppose que la nature se produit *elle-même*, ou se spécifie elle-même dans la diversité de ses formations, pour que celles-ci puissent être rangées sous des concepts empiriques, comme sont les variétés, les espèces ou les genres (PI, 36). La finalité représente alors, pour nous, « une légalité du contingent comme tel » (PI, 40), par quoi nous nous autorisons à supposer un ordre dans la productivité naturelle, productivité qui se manifeste dans la génération, l'organisation et le développement des êtres vivants.

L'emploi délibéré d'un vocabulaire hypothétique, l'abondance des termes qui soulignent qu'il s'agit de *supposer*, d'*admettre*, de penser *comme si*, c'est-à-dire de juger ou de présupposer, signalent qu'une faculté de juger *réfléchissante* est à l'œuvre. Dans la mesure où la troisième *Critique* prolonge et veut achever – ce que dit Kant en 1788 (CFJ, 27) – les buts fixés en 1781 par la *Critique de la raison pure*, cette approche critique de la téléologie critique est conçue comme un ultime combat contre toute métaphysique dogmatique : il lui faut ainsi, non seulement dénoncer, mais assumer, par les moyens d'une philosophie transcendantale, les objectifs transcendants que la métaphysique traditionnelle exprimait dans une téléologie dogmatique.

La téléologie est dogmatique quand elle se donne pour but de *déterminer* la possibilité[1] de l'existence des choses (CFJ, § 78, 224-226). A la question : pourquoi y-a-t-il quelque chose ?, la métaphysique répond qu'un être suprême en a rendu possible l'existence. Et comme elle fait de la spéculation la manière la plus haute et la plus complète d'exprimer cette idée, elle use de preuves pour démontrer l'existence nécessaire de cet être suprême, preuves que la *Critique de la raison pure* a examinées en tant que preuve ontologique, preuve cosmologique et preuve physico-théologique. Cette dernière preuve est *physico-téléologique* puisqu'elle s'appuie sur la beauté qui est dans la nature, sur l'ordre et l'organisation des êtres vivants, pour montrer que la finalité naturelle porte irrésistiblement vers une surnature, vers une intention souverainement créatrice de beauté et d'ordre.

Dans la mesure où un tel finalisme exprime un engouement pour une vison mystique de la nature, l'enthousiasme l'emporte sur le souci d'objectivité et de rigueur scientifiques (CRP, 478)[2]. Il exprime un point de vue mystique qui peut être jugé symptomatique d'une attitude anthropomorphiquement naïve, quand il ne tombe pas dans un anthropomorphisme délirant (CFJ, § 68, 201, note). Il est un obstacle aux progrès de la physique, parce qu'en adoptant un point de vue hyperphysique ou *théurgique* (CFJ, § 89, 264) sur la nature, le métaphysicien ignore et méprise le travail de l'entendement. La téléologie dogmatique est la tentative de donner un fondement métaphysique à la physique, tentative qui s'exprime par la thèse du *réalisme* de la finalité dans la nature tel qu'il est exposé dans la Dialectique de la faculté de juger. Mais cette thèse est également un obstacle au progrès de la philosophie, car elle utilise la finalité d'une manière prescriptive et déterminante. En imputant à un *démiurge* la genèse de toute manifestation naturelle, elle rend la raison étrangère à elle-même, toute sagesse étant hypostasiée dans une nature divinisée et qui incite à

1. Que les buts de la philosophie critique s'accomplissent par la transformation du questionnement métaphysique, c'est ce que fait ressortir une formule significative de l'*Opus postumum* : à la différence du métaphysicien, le philosophe transcendantal « *ne se donne aucunement* comme capable d'expliquer *la possibilité des choses*, mais il se contente d'établir les connaissances à partir desquelles *la possibilité de la possibilité de l'expérience* est comprise » (p. 290).

2. « Se reposer exclusivement sur la liaison finale, c'est un oreiller pour la philosophie paresseuse », *Leçons de métaphysique*, p. 188.

l'idolâtrie. Le dogmatisme préjuge ainsi de la possibilité d'un objectivisme transcendant, le fondement dernier de toute existence étant placée dans une origine pré-rationnelle de la pensée.

L'erreur physique peut être corrigée par la science : Dieu n'est pas nécessaire à l'explication de la possibilité de l'expérience (CFJ, § 74, 212). L'erreur philosophique ne peut être rectifiée qu'au moyen d'une critique du pouvoir de juger : l'exercice du jugement ne saurait séparer l'usage de la raison des savoirs de la science ; car si le mécanisme n'en limite pas l'ambition, la téléologie verse inévitablement dans l'enthousiasme. En tant qu'*esprit*, le sujet qui juge est à la fois entendement et raison, et il n'est pas possible de séparer le besoin de fonder du besoin de savoir. Aussi la faculté de juger fournit-elle des règles pour la collaboration des facultés de connaître. La concept de fin est ainsi un concept original de la faculté de juger. Quoique la raison confère à la finalité son intelligibilité, ce n'est pas elle qui peut l'appliquer à la nature ; car si elle l'appliquait, selon sa législation, de façon pratiquement déterminante, elle tomberait aussi dans les errements hyperphysiques. La faculté de juger n'est donc pas une théorie des Idées, mais elle est la théorie de l'usage légitime des Idées face à la contingence.

Il existe une manière plus radicale de combattre le finalisme, qui est de détruire l'hypothèse des fins au nom de l'anthropomorphisme qu'elle recèle. Cette voie est celle du matérialisme (elle fut pratiquée par Epicure et Démocrite), et du spinozisme. Leurs thèses sont conjointes, dans la partie dialectique, sous le terme d'*idéalisme de la finalité*. La formule signifie que les fins, dépourvues de toute valeur objective, sont de simples « idées », au sens de fictions sans valeur théorique constitutive. Il en résulte que toute justification surnaturelle doit se trouver proscrite pour laisser toute la place à l'explication naturelle de la vie. Le spinozisme substitue à la thèse des fins celle des accidents d'une unique substance, par quoi la nature est, comme on sait, identifiée à Dieu. Le matérialisme substitue le hasard à la finalité pour expliquer la formation de toute organisation naturelle. Son intérêt théorique est de ruiner tout « fondamentalisme » métaphysique au bénéfice d'une science exclusivement mécaniste de la vie ; ce rôle accordé au hasard est conçu comme la meilleure manière de faire triompher la nécessité dans la nature.

Pour favorable qu'elle paraisse à l'intérêt spéculatif, la thèse de l'idéalisme de la finalité ne se révèle pas, une fois soumise à l'examen, plus raisonnable pour la physique et pour la philosophie. L'affirmation du hasard favorise, elle aussi, la paresse conceptuelle pour fournir des solutions plus magiques que réelles, le refus d'expliquer n'étant pas une explication[1]. Mais surtout, le refus d'un fondement métaphysique de la physique ne s'affranchit pas de tout dogmatisme théoriciste. Le matérialisme prend une option méta-physique sur la physique[2] quand il nie la contingence de la nature par rapport à notre entendement pour affirmer que « toute production des choses matérielles est possible par des lois simplement mécaniques » (CFJ, § 70, 203). Il succombe, lui aussi, à la tentation de fonder, d'une manière absolue et univoque, toute réalité dans un nécessitarisme qui fait de la physique une véritable ontologie naturaliste. C'est donc par un présupposé l'on décide que toute production naturelle est, comme si elle l'était en soi, mécanique. Mais en en rejetant la finalité, on prête alors fantastiquement à la nature de « chimériques » et « impensables facultés » (CFJ, § 78, 224), au lieu de rapporter au jugement lui-même les raisons de juger. Une critique de la faculté de juger est donc également nécessaire pour dénoncer ce préjugé objectiviste qui se veut dogmatiquement autoritaire.

La méthode de la *Critique de la faculté de juger* doit donc mettre en œuvre une manière nouvelle d'aborder la finalité, pour surmonter l'antinomie qui résulte de ces deux manières de « préjuger » de l'intelligibilité de la nature vivante. A la question de la genèse des choses dans la nature, elle substitue la question de la genèse de cette interrogation elle-même dans l'esprit humain. Elle effectue une sorte de généalogie transcendantale de la question de l'originaire ; la question de l'origine a son origine dans la faculté de juger, il s'agit de connaître où *se fonde* lui-même le besoin d'attribuer une finalité à la nature. La faculté de juger n'est donc législatrice que pour elle-même – ce qu'exprime le terme d'*héautonomie* (CFJ, 33) –, elle légifère sur le droit de recourir à des fins.

Au lieu d'exporter, soit dans un démiurge, soit dans un déterminisme souverain, les principes dont s'autorise le jugement, la Critique enseigne à les rapporter à son origine subjective, au niveau où le savoir doit, pour avancer, dépasser les limites théoriques de l'entendement. C'est à ce niveau que le recours à la finalité se révèle indispensable, en même temps qu'il doit être strictement et exclusivement réfléchissant et entièrement réglé par l'usage final

1. « Une explication vulgaire et superficielle consiste à *mettre sur un pied d'égalité toutes les différences du genre humain,* c'est-à-dire sur le pied d'égalité du hasard », *Sur l'emploi...*, *op. cit.*, p. 188.

2. De l'*épicurisme* et du *platonisme*, Kant estime que « chacun d'eux dit plus qu'il ne sait » (CRP, p. 362).

légitime des facultés de l'esprit. La téléologie peut faire l'objet d'une enquête critique parce que c'est l'homme lui-même qui attribue des fins à la nature: «c'est seulement dans la réflexion sur les productions de la nature que nous ajoutons *par la pensée* ce concept en tant que fil conducteur de la faculté de juger» (CFJ, §75, 214). Rationalisme et matérialisme reposent donc également sur un malentendu – ce qui permet d'espérer surmonter, avec quelque espérance de succès, leur conflictualité –, sur une conception encore naïve, parce que déterminante, de la téléologie. La naïveté est de croire que la nature est finale par elle-même. Le rationalisme s'appuie sur cette croyance pour démontrer l'existence de Dieu, tandis que le matérialisme en contrarie l'intention théologique par l'affirmation du hasard. Or il n'est pas possible d'affirmer qu'il existe une finalité naturelle réelle, car «ce n'est pas l'objet qui m'instruit empiriquement de cette finalité» (CFJ, §62, 185), ni de considérer la nature, sauf à tomber dans des divagations poétiques comme si elle était, en soi, une intelligence.

Physique et théologie

Que le recours à des fins ne contredise en rien l'objectivité scientifique des lois de l'entendement est déjà établi par la première *Critique*, dans l'Appendice à la dialectique transcendantale[1]. Pour supposer intelligible ce qui dépasse l'intelligibilité mécaniste, et ne pas rendre vaine sa recherche, le physiologiste use de la finalité d'une manière régulatrice; le fait de se représenter un organisme vivant comme une fin lui sert à projeter, sur un mode purement fictif et opératoire, strictement hypothétique, une unité inaccessible à l'entendement: celle d'un tout présidant à l'émergence et à la distribution des parties. Et au lieu de poser cette finalité comme étant en soi, le théoricien ne la pose que pour lui-même, de sorte que l'entendement se sert alors des Idées de la raison pour dynamiser la recherche. C'est en cherchant à atteindre une unité complète qu'il découvre de nouvelles correspondances et combinaisons entre les causes naturelles. Grâce à cet usage hypothétique de la finalité, «l'erreur même ne peut nous nuire» (CRP, 477).

La troisième *Critique* réassume cette opérativité en faisant de la finalité une *maxime* de la faculté de juger. C'est ainsi que le concept de *fin naturelle*, appliqué à un organisme, sert à en exprimer la finalité

1. Cf. *supra*, chapitre troisième, sous-titre : *Expérience et nature*.

interne, le fait qu'une réalité puisse être à la fois cause et effet d'elle-même, l'arbre, par exemple, se reproduisant lui-même comme arbre.

Mais pour concevoir une fin naturelle comme une *fin de la nature*, il faut se donner une vision finale de la nature tout entière, une représentation de la nature comme un *système* de toutes les fins. Quand il s'agit d'expliquer la reproduction sexuée ou la formation des montagnes, on observe que les êtres naturels se servent réciproquement de moyens et de fins. L'illustration la plus simple en est donnée par la description de la chaîne alimentaire, de l'herbe aux herbivores, puis aux carnivores. Les êtres de la nature sont ainsi reliés par des relations externes d'utilité réciproque. Et pour unifier par un principe les données de l'observation, une *fin dernière* (CFJ, §67, 196) est encore nécessaire, qui donne à la nature l'unité d'une *totalité* de ses produits.

Or les antinomies de la cosmologie ont enseigné l'impossibilité d'atteindre une totalité comme objet d'une intuition possible. La science ne procède que par une progression continue dans la chaîne des causes et des effets. Il faut donc que l'esprit se donne à lui-même un présupposé qui lui permette de passer outre cette limite de l'entendement, quand il veut prendre la matière vivante pour objet. Ce qui signifie qu'il dépasse le concept de nature tel qu'il est posé par l'entendement – le concept de toute l'expérience possible par et pour lui – en lui donnant un auteur, c'est-à-dire une intention, pour concevoir une fin dernière de la nature. Il faut, en effet, pour inclure la finalité dans le concept de nature, se représenter la nature agissant techniquement, comme une artiste, comme une sorte d'intelligence productive à l'œuvre dans la genèse et le développement de ses produits. Nous lui attribuons une causalité suprasensible, puisque nous présupposons, dans la nature, une rationalité qui dépasse les conditions de son intelligibilité pour nous.

Aussi l'Idée de Dieu, c'est-à-dire d'une cause ou d'une intelligence suprême, est-elle un principe fécond pour l'intérêt spéculatif lui-même puisqu'elle *respecte la contingence* – les productions naturelles restant, pour nous, contingentes – tout en vivifiant et en favorisant les progrès de la recherche. Elle autorise l'esprit humain à se donner subjectivement un point de vue sur la nature qui lui est objectivement inaccessible, celui d'une rationalité complète de la nature dans toutes ses productions, qui n'est intelligible que par un entendement intuitif. L'entendement simplement discursif qui est le nôtre ne fait ainsi qu'attribuer à la nature des conditions d'intelligibilité qui sont celles de sa propre avancée dans la découverte de nouvelles expériences.

Une telle démarche ne saurait être taxé d'anthropomorphisme naïf, puisqu'elle explore et utilise résolument les moyens réflexifs de cet anthropomorphisme lui-même. Un anthropomorphisme réflexif[1], éclairé et conscient de soi, veut précisément éviter les erreurs d'un anthropomorphisme délirant. Il est une manière de dire une unité sans s'en approprier la genèse. Aussi l'usage du terme *fin naturelle* se trouve-t-il sévèrement réglementé : il ne doit jamais remplacer l'explication mécaniste qu'il faut porter aussi loin qu'il est possible. Mais il doit être employé dès que les manifestations de la vie interdisent de réduire la matière aux limites d'une expérience seulement possible pour nous. A supposer que nous rencontrions sur le sable d'un désert inhabité une figure géométrique, nous serions fondés à en attribuer l'origine à une intelligence, au lieu d'en faire un produit de hasards fort improbables (CFJ, § 64, 189). La situation de l'homme de science face à la matière vivante est la même ; il se trouve en quelque sorte mis en demeure d'attribuer à une intelligence la forme des organismes vivants pour ne pas l'attribuer à ses propres sens, à son « entendement seul appliqué aux objets des sens » (*ibid.*).

Faut-il en conclure que la téléologie appartient à la science de la nature (dont elle veut s'expliquer les productions) ou bien qu'elle appartient plutôt à la théologie (en se donnant l'Idée d'un entendement divin) ? La question se pose, au niveau de l'Appendice à la faculté de juger téléologique, quand il s'agit d'en considérer les applications méthodologiques. Or, s'il faut conclure qu'elle n'appartient ni à l'une ni à l'autre (CFJ, § 79, 229), c'est que l'une et l'autre font comprendre les raisons de la ranger uniquement dans une Critique. Pour la théologie, la finalité naturelle constitue bien une preuve de l'existence de Dieu, et la théologie attribue à la téléologie une fonction propédeutique, c'est-à-dire qu'elle en fait l'instrument d'un *passage* de la nature au surnaturel (CFJ, § 68, 201). Cependant, la théorie de la nature contribue, de son côté, à opposer des limites à cette ambition spéculative. La science ne saurait s'approprier l'Idée de Dieu pour en faire un concept qui appartient à la physique. Ainsi se pose le problème d'une théologie physique possible : se servir de la nature pour en tirer une preuve de l'existence de Dieu revient à dépasser la

1. Cet « anthropomorphisme plus subtil » (CRP, p. 483) combat l'usage théoriquement déterminant de l'anthropomorphisme, car il ne transporte pas la raison, « comme propriété, à l'être primitif, mais seulement au *rapport* de celui-ci avec le monde des sens », *Prolégomènes*, § 58, p. 148.

nature ; mais en tant que la nature relève d'une théorisation physique, elle est en même temps l'obstacle à ce *passage* de la physique à la métaphysique, de la nature au surnaturel. Le passage qui est ici demandé doit donc être reconnu comme un dépassement.

L'approche critique de la téléologie doit permettre un traitement rationnel de la preuve *physico-théologique*, qui exprime et conserve les intérêts de la théologie et de la physique, de la fin (prouver Dieu) et du moyen (par la finalité naturelle). Une telle preuve correspond à un usage final des facultés de connaître. Si bien que la prétention d'en tirer une preuve de l'existence de Dieu est possible ; l'Idée d'un fondement originaire du monde ne saurait, en effet, prendre sa source dans l'expérience, mais seulement dans un principe de la faculté de juger. Une approche critique est donc tout à fait fondée à ne pas faire de la téléologie une partie de la physique pour cette raison qu'elle suppose un fondement de la nature *extérieur* à la nature. Mais, du même coup, cette preuve se trouve limitée aux conditions de sa propre genèse, et elle ne peut aller plus loin que ne va la reconnaissance d'un « entendement artiste » (CFJ, 85, 249), d'un « architecte » qui unit en un tout la disparité naturelle. La téléologie permet d'attribuer à Dieu, par analogie avec notre besoin de comprendre, une unité et un pouvoir que n'avons pas, puisqu'ils sont ceux d'un entendement intuitif. Mais ce pouvoir théorique que nous n'avons pas, il nous est, par voie de conséquence, impossible de le connaître. L'analogie qui nous fait sortir de nous-mêmes pour admettre une intelligence suprême ne nous autorise qu'à parler négativement de Dieu, comme d'une causalité qui nous est inaccessible. La théologie physique nous fait connaître que nous ne connaissons pas Dieu.

C'est donc de manière cohérente que Kant peut constater contradictoirement qu'aucune *transition* de la science de la nature à la théologie n'est possible (CFJ, § 79, 229), et que pourtant, la téléologie « peut au moins servir de propédeutique à la théologie » (CFJ, 286). Car c'est, paradoxalement, par ses limites théoriques que la physico-théologie éveille le besoin d'accomplir ce qu'elle-même ne réalise pas, à savoir un dépassement de la nature. Mais ce dépassement de la nature dont la métaphysique traditionnelle fait un *passage* de la physique à la métaphysique, est compris, par la Critique, comme un passage de la nature à la liberté. Si l'intérêt de la téléologie est bien, ainsi que le rationalisme[1] l'a vu sans savoir le réaliser, d'accomplir un passage à la théologie, la tentative échoue aussi longtemps que le

1. Le traitement de la même problématique figure dans *Les progrès de la métaphysique en Allemagne*, Projet II.

recours à des fins attribue à la nature une finalité en soi, qui serait objectivement ou physiquement donnée. Mais c'est un besoin subjectif de la raison qui nous conduit à regarder la nature comme une réalité dans laquelle l'existence des hommes a sa place. Aussi faut-il que l'homme lui-même soit considéré comme la raison d'être d'un besoin de téléologie qui trouve son aboutissement, non plus dans la physique, mais dans la morale. (*Progrès*, 72; CFJ, § 86).

Effectuer le passage de la nature à la liberté est la tâche que s'attribue la *Critique de la faculté de juger*. Aussi occupe-t-elle une place spécifique dans le système de la philosophie critique, en se donnant comme le « moyen d'unir en un tout les deux parties de la philosophie » (CFJ, 25). Sa partie esthétique constitue la première démarche en vue d'un tel passage : la finalité subjective permet d'effectuer un passage de la sensibilité aux Idées de la raison, exclusivement fondé sur les facultés de l'esprit : le sentiment de plaisir et de peine, conçu comme une *faculté* intermédiaire entre les facultés de connaître et la faculté de désirer, permet d'examiner les pouvoirs de l'esprit du point de vue de la vie qui habite un sujet, un sujet qui éprouve, dans l'usage final de ses facultés, l'augmentation de ses forces vitales, l'intensification du sentiment d'exister.

Du jugement à l'assentiment

Le goût exprime un jugement de valeur, et son objectivité doit être recherchée comme ce qui fait la valeur de cette valeur. L'objectivité, en matière esthétique, ne peut trouver sa source que dans la subjectivité elle-même. L'autonomie de son jugement reste entière pour un sujet qui ne sort pas de lui-même, quand il « se met à la place de tous autres » (CFJ, § 40, 127) pour évaluer son propre jugement de valeur ; un tel accès à l'universalité n'est pas assimilable à une intellectualisation du goût, mais à un passage à ce qui fait l'humanité du goût. La quantité du jugement de goût (son universalité) et sa modalité (la nécessité) peuvent être compris comme ce passage à une intersubjectivité esthétique, que le vocabulaire hégélien nommerait une élévation du « je » au « nous ».

Le désintéressement propre au jugement de goût caractérise la signification proprement esthétique de l'objectivité, car il caractérise l'objectivité d'une *valeur*, et non d'un concept : une évaluation subjective acquiert une valeur objective si, et seulement si, elle peut être partagée par tout autre sujet. Il y là une universalité d'un type tout à fait particulier, une *universalité subjective*, spécifiquement esthétique en ce qu'elle est l'universalité d'une satisfaction. Le jugement de goût n'a lui-même de valeur que s'il vaut pour autrui, s'il est communicable à tout autre. Ce qui fait la valeur objective de l'évaluation subjective tient donc exclusivement à la communicabilité du sentiment, et « l'idée de sa communicabilité universelle en accroît presqu'infiniment la valeur» (CFJ, §41, 130). A la différence de l'universalité démontrable d'un concept, dont l'objectivité s'impose aux esprits, l'universalité du jugement est celle de l'assentiment, de l'adhésion et du partage. Chacun n'accorde d'objectivité à son propre jugement sur la beauté qu'en présupposant, en postulant ou en invoquant l'Idée d'une unanimité possible des voix, un accord unanime des évaluations singulières, une communauté *publique* engendrée par la même approbation. L'individualité opère ainsi d'elle-même un passage à une sociabilité interpersonnelle, sur un mode extra-politique, la communication des sentiments étant ce qui humanise la sensibilité: «*humanité* signifie d'une part le sentiment universel de *sympathie*[1], d'autre part la faculté de pouvoir se *communiquer* d'une manière intime et universelle» (CFJ, §60, 177).

La faculté de juger est donc auto-législatrice, ne réglementant pas les choses, mais elle-même. C'est ainsi que le jugement de goût ne prétend que pour *lui-même* à l'adhésion de tous les autres, afin de donner un fondement objectivement nécessaire à sa propre évaluation. Il est impossible d'obliger autrui à éprouver un sentiment pareil au sien, mais chacun constate la nécessité d'imposer à son propre jugement la règle de l'approbation d'autrui, afin que ce qui n'est, subjectivement, qu'une opinion, apparaisse comme une illustration ou comme un cas *exemplaire* qui participe d'une unanimité objective. C'est donc pour soi que chacun exige *a priori* l'Idée que tout autre «doit» éprouver la même satisfaction. Cette Idée, représentée comme celle d'un sens commun, constitue ainsi la possibilité apriorique d'un principe universel de communication. Le sens commun se rapporte à une certaine qualité de l'usage de l'entendement quand il définit la volonté de penser par soi-même, de pratiquer le soupçon à l'égard des préjugés. Mais quand il est rapporté au goût (CFJ, §40, 127), il définit le propre d'une «pensée élargie», une pensée qui se montre capable de soupçon à l'égard de ses propres présupposés quand elle entreprend de penser la singularité de son jugement «à la place de tous les autres», de manière à pouvoir recevoir l'assentiment de tous. Si le

1. «La *volonté* de *se communiquer* les uns aux autres ses *sentiments*» ajoute au sentiment une dimension pratique, cf. la présentation de la sympathie dans la *Doctrine de la vertu*, §34.

goût prétendait s'imposer par la domination d'une évaluation sur une autre, il engendrerait l'intolérance dans la communication humaine.

Cette question de la communicabilité des sentiments donne à la dialectique du jugement esthétique son intérêt proprement philosophique. Qu'une évaluation soit spéculativement indémontrable est un phénomène constatable, et la liberté d'évaluer tient au respect de ce principe. Mais décréter qu'il est impossible d'en *discuter*, c'est se fonder sur un présupposé qui juge tout simplement inexistante et impossible la communication humaine. Le scepticisme et le dogmatisme engagent, dans ce débat, des thèses qui mettent en péril la libre volonté de communiquer des sentiments. Quand il fait du subjectivisme et du relativisme des jugements l'unique critère de leur spécificité esthétique, le scepticisme se borne à identifier l'indémontrable (à savoir que l'on ne peut *disputer* du goût) à l'incommunicable (à savoir que l'on ne saurait en *discuter*). Le danger est que l'extrême particularisme des évaluations ôte à la *discussion* toute pertinence. Le rationalisme adopte, quant à lui, une solution autoritairement intellectualiste, en ramenant le beau à un concept, sans voir que l'accès à l'objectivité ne peut se faire, en matière d'esthétique, par l'« objectivation » d'un jugement individuel.

L'antinomie peut être surmontée dès lors qu'elle apparaît – conformément à la méthode critique du traitement des conflits dialectiques – comme l'effet d'un simple *malentendu* sur le sens des mots. L'erreur est de vouloir comprendre la beauté par la conceptualité plutôt que par la finalité, qu'il s'agisse d'imposer ou qu'il s'agisse de nier cette autorité conceptuelle. Mais aucune théorie du beau n'engendrera jamais un sentiment, et il n'existe pas, en effet, de *passage* du concept au sentiment de plaisir ou de peine (CFJ, § 6, 56); l'empirisme a raison sur ce point, qui n'est toutefois que le point de départ de la réflexion. Car il faut encore donner au jugement de goût toute sa spécificité; elle n'est pas théorique, et il ne s'agit pas d'imposer la domination d'un concept, mais esthétique, et le goût repose sur le même pouvoir, pour tous, de partager la même expérience de la même disposition finale des facultés. Nous nous plaisons à penser, d'une manière tout idéale ou « ludique », que la nature invente de belles et inutiles apparences pour nous contenter. Il est clair que ce n'est là qu'un jeu de l'imagination, dont l'inventivité créatrice se plaît à subvertir l'autorité des concepts pour les mettre au service de l'intuition (CFJ, 82). L'imagination s'exerce, en quelque sorte, sur le mode de la dépense, d'où vient sa liberté et notre plaisir. Tout conflit d'interprétation sur l'objectivité du jugement esthétique cesse dès qu'il devient clair que l'adhésion à la beauté n'est pas une adhésion à une certaine conception de la nature (ni de celle qui est hors de nous – selon le mode de penser rationaliste –, ni de celle qui est en nous – selon le mode de penser empiriste –), mais une adhésion à un accord possible entre les esprits.

La symbolique du jugement.

Pour pénétrer la signification symbolique du beau, il faut un degré d'approfondissement supplémentaire de la subjectivité jugeante, qui est fourni par l'Analytique du sublime. A la différence de la beauté, la sublimité ne peut s'attribuer à la nature, mais seulement à l'humanité. Que le sublime ne puisse réellement se trouver dans la nature, c'est ce dont peuvent témoigner les conditions empiriques de l'existence de l'homme : la nature n'a pas fait de lui son favori particulier (CFJ, § 83, 240). Litote qui suffit à évoquer la brutalité et l'injustice des procédés de la nature vivante à l'égard de la nature pensante. Aussi, quand la démesure, la disproportion, le hideux même ne permettent plus de dire « belle » la nature, c'est en nous-mêmes qu'il faut trouver des raisons toutes particulières d'apprécier de semblables manifestations de grandeur et de puissance. On pourrait dire que l'Analytique du sublime s'oriente davantage vers une esthétique de la force que vers une esthétique de la forme : l'âme y éprouve un accroissement de force que ne lui donne pas la nature physique.

Parce qu'il tend à faire l'expérience, impossible, d'une transcendance, celle d'un infini donnable (CFJ, § 27, 98), le sentiment du sublime participe de notre penchant pour la métaphysique, que la première *Critique* juge à jamais indéracinable. Que la raison, en effet, puisse *penser* le noumène fait d'elle une faculté suprasensible (CFJ, § 26, 94). Or la première *Critique* a montré comment les limites de toute connaissance phénoménale font obstacle à toute réalisation empirique d'une Idée. Mais lorsque la raison n'est plus celle du métaphysicien, méthodologiquement séparée de la vie, et qu'elle s'exerce comme la faculté spécifique d'un sujet engagé dans le monde sensible, elle n'est plus alors la pensée abstraite d'une chose en soi, mais la dynamique d'un esprit en quête de sa complète unité.

Ainsi quand l'imagination s'essaie à *présenter* dans l'intuition une Idée inconditionnée de la raison, elle échoue dans sa tentative. Mais le besoin d'inconditionné ne traduit pas ici une prétention spéculative ; il s'éprouve comme une expérience vitale, dès lors que la vie humaine est rattachée à sa destination finale plutôt qu'à ses origines empiriques. Le sublime entrevoit une unité que la différence entre les facultés empêche de réaliser, car il faudrait que le pouvoir de la sensibilité se rende identique à celui de la raison : ce qui pose le problème de la possibilité d'un accord intérieur entre l'homme et la raison. Une philosophie qui ne penserait *que* le dualisme devrait fatalement constater l'impossibilité d'un tel accord (*ibid.*). Mais la subjectivité esthétiquement transcendantale, qui éprouve le dualité des facultés comme un obstacle à sa destination, s'autorise à donner à l'irreprésentable une place que lui refuse la science. Pour évaluer sa propre capacité d'apprécier ce que l'entendement ne peut comprendre, elle se donne l'Idée d'une mesure nouménale, dont elle s'enrichit réflexivement. C'est ainsi que, parmi les conditions qui rendent possible un accord final entre les facultés, le besoin de postuler un *substrat intelligible*, suprasensible, au fondement des phénomènes (CFJ, § 26, 94) devient esthétiquement intelligible : il s'agit alors de revenir en-deçà de la dualité entre l'intelligible et le sensible, de présupposer qu'une unité précède la division ; ainsi peut s'expliquer, dans le pouvoir d'apprécier une grandeur qui nous dépasse, un élargissement de l'esprit au-delà du mesurable. Le sublime autorise à présupposer ce que l'entendement ne peut poser.

C'est pourquoi rien n'est sublime comme de vouloir appréhender le sensible comme l'incarnation ou la phénoménalisation d'une Idée, d'un inconditionné, d'une illimitation. Il n'est pas de plus grande satisfaction esthétique que le pouvoir de regarder la nature comme la *manifestation* d'une force immatérielle. La subjectivité n'éprouverait pas la sublimité de sa destination morale sans la visée de cette *compréhension* esthétique du monde, inaccessible à toute compréhension logique, sans cette esquisse d'une cosmologie esthétique qui fait de l'infinité de l'univers une totalité dont l'Idée la transporte au-delà de la nature.

Aussi n'est-ce pas par un artifice de présentation que la Critique peut revenir à l'analyse du beau en partant de l'*intérêt* moral qui porte vers la beauté (CFJ, § 42). Du fait que « le sensible de la représentation est jugé propre pour un usage suprasensible possible de celui-ci » (CFJ, § 29, 104), l'analyse du *sens commun* peut être élargie aux dimensions d'un langage, de tout langage qui exprime la communication des sentiments, et qui inclut les beaux-arts en tant que créateurs des langages du beau.

L'art de faire de la beauté un langage pour la communication peut être traité de façon pragmatique. Il s'agit alors d'un « intérêt empirique concernant le beau (CFJ, § 41) et d'un art de fixer esthétiquement, par le moyen d'un goût appliqué, des conventions sociales. Mais l'analyse anthropologique ne dépassera pas, en ce domaine, les limites d'une psychologie de la communication. Tandis que l'esthétique critique entend se porter, par une approche morale, vers la profondeur cachée ou insondable de l'âme humaine, au point où la beauté est l'unique expression possible d'un ineffable.

La *Critique de la raison pure* mentionnait l'existence d'*idéaux de la sensibilité* (CRP, 414), terminologie subversive et peu intelligible au regard de la théorie du schématisme qui domine alors ses considérations critiques. La *Critique de la faculté de juger* utilise le terme d'*Idée esthétique* pour parler d'une intuition de l'imagination qui déborde les pouvoirs de comprendre de l'entendement et qui donne bien plus à penser qu'à connaître (CFJ, §49, 143). Le schématisme catégorial ne suffit pas à signifier une manifestation phénoménale ainsi surdéterminée. Tandis que l'œuvre d'art, qui est le produit du génie[1], réalise cette possibilité d'outrepasser l'intelligibilité de toute expérience théoriquement possible. Le génie crée, dans une œuvre, une autre nature, dont il fait une intuition pour un concept spéculativement indéterminable, c'est-à-dire une Idée de la raison. L'audace avec laquelle il use de sa liberté consiste à faire de la matière de l'intuition la manifestation d'un au-delà de la nature, à phénoménaliser une surréalité (comme les Idées d'éternité, d'infini, de perfection...). Son imagination créatrice produit un élargissement illimité du concept, en engendrant l'intuition ou la présentation sensible d'un maximum, qui transforme en attributs esthétiques les données sensibles qui n'ont pas reçu de nom dans le langage conceptuel. Le poète se sert de sensations innommées pour exprimer un inconnaissable (CFJ, §49, 145). Il révèle ainsi ce qui est exactement goûté dans le spectacle de la beauté: la liberté d'entretenir un rapport entièrement symbolique avec la nature, le fait que le sensible puisse nous apparaître comme le langage de l'indicible.

Il y a donc bien une subversion esthétique des contraintes logiques, et qui se produit dans l'extension du concept d'intelligibilité à ce qui devient métaphoriquement ou analogiquement intelligible, à ce qui n'avait été jusqu'ici reconnu que comme «métaphysiquement» intelligible, c'est-à-dire à ce qui est, dans les limites de la théorie scientifique, inintelligible. Au-delà du schématisme catégorial, l'analogie étend le pouvoir de signifier jusqu'à l'ineffable, par le procédé que Kant nomme *hypotypose symbolique* ou présentation symbolique,

1. Sur la différence entre l'artiste et le savant, entre la création et la science, cf. CFJ, §47.

indirecte, d'une « représentation inexponible de l'imagination » (CFJ, 166). Un symbole est ainsi l'expression d'un inexprimable, la représentation de ce qui n'est pas représentable selon le schématisme des catégories. Une illustration fort simplifiée, plus juridique que poétique, en est donnée par la présentation analogique de l'Idée de justice : un Etat républicain peut être symbolisé par un organisme vivant, par opposition à la figuration métaphorique du despotisme dans la réalité toute mécanique d'un moulin à bras. Le support de l'analogie est théoriquement indifférent, mais il permet à l'imagination d'effectuer un transfert du schématisme à de nouveaux potentiels de sens « grâce à la médiation d'une interprétation de la raison » (CFJ, § 48, 142).

La multiplicité des expressions créées par l'art, la pluralité des formes librement appréciées dans la beauté naturelle, affranchissent l'esprit de l'unicité normative et canonique de la forme de toute expérience possible imposée par l'entendement. L'imagination opère comme si elle dévoilait d'autres ressources, d'autres engendrements de la phénoménalité ainsi multipliée. Si un accord est possible entre les esprits, c'est celui qui fait partager la liberté de regarder la nature d'une autre manière que physique, la liberté de se servir de la phénoménalité pour exprimer une concordance sur les manières de dire les fins.

Le pourquoi du pourquoi

La question : pourquoi un organisme est-il doté de telle conformation plutôt que de telle autre ? s'intègre à la dynamique de la recherche scientifique, amenée à s'interroger sur un phénomène original qui réclame un réaménagement de l'explication causale. Mais la question : pourquoi des organismes devaient-ils exister ? est d'un autre niveau, qui est celui de la raison d'être de la vie. L'interrogation téléologique se redouble elle-même : dans quel but existe-t-il des fins ?

Cette question, dépourvue de sens, ou en tout cas, indifférente, pour la science phénoménale, correspond à la demande spéculativement métaphysique d'un passage de la téléologie à la théologie. Dans le contexte rationaliste, la réponse doit venir d'une explication de la nature par sa possibilité interne et réelle, selon le principe de la raison suffisante. L'interrogation est reprise, retraduite dans le contexte critique d'un passage de la téléologie à une théologie *morale*, mais avec cette différence que la raison suffisante est alors identifiée à l'humanité rationnelle elle-même (CFJ, § 83, 240). L'homme est l'unique être final pour lequel la question d'une raison d'être des fins prend une signification objective, et qui donne sens au désir de fonder le phénomène de l'existence. L'homme ne poserait pas la question d'un but final de la création, si la nature, en lui, n'était pas dépassée par la finalité. La nature pensante s'interroge ainsi métaphysiquement sur la nature vivante à cause de l'inégalité qui existe entre ses facultés, entre le pouvoir de connaître et celui de désirer, le second ne pouvant ni se penser ni agir par les moyens du premier. Aussi loin qu'il explique l'origine empirique de la vie, le mécanisme ne rend pas compte de la relation pratique ni de la relation spirituelle que nous voulons entretenir avec elle, ne serait-ce que parce que cette dimension lui est indifférente, l'entendement n'ayant de lui-même, hors des sollicitations de la raison, aucun intérêt hyperphysique.

Or dans le sentiment du sublime, chacun éprouve sa propre nature comme le lieu d'un passage de la nature à la moralité, expérience qui associe subjectivement l'homme à sa destination. Dans la partie téléologique de la troisième *Critique*, le simple fait d'admettre la réalité *naturelle* du genre humain suffit à «perturber», si l'on peut dire, le concept de nature. L'humanité habite, en effet, la nature, mais sur le mode étrange d'une nature qui se surmonte, se dépasse et, finalement, indique une finalité exorbitante de ses limites (CFJ, § 83). La présence de l'homme dans la nature est donc ce qui permet de poser la question difficile d'une fin dernière de la nature, de l'unité d'un système de toutes les fins. Mais pour que l'humanité soit téléologiquement représentée comme la raison d'être de l'interrogation sur les fins, il faut effectuer un dépassement de la finalité technique par le concept d'une finalité morale, qui fait de l'homme un but final de la création.

Bien que la méthode qui consiste à chercher des preuves de l'existence de Dieu soit empruntée à la tradition spéculative de la métaphysique, la voie critique n'en accepte plus les réponses qui ne dépassent la naturalité que pour tomber dans un réalisme surnaturaliste. Il faut faire faire à la métaphysique un progrès décisif (CFJ, § 87, 255), ce qui signifie, dans le vocabulaire de la Critique, engager la métaphysique et la théologie dans la voie du progrès. Ce pas est accompli par le renversement qui caractérise le dépassement de la théologie physique grâce aux ressources exclusives d'une théologie morale: la preuve de l'existence de Dieu ne saurait précéder ni conditionner la morale; «si la connaissance théorique de Dieu devait venir en premier, il faudrait que la morale se règle sur la théologie, et dès lors (...) on substituerait à la législation nécessaire et intérieure de la raison la législation extérieure et arbitraire d'un être suprême» (CFJ, § 264, 265).

Toute lecture de Kant est inévitablement instruite des philosophies post-kantiennes. Et si la troisième *Critique* examine les préjugés de la métaphysique, elle ignore bien évidemment les présupposés de la philosophie qui lui est postérieure. Le registre de la théologie est sans doute l'un des plus sensibles, en tout cas l'un des plus touchés par les critiques qui ont été faites du criticisme. Les interprétations données par Schopenhauer, puis par Nietzsche ont eu pour but, et pour effet, d'inverser le rapport établi par Kant entre la morale et la théologie. De ce que Kant propose un passage de la morale à la théologie, ils concluent que la morale serait originairement dans la dépendance de la théologie. Le soupçon sur les intentions d'un auteur servant sans doute à comprendre un auteur mieux qu'il ne s'est compris lui-même (CRP, 263), le «Chinois de Königsberg», pour parler comme Nietzsche, aurait été assez diaboliquement subtil pour nous faire oublier la source exclusivement théologique de son inspiration. Cette lecture a pour effet de rendre finalement assez banale la pensée kantienne – si elle n'est que la reproduction d'une conviction la mieux partagée –, et de faire oublier la novation critique qui, pourtant, est ici décisive. Tout créationnisme démiurgique est exclus, dès lors que la morale confère à l'homme une spontanéité[1] absolument irréductible, une spontanéité sans passé théologique. Le concept de personnalité morale s'oppose entièrement à celui d'une créature qui serait une chose pour des fins étrangères à la valeur suprême que définit sa liberté[2], sa capacité de se donner des fins, comme le souligne fortement la *Doctrine de la vertu*.

Aussi l'originalité de la démarche critique mérite-t-elle d'être résolument signalée: l'accès à la preuve morale suit l'itinéraire d'une double libération de l'esprit, qui s'affranchit des «sophismes» des preuves spéculatives (CRP, 278) aussi bien que du déisme «qui ne permet de rien connaître du tout, pas même du point de vue pratique, s'il s'écarte de toute représentation intuitive» (CFJ, § 59, 175). En tant que *phénomène* doué de raison, l'homme est contraint de se représenter sa propre *existence* comme ce qui inclut et dépasse les possibilités techniques des choses naturelles. Or le déisme s'arrête à la

1. «Il y a dans l'homme un principe actif, que ne peut stimuler aucune représentation sensible», *Opus Postumum*, p. 189.

2. «Il demeure toutefois très remarquable qu'entre les trois pures Idées rationnelles, *Dieu, liberté* et *immortalité*, l'Idée de liberté soit l'unique concept du suprasensible qui prouve sa réalité objective (grâce à la causalité qui est conçue en lui) dans la nature» (CFJ, p. 276).

thèse d'une divinité simplement technicienne, et il fait ainsi de l'Idée de Dieu un besoin simplement pragmatique de l'intelligence humaine. Mais l'idée de création résiste à ce réductionnisme pragmatique, car il y va de la représentation que l'homme se fait de sa propre nature, représentation dont il fait l'origine de ses raisons de vouloir, d'agir et de lutter dans la perspective d'un souverain bien possible dans le monde. C'est donc en s'efforçant de comprendre l'Idée de Dieu par sa généalogie dans les facultés humaines que le kantisme est amené à porter la méthode critique beaucoup plus loin que ne le fait le scepticisme des Lumières. Les ouvrages sur la politique, le droit et la religion, montrent que Kant est un *Aufklärer* qui refuse de réduire à des intérêts hédonistes ou pragmatiques les aspirations éthiques et spirituelles, une telle simplification aboutissant, au total, à une conception mécanique de l'ordre moral qui est en faveur des intérêts bien compris des conseillers du pouvoir les plus rusés. Si bien qu'en assumant à son tour la question traditionnelle des preuves de l'existence de Dieu, le criticisme restitue à l'homme même le pouvoir de formuler par lui-même un jugement qui procède de sa propre faculté de juger. La question de la fin suprême de l'usage des facultés, des dispositions, et de la vie elle-même, ne saurait être un domaine réservé à certains hommes qui décident, pour tous les autres, du sens de leur existence. Il ne s'agit donc pas de «sauver» Dieu à la manière naïvement subversive d'un eudémonisme utilitariste, mais d'assumer transcendantalement la dimension métaphysique de la théologie.

Ni le déterminisme cultivé par la science, qui ignore la morale, ni l'enthousiasme religieux, qui ignore la science, ne sont aptes à penser une unité du monde qui prenne sens d'un point de vue moral. Le premier est en mesure de conférer une unité à la physique, mais il ne saurait y introduire la divinité sans tomber dans le panthéisme. Le second a des inclinations pour une cosmologie idolâtre, en faveur de l'autocratie d'une ou plusieurs divinités. Mais une théologie *morale* peut être un point de vue sur le monde qui permet à la raison et, à travers elle, à l'humanité, de s'augmenter de l'Idée de Dieu. C'est dans le but de ne pas réduire l'Idée de monde aux limites d'une cosmologie définitivement physique que la faculté de juger s'en rapporte aux Idées de la raison pour présupposer, d'un point de vue moral, une autre possibilité de la nature, autre que celle de l'expérience objectivement possible par les catégories schématisées de l'entendement. Il s'agit de signifier – démarche impossible à l'entendement – la manière dont l'action humaine ajoute à la nature des possibilités qui ne sont pas contenues en elle, et qui excède les forces naturelles. La raison effectue de façon immanente, pour l'espèce humaine tout entière, la démarche qui lui est propre et qui consiste à étendre, par les Idées, le domaine du sens au-delà de l'objectivité catégoriale ; elle contribue alors à inscrire dans la nature la dimension spécifique de la volonté de l'homme, « la volonté d'établir entre elle est lui une relation finale telle qu'elle soit indépendante de la nature et se suffisant à elle-même, qui par conséquent puisse être but final (*Endzweck*)[1] (CFJ, § 83, 241).

La volonté, ou la raison pratique, est ainsi l'unique moyen de penser un « au-delà » de la nature qui en soit le but final, la finalité de toute fin, ou son sens ultime, et qui n'est autre que l'humanité existant librement dans le monde. Tant que l'on pense d'une manière simplement physique un système du monde, en mettant à son commencement un être originaire qui serait la cause de toutes les fins, on « stérilise », on « gaspille » (CFJ, § 85, 247) le concept de divinité, en versant dans une théologie physique qui réduit finalement toute espérance aux dimensions techniques de la nature. Les fins, niées en tant que fins pour être assimilées à des causes suprasensibles, sont mises au service d'un déterminisme surnaturel. Mais Kant rappelle avec insistance que la « nature ne nous dit rien, ni ne peut jamais rien nous dire de cette intention » surnaturelle (*ibid.*, 249). La métaphysique traditionnelle aurait donc échoué jusqu'ici parce qu'elle s'obstinait à penser Dieu comme la cause du monde ou le fondement du réel (CFJ, § 74, 212), n'associant la théologie qu'à l'intérêt spéculatif de la raison et en ne faisant, en définitive, qu'une pseudo-science de la création.

L'Idée de Dieu souffrirait ainsi d'un manque de hauteur rationnelle et d'un déficit de la foi dans la raison : on fondait Dieu sur la spéculation dans la mesure où l'on ne croyait pas à la positivité de la liberté : « on pensait que la doctrine de la liberté n'était nécessaire pour la philosophie pratique que comme une condition négative » (CFJ, 275). Mais nous pensons, en Dieu, « un concept commun pour la nature et pour la liberté », concept originaire d'une création qui fait de la réalisation d'un monde moral la raison de vouloir la loi, et qui nous associe, dès maintenant, à la réalisation entière du but. La morale n'habite pas le monde en étrangère quand la foi en sa finalité l'associe à la valeur même de la vie. C'est pourquoi la réalité de Dieu ou son existence – sa factualité, en quelque sorte – importe moins que la manière dont la raison s'*associe* elle-même librement à l'*Idée* de Dieu.

1. Chaque occurence du mot *Endzweck* sera traduite par « but final », par souci de distinction avec le terme *letzter Zweck* ou « fin dernière » de la nature.

Il n'y pas d'autre preuve de l'existence de Dieu que la foi en l'Idée de Dieu.

Le propre de la foi est de n'avoir pas besoin de preuves théoriques, mais d'être la demande d'une « cosmologie » morale possible, d'une autre possibilité de la nature, élargie et dépassée par la finalité morale de l'action. L'Idée de Dieu, qui fait de ce monde la raison d'être d'une valeur, fonde ainsi dans la raison, et non plus dans l'entendement, une nouvelle conception de la *possibilité de l'expérience* qui passe outre les limites de la science. Cette expérience moralement désirable, il ne faut pas l'attendre du déterminisme ; elle qualifie téléologiquement l'expérience que produit l'espèce humaine elle-même quand elle se sert de la nature, qui est en dehors d'elle, et quand elle transforme la nature, qui est en elle-même, selon sa propre finalité.

La liberté de l'esprit

Le passage à la liberté s'effectue donc par une libération : l'esprit conquiert le pouvoir de s'affranchir des préjugés métaphysiques qui limitent ses jugements sur l'âme, sur le monde et sur Dieu. C'est ainsi que le passage de la nature à la liberté est nommé par *La Critique de la faculté de juger* un passage « d'une manière de penser à une autre » (CFJ, 25), d'une manière déterminée de penser la nature à une manière libre. La connaissance ne suffisant pas à épuiser le rôle ni de la sensibilité, ni de la raison, la faculté de juger confère au sujet le droit de se servir, pour l'accomplissement de son destin, des Idées de la raison. La liberté de l'esprit est d'élargir, de transformer et de dépasser le concept mécanique de la nature à la fois en nous et en dehors de nous. Nous instaurons un nouveau rapport à la phénoménalité, dans l'esthétique, lorsque nous pouvons dire que « la nature nous parle symboliquement dans ses belles formes » (CFJ, § 42, 133), et dans la théologie, lorsque celle-ci, libérée de la théosophie comme de la pneumatologie (CFJ, 281) nous associe à l'Idée d'un monde qui est à l'échelle des visées finales d'une existence rationnelle.

La mutation obtenue par cette démarche critique est que la nature n'apparaît plus seulement comme un objet des sens – l'*Opus postumum* insistera sur ce point, qui permet de donner toute son extension à la philosophie transcendantale –, elle cesse d'être exclusivement et définitivement regardée comme un objet passif de la réceptivité. Il faut redire, à cet égard, l'importance de la transformation du concept d'*esthétique* entre la première et la troisième *Critique* : le rôle de l'imagination s'est enrichi de son pouvoir d'initiative, qui est de produire des intuitions pensantes, des Idées esthétiques. La subjectivité expérimente ainsi une libre relation à la sensibilité : le beau élargit la nature, le sublime la dépasse.

Le but fixé par la première *Critique*, qui est de surmonter l'alternance désastreuse du scepticisme et du dogmatisme dans la philosophie, justifie l'ampleur de la tâche de la troisième *Critique*, qui doit se battre sur deux fronts : contre la pente sceptique et prépositiviste des Lumières, d'une part, contre le réalisme surnaturaliste de la métaphysique, d'autre part. Il ne suffisait pas de dénoncer les présupposés de l'une et de l'autre (ce qui est accompli sur le plan théorique par la première *Critique* et, sur le plan pratique, par la seconde), il fallait encore faire la preuve que la conversion de l'usage transcendant des Idées (CRPr, 145) est à la fois possible et moralement nécessaire ; le *passage* de la nature à la liberté leur procure un emploi entièrement immanent : elles sont le pouvoir de comprendre et d'anticiper le destin de l'humanité en se fondant sur l'accord final de ses facultés. Ainsi peut s'accomplir le programme fixé par la *Critique de la raison pratique*, à savoir la possibilité de réaliser dans le monde – dans un monde qui est désormais celui de la modernité scientifique – l'idéal pratique du souverain bien, qui est le plus ancien de l'humanité et celui qui permet de penser l'ouverture de la morale à la théologie.

La métaphysique se rend immanente quand elle abordée par la voie de l'analogie. Le mots de la métaphysique, tels que *fondement*, *substance*, *divinité*, peuvent être compris comme des symboles pour la réflexion ou des « présentations indirectes d'après une analogie » (CFJ, § 59, 174). Les concepts de la métaphysique trouvent ainsi un accomplissement symbolique possible dans l'identification ou dans la création de nouvelles intuitions de la nature, quand la nature devient pour nous un monde de signes [1]. L'Idée pouvant se trouver exprimée et signifiée dans une réalité sensible, le langage symbolique donne à la communication humaine la figure d'un monde commun, fondé sur l'approbation et l'assentiment.

Une part de la réalité phénoménale, irréductible à la connaissance parce que spéculativement contingente, repose ainsi sur un assentiment : il est de sa nature de tenir sa réalité de l'adhésion qui la soutient. Une illustration en est donnée, en 1798, par l'analyse de la Révolution française. L'événement trouve son sens dans la sympathie des spectateurs, indépendante de son succès ou de son échec ; cette

1. La symbolique des couleurs, par exemple, est « un langage qui rapproche la nature de nous » (CFJ, § 42, p. 134).

adhésion désintéressée est le signe, rendu publiquement identifiable, de la disposition morale de l'homme en faveur de l'idéal du droit[1]. Si la fonction du langage catégorial[2], est de connaître la nature, celle du langage symbolique est d'exprimer des manières d'appartenir au monde. C'est ainsi que la beauté rapproche la nature de nous en la représentant comme susceptible de s'unir, d'une manière interne, à l'Idée morale (CFJ, §42, 133). Dans la variété des productions organiques, « la nature nous fait en quelque sorte signe que nous pourrions bien la dépasser grâce à ce concept des causes finales » (CFJ, §72, 206). Ce sont alors les concepts de la théologie qui permettent de donner sens à ces causes finales ; ils signifient, en effet, l'origine morale de l'assentiment que nous donnons au monde, dès lors que la finalité, au lieu du concept, en constitue la mesure.

La *Critique de la faculté de juger* enseigne que la fondation dernière de ce dépassement de la nature se trouve en la nature humaine, comprise comme la dynamique du passage de la nature à la liberté. Elle peut donc avancer qu'à la psychologie transcendantale peut se substituer une *anthropologie* qui en accomplit mieux le but, à savoir la connaissance de l'âme (CFJ, 281). L'intériorisation du dépassement de la nature dans les facultés de l'esprit évite, en effet, de succomber aux préjugés de l'objectivisme dogmatique, qu'il soit naturaliste ou surnaturaliste. Dans ce dépassement de la nature en lui-même, l'esprit se donne à connaître la manière dont la liberté est engagée dans le monde. La troisième *Critique* retrace ainsi les étapes de la connaissance de soi du jugement, comme l'itinéraire de l'affranchissement de l'esprit qui fait accéder à la force de l'*âme*, une force entièrement nourrie de son indépendance morale.

Le mystère de la production géniale reconduit au mystère de l'âme, celui de l'origine insondable de l'unité de ses propres ressources. Poser l'unité de la faculté de juger comme une réalité qui nous est cachée (CFJ, §57, 165), c'est renoncer aux méthodes et de la psychologie et de la *physiocratie* transcendantales. La productivité symbolique de l'artiste autorise à penser esthétiquement l'âme, en-deçà de tout dualisme, qu'il soit au bénéfice de la matière ou au bénéfice de l'esprit[3]. « L'*âme*, en un sens esthétique, désigne le

1. *Conflit des facultés*, deuxième section, trad. S. Piobetta, Aubier, 1947, p. 224.

2. La *Dissertation de 1770* (§ 10) nommait « *symbolique* » la connaissance par concepts, pour signifier l'impossibilité d'une intuition intellectuelle.

3. « Cette hypothèse de l'union entre deux sortes de substances, la substance pensante et la substance étendue, a pour fondement un dualisme grossier et

principe vivifiant de l'esprit» (CFJ, §49, 143). Une œuvre a une âme lorsqu'elle est vivante en tant que matière traversée d'esprit. L'âme définit également le talent quand il sait rendre «universellement communicable ce qui est indicible dans l'état d'âme» (*ibid*, 147). On reconnaît donc une âme dans l'expression extériorisée d'une intériorité ineffable, et le génie, faculté des Idées esthétiques, est une disposition à penser par intuitions, analogue à la révélation sensible d'une Idée dans une inspiration inimitable. Tout le labeur de l'artiste est de rendre communicable cette pensée sensible, d'inventer, dans une œuvre, une forme d'expression inédite qui soit pleinement conforme à une pensée[1]. La première *Critique* évoquait l'idée d'une racine commune de l'entendement et de la sensibilité, et elle suggérait d'appliquer hypothétiquement à l'âme le concept de *force fondamentale*, afin de surmonter l'hétérogénéité de ses facultés, (CRP, 456), si diverses qu'elle s'exclut du langage conceptuel. L'analyse du sublime a autorisé à «chercher dans le suprasensible le trait d'union de toutes nos facultés *a priori*» (CFJ, §57, 165), pour comprendre la pure dynamique de l'âme qui se porte vers les fins[2].

L'approche dite *anthropologique* de l'âme est celle qui la rattache à la morale. Parmi les preuves de l'existence de Dieu, la preuve physico-théologique, les textes le répètent volontiers, est la plus populaire de toutes. C'est qu'elle vivifie l'âme en lui permettant de s'éprouver comme une force. Elle est, en ce sens propédeutique à une pure théologie morale, fondée sur l'énergie purement morale de la volonté. Mais il faut une complète transfiguration de l'image naturelle ou physique de la force pour en faire un attribut de l'Idée d'âme et un attribut de l'Idée de Dieu qui ne verse dans aucun panthéisme.

Le sentiment du sublime contribue à «spiritualiser» l'image de la force. Si le spectacle de la violence naturelle stimule et vivifie les forces de l'âme, la cause n'en revient pas à une quelconque identification de l'esprit à une image violente de soi. L'erreur d'interprétation est d'autant plus facile que Kant utilise aussi l'image de la guerre pour illustrer le sentiment du sublime (CFJ, §28, 101). S'il s'agissait de proposer la guerre comme le schème d'une violence acceptable, la suggestion serait en contradiction avec le contexte moral de l'analyse.

transforme ces substances, qui ne sont pourtant que de simples représentations du sujet pensant, en choses subsistant par soi», CRP, p.317.

1. Le génie qui ne cultiverait qu'un narcissisme incommunicable serait sans goût, et il faudrait alors préférer le goût au génie (CFJ, §50).

2. Que la vitalité de l'âme ne puisse se dire dans un langage naturaliste est exprimé, quoique d'une manière moins élégante, par les *Leçons de métaphysique*, dans l'image d'un homme attaché à une charette (p.352).

Mais le schématisme analogique, ou symbolique, ne se comprend, comme le sublime lui-même, qu'en régime d'exception. Ce qui est inouï ou exceptionnel est le fait que l'on *puisse* regarder la guerre comme le schème d'une Idée, qui est ici l'Idée d'un droit juste. Cette figuration symbolique, les textes sur l'histoire et la politique le montrent suffisamment, n'est *jamais* celle que se font les théoriciens pragmatiques de la violence.

L'expérience décisive du sublime est de nous faire éprouver la vie qui est en nous comme autre chose qu'une chose ou un bien de consommation courante[1]. Il met à l'épreuve notre force de résister à une puissance naturelle qui excède toute image d'une domination techniquement possible. Nous pouvons rivaliser avec la nature pour concevoir une autre idée de la force, qui ne soit pas mécanique et coercitive, mais purement morale. La force qui est en nous est l'expérience d'une supériorité sur la nature qui se libère de la nature en nous permettant de juger la nature sans peur, parce que notre destination est encore plus sublime que toute ses manifestations empiriques, même fascinantes, grandioses et effrayantes.

L'humanité ne trouve ainsi son unité que dans le dépassement de soi; accomplir cette unité fait son unique force, une force qui se réalise aussi dans la foi. L'Idée de Dieu nous concerne en tant que nous sommes des êtres du monde que la morale conduit à une conception «héroïque» de la force d'exister. Comment dire autrement le fait que la loi morale doive s'accomplir en dehors de toute récompense, de tout privilège, en dehors même de la collaboration de la naturalité? La théologie morale conçoit l'Idée de Dieu comme une *force motrice* de l'âme, (CFJ, 262). L'usage final des facultés prouve alors la réalité du *lien* qui existe entre Dieu et l'accomplissement de la raison. C'est au plus intime de notre intérêt le plus grand que le rapport à Dieu est réel: nous faisons alors de cet intérêt pratique, le plus grand, l'intérêt qui est en nous le plus fort. Dieu se manifeste ainsi comme la pensée la plus libre de la raison, le concept de liberté conduisant de lui-même la raison «au-delà des limites à l'intérieur desquelles tout concept naturel (théorique) doit demeurer enfermer sans espoir» (CFJ, 277). La force de l'âme n'est alors qu'intérieurement mobilisée, l'énergie de l'esprit dépassant tous les modèles empiriques de la domination.

La liberté de l'esprit ne se conçoit donc pas sans la liberté de la foi. La foi n'est jamais libre quand il lui est demandé de s'associer à

1. Ainsi que l'évoque l'allusion au triomphe de «l'esprit mercantile en même temps que l'égoïsme vil» (CFJ, § 28, p. 101).

une opinion qui lui est extérieure, d'adhérer à une théorisation du monde. « L'assentiment en matière de croyance est un assentiment à un point de vue pratique pur » (CFJ, § 91, 273). La foi ne confirme jamais aucun savoir, elle est la liberté de donner à une Idée une influence sur la « froide raison »[1]. Aussi faut-il distinguer entre l'incrédulité et l'incroyance (*ibid.*, 275) qui se donne tous les aspects d'une foi dogmatique. La première est pensée théoriquement réservée, soupçonneuse à l'égard des témoignages, une façon de vouloir croire par soi-même sans adhérer à l'autorité de l'histoire. La seconde affirme dogmatiquement l'irréalité des idées morales et borne sa conviction aux limites de la théorie et aux pouvoirs des faits.

Faut-il comprendre comme un modèle de la foi libre celle qui peut s'exprimer sans aucun scepticisme en déclarant que « le concept de Dieu obtient le privilège de valoir comme objet de croyance » (*ibid.*, 273) ? La formule est, sans conteste, exempte de toute représentation matérielle de la puissance de Dieu. Une théologie physique reste encore prisonnière d'un « démiurgisme », qui rend le pouvoir de Dieu techniquement analogue à celui d'une chose, même s'il s'agit d'une chose en soi dotée d'une surnaturelle puissance. Tandis que, par la foi, Dieu est compris comme l'auteur d'un monde tel qu'il est aussi un objet de volonté.

1. Le sentiment religieux peut être rapproché de l'expérience esthétique en tant qu'elle agit sur le sentiment moral (CFJ, p. 283, note).

CHAPITRE VIII

HABITER LE MONDE

Les désordres de l'histoire et la folie des hommes, la liberté humaine, qui est d'abord une liberté pour le mal, et aussi la finitude du politique, par laquelle le législateur humain ne sera jamais un législateur saint, tout conspire à détruire l'idée que l'espérance est une pensée tranquille. L'événementialité empirique incite au désenchantement, elle décourage l'attente du meilleur, et l'on ne sait plus, à la fin, comme le dit l'introduction à l'*Idée d'une histoire universelle*, quelle idée on doit se faire de notre espèce si imbue de sa supériorité. Le mal étant inséparable du désir et du pouvoir de vivre, les manières d'exister qui sont propres au genre humain paraissent rendre, sinon chimérique, du moins trop idéale, la perspective de rendre l'action conforme à la destination morale de l'humanité. Les religions réalisent bien des communautés éthiques, mais sur le mode historique de la séparation entre communautés cultuelles rivales, à l'image des communautés nationales qui réalisent politiquement leur unité juridique. La genèse empirique des développements culturels et institutionnels semble devoir demeurer, pour longtemps, du ressort exclusif de la guerre.

De l'anthropologie à l'Idée d'humanité

L'histoire est ainsi l'expérience que les hommes font empiriquement de leur humanité. Bien que l'intérêt pour l'histoire traverse l'œuvre kantienne, il n'existe pas de Critique de la raison historique ; les textes ne permettent pas de conclure à une autonomie théorique d'une science de l'histoire, alors que les *Critiques* ont pu faire ressortir l'autonomie conceptuelle de la science de la nature, l'autonomie pratique de la morale et l'autonomie esthétique du beau. L'histoire est dans la dépendance de la téléologie « qui s'ordonne à la raison pratique »[1]. Aussi s'agit-il moins de se demander ce que l'homme peut attendre d'une science de l'histoire (*Historie*) que de découvrir ce que l'humanité peut attendre d'elle-même dans l'histoire (*Geschichte*).

L'intérêt pour l'histoire correspond à un niveau d'intensité problématique particulièrement décisif pour les conclusions de la philosophie critique. Il est, dès la *Critique de la raison pure*, associé à la raison pure, qui contient, « dans l'usage moral, des principes de la *possibilité de l'expérience*, à savoir d'actions qui, conformément aux principes moraux, pourraient être trouvées dans l'*histoire* de l'homme » (CRP, 544). Les enjeux de la question ont été précisés par la deuxième *Critique* : travailler à la réalisation de la morale dans une nature mécanique et déterministe est dépourvu de sens. Cette situation, qui conduit au risque d'absurdité pratique (absurdité de la loi), ou pragmatique (absurdité du bonheur), paraît conduire au « nihilisme » que l'on impute souvent à la coupure moderne entre les faits et les valeurs. Mais si Kant évoque le mythe de Sisyphe[2], pour symboliser une historicité dépourvue de sens, ce n'est pas pour conclure, mais pour poser la question de l'histoire.

L'histoire fournit un terrain d'application à la conception cosmique ou cosmopolitique de la philosophie annoncée par la première *Critique*. C'est de manière *a priori* la raison qui est en chaque individu, et qui en fait une subjectivité transcendantale, suffit à comprendre l'universalité impérative, ou normative, de la loi morale. Mais comment l'*universaliser* aussi de manière extensive, cosmique ou « mondaine », comment décider que les Tahitiens, les Hottentots ou les Groenlandais participent, tout comme la partie qui du monde qui se dit « éclairée », l'Europe, à la même possibilité de liberté ? Force est de s'aventurer vers l'idée d'une sorte de « parenté » intellectuelle universelle du genre humain, dont la pensée de l'histoire doit inventer la méthodologie.

Le kantisme distingue entre deux niveaux de l'historicité humaine : l'histoire *naturelle* du genre humain, d'une part, ou son histoire physique, qui est celle des races ; l'histoire *morale* du genre humain, d'autre part, selon l'expression employée par le *Conflit des facultés*, et qui représente ce que l'homme fait de lui-même, la manière dont il doit inventer ses propres conditions d'existence. L'histoire morale considère la totalité des hommes, unis par une

1. J. Nabert, Avertissement pour *La philosophie de l'histoire*, recueil des opuscules traduits par S. Piobetta, Aubier, 1947, p. 14.

2. *Conflit des facultés*, *op. cit.*, p. 219.

commune appartenance à la terre (CF, 216). Quoique les attentes escomptées de l'une et de l'autre soient nécessairement dissemblables, la racine du questionnement est la même : il est demandé à la nature elle-même quelle peut être la raison d'être naturelle de l'homme, sa raison d'exister.

La question de l'histoire a en propre d'être à la fois théorique et pratique. D'abord parce qu'elle a vocation de découvrir une assise phénoménale de l'espérance possible : comment *savoir* ce qu'il est permis d'*espérer* ? (CRP, 543). L'*Idée d'une histoire universelle*, en précise les termes réels : le point de vue de la subjectivité ne peut assumer la dimension de l'historicité. La mortalité individuelle étant ce qui caractérise la vitalité de l'espèce, toute vie individuelle, de même que toute œuvre de science, est une étape inachevée de la réalité générique de l'humanité. De là le recours nécessaire à une théorie de la nature qui considère celle-ci comme une instance agissant *à l'insu* des individus, qu'elle malmène et ignore. Mais cette perspective strictement théorique ne suffit pas ; elle se heurte à la complexification humaine du phénomène de la vie ; il est impossible de s'en tenir au confort théorique qui consisterait à traiter l'espèce des hommes comme celle des castors ou des abeilles (IHU, 60), ne serait-ce que parce que son histoire contient des réserves d'ignominie et de violence qui mettent en péril sa propre survie, ne permettant pas de s'en tenir à l'idée d'une adaptation instinctuelle du vivant à son milieu. S'il faut compter le mal comme un signe d'une histoire de la liberté arrachée à la nature, il n'est donc pas possible de naturaliser ou de « biologiser » simplement la vie proprement humaine. De là le recours à l'idée d'une *intention* de la nature, symbolisée dans le concept de *providence*, que l'opuscule *Sur l'emploi des concepts téléologiques en philosophie* présente comme une interrogation à la fois théorique et pratique sur l'historicité humaine, interrogation que la *Critique de la faculté de juger* explicite tout à fait : si nous avons un intérêt pratique à concevoir une théorie de la nature qui fasse de la vie, en l'homme, le lieu d'une histoire, cet intérêt est celui de la téléologie en général, celui d'un *passage* de la nature à la liberté. L'existence de l'homme est donc bien ce qui justifie le recours à une finalité de la nature, quand il est question de savoir en quel sens la nature humaine peut être comprise comme une fin de la nature, ou comment la nature physique porte en son sein un être raisonnable, méta-physique.

Puisqu'elle se présente comme une enquête sur la finalité naturelle de l'existence humaine, l'histoire naturelle de la réalité humaine physique ne prendra pas la forme d'un récit, elle sera « une étude naturelle des origines[1] ». La question de savoir s'il existe une universelle parenté du genre humain ou si, au contraire, les races humaines ne sont que des formations hétérogènes sans lien commun, voire des dérivations ou des dégénérescences, est une question philosophique qui doit s'arrimer au traitement scientifique que l'époque a le pouvoir d'adopter. Selon le point de vue cosmique de la philosophie, la sagesse comprend les fins, mais elle ne saurait s'économiser le détour par le savoir phénoménal. En l'occurrence, ce sont les thèses de Buffon que Kant adapte au mode de penser critique. Renonçant au concept scolastique et statique du genre logique – simple description de caractères communs –, il adopte le critère de la reproductibilité de soi d'une espèce, telle qu'elle reproduit sa propre fécondité. Selon ce critère, la preuve de la parenté physique des hommes se fait par les effets : le métissage permet d'envisager sans contradiction une espèce universelle qui perpétue sa propre fécondité[2]. Reste la question de la légitimation théorique des origines du genre humain. Sans être plus qu'un autre à l'abri des préjugés de son temps[3], Kant adopte néanmoins une solution adéquate à un mode de penser scientifiquement critique. Si l'on s'en tenait à une explication strictement empirique, il serait toujours possible de sélectionner une race *primitive* pour servir de modèle historique à un certain idéal de soi du genre humain, qui ne serait que celui d'une race parmi d'autres. Mais parce que la science se distingue d'une technique, elle doit se situer au niveau des principes : elle s'en remet alors au principe d'une organisation génétiquement *originaire* de l'espèce humaine, organisation dont on ignore ce qu'elle est en soi, et qui demeurera phénoménalement toujours inconnaissable[4], mais que l'on connaît uniquement dans sa diversité phénoménale. Les races représentent ainsi les modes d'être historiquement multiples du genre humain, ou sa réalité spatio-temporelle, la nature ayant contraint les hommes à se répandre sur toute la surface de la terre en s'adaptant, par force, aux

1. *Sur l'emploi*, *op. cit.*, p. 180.

2. « Les forces génératrices de chacune, même en ce qui concerne leur différence caractéristique, doivent s'harmoniser de façon qu'une race intermédiaire, non seulement puisse venir au jour, mais doive en résulter infailliblement », *Définition du concept de race humaine,* trad. S. Piobetta, Aubier, p. 140.

3. Cf. A. Philonenko, *La théorie kantienne de l'histoire*, Vrin, 1986, p. 35.

4. « Quel a été l'aspect de la souche humaine primitive (quant à la couleur de sa peau) ? Il nous est impossible de la deviner actuellement d'après ce que nous venons de voir ; le caractère des Blancs lui-même n'est que le développement d'une des dispositions primitives », *Définition du concept de race humaine*, *op. cit.*, p. 150.

contrées les plus inhospitalières. Les races, comme la variété des peuples, des caractères nationaux et des tempéraments individuels définissent la diversité empirique des existants humains, qui constitue la matière offerte ou donnée à l'observation du chercheur.

Le système de l'épigénèse (CFJ, § 81) se révèle ainsi le plus fécond pour expliquer le maximum des effets de la réalité empirique humaine avec le minimum de causalité hyperphysique ou d'interventionnisme surnaturel. La part de l'explication mécaniste est préservée : les climats ou la concurrence vitale sont les « causes occasionnelles »[1] qui provoquent extérieurement le développement. Mais la causalité naturelle n'est pas démiurgique, et elle ne saurait engendrer les dispositions originaires ou les préformations génériques d'une espèce, sous peine de rendre l'effet disproportionné à la cause. L'introduction d'un minimum de finalité évite cet usage magique du mécanisme : les dispositions sont les causes finales d'un développement mécaniquement provoqué, mais non mécaniquement déterminé[2], ce sont elles qui en rendent l'orientation intelligible.

Le concept de disposition permet donc l'étude de la vie d'un point de vue anthropologique ; il est plus opératoirement historique, moins biologiquement connoté que celui de germe. Car il porte sur « les rapports des parties entre elles »[3]. Deux illustrations font voir l'importance anthropologique de cette conception de la disposition en tant que relation. La première concerne la sensibilité, qui peut être traitée comme une disposition à un développement spécifiquement humain : « ce qui caractérise l'homme comme animal raisonnable se trouve dans la forme et l'organisation de sa *main*, de ses *doigts*, de leurs *dernières phalanges*, dans leur structure d'une part, leur sensibilité délicate d'autre part, grâce à quoi la nature l'a rendu habile, non pas à un unique type de maniement des choses, mais, indistinctement, à toutes les formes de manipulation : en conséquence, elle l'a fait apte à utiliser la raison » (APP, 312). L'usage de la sensibilité demeurant anthropologiquement indéterminé, la sensibilité peut être téléologiquement appréhendée comme le support d'une destination exorbitante des limites de la vie animale. Ses potentialités excèdent la factualité partielle de ses actes, et elle semble dépassée, à l'intérieur d'elle-même, par une disponibilité qui la caractérise comme une disposition. La deuxième illustration autorise à parler également de la raison

1. *Des différentes races humaines*, trad. S. Piobetta, Aubier, 1947, *op. cit.*, p. 45.
2. *Ibid.*, p. 46.
3. *Ibid.*, p. 44.

comme d'une disposition. La raison est impuissante à nous procurer le bonheur (FMM, 60), car elle outrepasse ses conditions pragmatiques de possibilité. Elle œuvre plutôt comme un facteur de désadaptation aux quiétudes de la vie sensible, en introduisant un excédent ou un surplus de potentialités, qui transporte la finalité humaine de la vie au-delà des moyens de la vie elle-même.

Il est donc possible de penser l'historicité humaine à partir des différences qui existent entre ses dispositions, voire même de leurs divergences ou de leur opposition, quand il s'agit de la contradiction entre la disposition à l'animalité et la disposition à l'humanité. Une classification anthropologique relève trois types de dispositions qui définissent le caractère de l'espèce humaine. La disposition technique (APP, 312) à la conservation de soi physique est caractérisée par les potentialités d'une sensibilité et d'une sensualité non figées par la rigidité de l'instinct animal (la station debout et la libération de la main y contribuent) ; elle est à l'origine de vices caractéristiques (R, 46), mais aussi de la nécessité de produire historiquement les moyens artificiels de la reproduction de l'espèce, par l'habitat, la vie domestique et la production économique.

La disposition pragmatique (APP, 312) complique cette adaptation technique par les contradictions inhérentes à la vie communautaire ; l'égoïsme de chacun, qui espère tirer un profit individuel des contraintes qui pèsent sur tous, se voit forcé de convertir en talents et en instruments de civilisation les passions génératrices de rivalité. « L'insociable sociabilité » (IHU, prop. 4) se nourrit de la comparaison, de la jalousie et de l'envie, même de l'ingratitude et des ressentiments de la méchanceté (R, 47) ; mais elle est en même temps la genèse d'un besoin d'estime de soi social. Les passions qui s'en trouvent développées, et qui multiplient les besoins artificiels et les inégalités sociales de la civilisation (CFJ, § 83), sont alors des causes occasionnelles, ou mécaniques, d'un progrès paradoxal des mœurs, qui se traduit par la socialisation, l'homogénéisation, ou encore la *légalisation* d'une même manière de vouloir : la commune acceptation de la pression et de la répression exercée par une loi identique et égale pour tous.

La disposition morale[1] (APP, 313) ou disposition à la personnalité (R, 47) correspond à la disproportion qui existe entre l'être empirique et la potentialité rationnelle du genre humain. Elle définit, au niveau

1. Ces dénominations sont assez semblables à celles qui caratérisent les différents types d'impératifs dans les *Fondements*, qui sont de nature technique, pragmatique et morale.

individuel, la capacité de faire de la loi morale la maxime de l'intention. Elle est plus difficile à définir au niveau collectif de l'espèce, puisqu'elle concerne la question de la bonté et de la méchanceté du caractère ; l'histoire en donne toutefois une approche renouvelée : parmi tous les vivants, l'homme est le seul qui doive donner une valeur à sa vie (CFJ, § 83, note 1).

La raison étant, naturellement, la disposition la moins empirique du genre historique, il faut distinguer entre l'humanité et les hommes. L'humanité, en tant qu'elle représente la totalité des potentialités humaines et leur réalisation rationnelle complète, ne peut être signifiée que par une Idée, l'Idée d'une complétude telle qu'elle déborde toute réalisation partielle. A ce titre, l'humanité constitue, pour les hommes empiriquement historiques, une possibilité encore irréalisée de leur civilisation, une échelle qualitative de leur développement. La question est donc de savoir si la destination morale de l'humanité est identifiable dans l'histoire empirique des hommes, si les hommes peuvent faire de cette potentialité (d'« *animal rationabile* ») une réalité (d'« *animal rationale* ») (APP, 309).

Le choix du progrès

N'est-ce pas alors s'aventurer dans le monde des chimères ou, à tout le moins, des opinions ? Comment ne pas faire dire à l'histoire ce que le penseur voudrait lui-même y trouver ? Et, en effet, l'intérêt pragmatique aussi bien que l'intérêt pratique pour l'histoire sont si évidemment présents que l'on ne saurait, par crainte d'échafauder un roman, n'y hasarder que des conjectures[1]. Il faut donc s'interdire de mettre en pratique des jugements déterminants, et de prétendre savoir de l'histoire ce qu'en vérité on désire qu'elle soit. C'est ainsi que l'opinion qui affirme que tout ira de mal en pis, opinion *terroriste* (CF, 218), est partagée, pour des raisons pragmatiques évidentes, par les souverains prompts à cacher un appétit de domination politique sous des prétextes moraux. A l'inverse, l'opinion qui estime qui tout ira de mieux en mieux, que le progrès est la plus consolatrice des perspectives et des prospectives d'avenir, reflète l'intérêt spéculatif de l'eudémonisme, qui voudrait faire du bonheur le critère d'un perfectionnement moral : cette théorisation fait du progrès la solution chronologiquement apaisée des désordres de l'histoire, oublieuse des contradictions réelles qui provoquent l'histoire.

1. *Conjectures sur les débuts de l'histoire humaine*, *op. cit.*, p. 153.

Pour éviter que les principes d'une théorie de l'histoire dépendent finalement d'un décisionnisme pragmatique, Kant ne la traite pas comme une science déterminante des faits ; il l'aborde au niveau du jugement de l'homme sur l'expérience humaine, jugement non déterminant, mais réfléchissant : quelle présupposition ou quel *point de vue* autorise à faire confiance à l'expérience historique ? Autrement dit, quelle Idée de l'histoire peut prendre en compte les potentialités inscrites dans l'Idée d'humanité ?

Est naïve la conception du progrès qui considère que l'espèce humaine va vers un bonheur de plus en plus grand, comme si le progrès pouvait rendre l'effet plus grand que la cause (OP, 278). Elle fait du bonheur la raison d'exister du genre humain, c'est-à-dire la fin dernière de la nature en l'homme. Mais elle se trouve contredite par les faits, et elle échoue à produire une représentation entièrement téléologique du concept de fin dernière. Aussi la conception pragmatique, techniquement pratique du progrès, se trouve-t-elle réfutée dans le paragraphe 83 de la *Critique de la faculté de juger*. Lorsque l'homme tient spontanément le bonheur pour sa fin naturelle dernière, il arrête le développement de ses dispositions au stade de l'habileté, au stade d'une civilisation qui tire de la nature des moyens qui s'ajoutent indéfiniment à d'autres moyens, l'habileté permettant à l'homme de consommer la nature. Mais il fait alors un usage déterminant de la finalité qui ne lui donnera jamais qu'une représentation technique de la nature, le bonheur étant la finalité naturelle qui transforme la nature entière en un ensemble d'instruments. Il peut bien alors se considérer comme le maître ou comme le « seigneur de la nature », cette conception dominatrice du progrès, ou cette culture de l'habileté, ne fera jamais que l'asservir à ce qu'il croit maîtriser, car il reste « toujours seulement un membre dans la chaîne des fins naturelles ». La finalité du bonheur est ainsi une finalité faussement créatrice et faussement émancipatrice, puisque l'homme reste un maître subordonné aux moyens et aux fins techniquement possibles de l'expérience. Ce sera, si l'on veut, une sorte de mauvais infini du progrès, analogue à celui que Max Weber identifiera au « désenchantement du monde »[1].

La question d'un progrès *vers le mieux* doit donc être posée autrement. Elle ne saurait être naïve, puisque c'est le manque, la souffrance, la contradiction entre les dispositions naturelles qui

1. « Nous pouvons *maîtriser* toute chose par la *prévision*, mais cela revient à désenchanter le monde », Max Weber, *Le métier et la vocation de savant,* 10/18, 1963, p. 71.

obligent la vie sensible à s'humaniser: « l'esprit fini est celui qui n'est pas actif autrement qu'à travers la souffrance » (OP, 289). Il s'agit ainsi de s'interroger, moins sur les performances de la civilisation – « nous sommes civilisés au point d'en être accablés » (IHU, prop. 7) –, que sur l'intensification de la *valeur* qu'il est possible de donner à cette civilisation. C'est donc au niveau du *but* de la civilisation et de l'histoire humaine que l'idée de progrès trouve sa pertinence, et à la condition que l'habileté se trouve elle-même dépassée par une finalité proprement humaine. Or il n'en est pas de plus téléologiquement pure que celle qui fait de l'humanité la fin même de l'homme, l'unique raison de le juger, de l'éduquer et de le gouverner. Parler de progrès *vers le mieux* est dépourvu de sens si la valeur qu'il est possible de donner à l'existence n'en constitue pas le but et le sens. Le progrès doit être compris comme *le point de vue* qui permet de regarder l'histoire empirique selon la perspective de la valeur morale possible de la civilisation.

C'est pourquoi la fin dernière de la nature en l'homme n'est pas le bonheur, mais la culture (CFJ, § 83, 241). Ce concept synthétiquement complexe indique à la fois le procès de la civilisation et l'avenir de ce procès. Il ajoute à ses aspects événementiels un sens qualitatif, ouvert à la perspective d'une culture morale possible, « car la morale appartient encore à la culture » (IHU, prop. 7). Le progrès des lumières ne serait qu'une accumulation stérile de luxes et de savoirs inutilisables, s'il ne prenait en compte l'aptitude à des fins que développe inévitablement la culture, ou la « tendance finale de la nature à un développement qui nous rend aptes à des fins plus élevées que celles que peut nous proposer la nature » (CFJ, § 83)[1]. La représentation technique de la nature est téléologiquement insuffisante quand il s'agit de penser la culture humaine. La présence de l'homme dans la nature oblige à dépasser toute conception instrumentale de la finalité, incapable de signifier une réalité qui n'a pas d'autre fin qu'elle-même. A l'intérieur de l'espèce humaine, la naturalité se trouve en quelque sorte débordée par la finalité, et la réalité fait signe vers des possibles qui vont au-delà d'elle-même. L'humanité étant la réalité phénoménale dans laquelle la finalité peut valoir indépendamment de tous les moyens naturels, elle est un « but final de la

1. Le vocabulaire met l'accent sur la perfectibilité des dispositions: « aptitude ou habileté à toutes sortes de fins »; capacité de « se proposer arbitrairement (ou volontairement) des fins; ou encore: « produire, dans un être raisonnable l'aptitude générale aux fins qui lui plaisent (par conséquent dans sa liberté) est la culture ».

création », une finalité qui n'a pas d'autre fin que de se séparer de toutes les fins naturelles.

Il faut assurément une certaine Idée de l'histoire pour prendre en compte cette finalité qui nous sépare de la nature ; elle est, dans l'éducation, celle de la liberté, qui dépasse les moyens de la discipline ; dans la politique, elle est celle de la justice, qui dépasse les succès de la contrainte. Le progrès est cette Idée, au sens où il constitue le point de vue d'une finalité réfléchissante, qui ne pense pas les fins à partir des moyens, mais qui, à l'inverse, juge des moyens à partir de la perspective des fins. La civilisation humaine peut désigner autre chose qu'un processus mécanique et cumulatif dans la mesure où ce qui est nommé « progrès » correspond moins à un besoin technique qu'à un *besoin éthique de culture*. Plus l'histoire force à inventer et à renouveler les moyens de l'adaptation, plus elle provoque de possibles, qui rendent nécessaire aussi un traitement de la finalité humaine qui soit lui-même final, et non instrumental. C'est pourquoi il n'y a pas annexion de l'avenir dans une quelconque fin de l'histoire qui en serait le terme, mais idéalisation de l'avenir par une nouvelle manière de penser le monde, du point de vue des *citoyens du monde*.

La responsabilité des moyens

L'Idée cosmopolitique de progrès doit permettre de conférer une unité de sens à la diversité désordonnée de l'histoire empirique. Dans le cadre d'une *Doctrine du droit*, il est possible de fonder *aprioriquement* la nécessité d'introduire une politique de réformes, la réforme étant la manière dont la politique peut se rendre *progressivement* conforme aux concepts pratiques du droit. Mais la philosophie de l'histoire affronte une difficulté théoriquement redoutable : il ne s'agit plus de la fondation, mais de la *réalisation* du droit. Or, selon le mode téléologique de l'interrogation, c'est de la nature elle-même qu'il faut attendre les conditions réelles de cette possibilité, et il faut donc pouvoir affirmer que « la nature *veut* de manière irrésistible que le pouvoir suprême revienne finalement au droit » (PP, 46).

Cette question est, pour le philosophe aussi bien que pour l'espèce humaine, la plus difficile (IHU, prop. 6), car il s'agit de déceler des signes ou des indices d'une histoire de la liberté au sein même d'une histoire de la soumission. Cette soumission maintient les individus dans une triple minorité[1] : familiale, politique et religieuse. Aux trois

1. AK, XV, Réflexion 1524. Trad. M. Castillo, *Kant et l'avenir de la culture*, PUF, 1990, pp. 271-273.

niveaux des dispositions humaines, à la conservation, à la civilisation et à la conscience morale, les éducateurs, les politiciens et les clercs contribuent à figer le développement humain par la reproduction de la même soumission mécanique. Cette conception autocratique du pouvoir disciplinaire, politique et spirituel ne permet pas d'espérer que la bonne volonté joue spontanément le rôle d'un moteur pour le progrès, en faveur d'un réformisme librement voulu. Le réalisme empirique fait observer qu'en histoire, ce n'est pas le droit, mais la guerre – dans son sens le plus large, qui englobe la rivalité entre les égoïsmes, individuels et nationaux –, qui sert de moyen à la réalisation du droit. De là le problème spécifique de la pensée de l'histoire : il faut que la subordination du pouvoir au droit passe par le *pouvoir* lui-même ; une politique cosmopolitique de la paix doit être historiquement obtenue par le moyen des souverainetés nationales. Empiriquement, le progrès *vers le mieux* est nécessairement celui qui va du mal au bien.

Il faut donc reconnaître à la guerre un rôle historiquement paradoxal : c'est par la guerre que doit se faire la mise hors-la-loi de la guerre. Si le fait d'identifier l'histoire à un progrès a pu apparaître, sur le plan de la politique, comme particulièrement dangereux, c'est qu'elle semble autoriser, sinon un bellicisme salutaire, à tout le moins, le sacrifice des individus au développement de l'espèce. Aussi a-t-elle pu servir à condamner la philosophie des droits de l'homme elle-même, au motif que leur réalisation historique pouvait passer par le mépris des individus ou des particularités nationales. Herder comprend ainsi le progrès des Lumières comme le sacrifice des générations présentes au bonheur des générations futures. H. Arendt voit dans le progrès, parce qu'il est celui de l'humanité en tant qu'espèce, une manière de privilégier la vie, biologiquement comprise, au détriment de la liberté. Ces protestations sont tout à fait fondées si on les rapporte à une conception technique du progrès, qui ferait du sacrifice des individus le moyen de la plus grande sécurité, ou du plus grand bonheur pour l'ensemble. Mais telle est, précisément, la perspective combattue par la pensée critique. Il n'est de pire fléau, pire que la guerre elle-même, qu'une paix obtenue par une monarchie mondiale, par une domination totale à laquelle il est loisible d'abolir la liberté, à la fois comme moteur et comme but, au nom de l'intérêt souverain de l'histoire d'un seul Etat. Une monarchie universelle est synonyme d'une constitution « où toute liberté et avec elle (ce qui en est a conséquence) la vertu, le goût de la science devraient disparaître » (R, 55).

Un despotisme mondialisé détruirait toute espérance d'un passage de l'état de nature des Etats à un règlement juridique des conflits, et il ruinerait jusqu'au principe de la publicité des lois. Il suffit, en effet, de l'émergence d'une puissance irrésistible pour que la référence au jugement public devienne dérisoire, et pour que la violence, dès lors qu'elle peut régner en toute impunité, n'ait rien à craindre de la transparence même de ses desseins :« on peut admettre qu'elle *voudra* opprimer parce qu'elle le *peut* (PP, 80). C'est pourquoi le recours à la violence ne peut être consensuellement approuvé comme moyen de droit. Pas plus que la révolution, sur le plan intérieur, la guerre ne saurait se donner, sur le plan international, pour un instrument légitime des droits de l'homme, pourtant reconnus comme sacrés. Sur le plan de l'histoire, la guerre doit donc être regardée du point de vue de sa stricte factualité empirique, dépouillée de ses justifications illusoires. Réduite à son aspect purement « expérimental », désillusionné, elle n'apparaît plus que comme le moyen par lequel les hommes et les Etats sont instruits, malgré eux, de sa vérité elle-même – que l'intelligence répugne à connaître et dont la volonté refuse la sagesse (CFJ, § 83, 242) –, à savoir que la guerre est l'obstacle que les hommes eux-mêmes opposent à l'instauration du droit. Or la guerre a empiriquement pour effet de détruire les causes qui l'ont engendrée : l'ambition des Etats, leur tentation de mettre toujours le pouvoir à l'abri du droit. Plus les Etats se font la guerre et plus, paradoxalement, ils mettent en péril la souveraineté dont ils veulent s'assurer la possession privée. Soit qu'ils s'appauvrissent et se rapetissent, soit qu'ils s'agglomèrent en unités plus grandes, ils se voient forcés d'adapter l'économie et le système éducatif (IHU, prop. 8) aux conditions qui deviennent, par eux et malgré eux, les conditions de la politique moderne. Car le rôle de la politique se révèle ainsi de plus en plus déterminé par l'histoire, par le fait que l'histoire intérieure des Etats et l'histoire mondiale se trouvent désormais si inextricablement mêlées que le changement des institutions devra inévitablement être considéré, dans l'avenir, comme une condition de possibilité nouvelle de la politique elle-même.

Il est donc possible de dire que le mal se détruit lui-même (TP, 58) en ce sens que la guerre contribue à désenchanter la guerre, à faire perdre l'illusion que la puissance et la gloire peuvent être stabilisées et assurées. La volonté de puissance des Etats, aristocratique et belliciste, s'exténue dans un simple mécanisme d'égalisation des conditions de possibilité de la guerre. Les Etats ne font ainsi que découvrir une situation qu'ils ont contribué à développer par l'injustice et la violence, à savoir que l'espèce humaine n'est pas la propriété des souverains et qu'elle habite la terre par l'ensemble des relations, des déplacements, des migrations et des échanges qui en esquissent de plus en plus la réalité cosmopolitique. La nature habitée par les hommes devient toujours plus le système de leurs *relations*.

Affirmer que la nature *veut* que le triomphe revienne au droit, qu'une *société civile parfaite* est la finalité la plus haute de la politique (IHU, prop. 5) en vue de l'harmonie légale des Etats sur le plan international (CFJ, § 83), doit donc s'entendre uniquement en un sens propédeutique. Car la nature agit d'abord au niveau des mentalités, en contrariant toujours les finalités des acteurs, naïvement déterminantes. L'expérience ne saurait déterminer nos fins, mais elle contribue à détruire la finalité que lui attribuons. Si notre propension à l'unité se nourrit de l'illusion que le pouvoir, le bonheur ou la sécurité sont des fins naturellement constitutives de la prospérité de l'espèce, la pluralité des langues et des religions contredisent, aussi bien que la guerre, l'aspiration au repos sous la tutelle d'un despotisme unitaire. A l'inverse, lorsque l'appétit de liberté demeure la revendication de l'égoïsme ou du rêve de souveraineté individuelle, alors l'égoïsme généralisé se voit forcé de se légaliser, de se convertir en talents sociaux, et même un peuple de démons, forcé d'accepter la vie commune, peut former une société de bons citoyens (PP, 44). De sorte que la nature, en contrariant toujours nos aspirations, ne fait jamais qu'indiquer la perfectibilité humaine, à savoir une finalité qui se détache toujours plus de la nature, une sorte de dénaturalisation progressive des manières humaines d'exister.

Les moyens dont la nature se sert conspirent donc à nous détourner d'une vision simplement technique de la pratique. Pourtant, il s'en faut encore de beaucoup que l'instruction qui en résulte pour l'entendement corresponde à une conversion de la volonté. Que les réformes soient introduites par un seul, ou par « une élite de personnes triées au sein d'une société » (IHU, prop. 6), le risque demeure d'une appropriation personnelle du pouvoir, et donc de la perpétuation du « moralisme » amoral de la prudence politique. C'est pourquoi le progrès ne peut être présenté que comme une tâche, ou comme le travail d'une approche indéfinie du but. Cette représentation en exprime la portée intrinsèquement déontologique : le but final du progrès ne peut être imposé par une constitution despotique.

L'épreuve de l'histoire conduit ainsi à la même solution réformiste que celle d'une théorie pure du droit, mais par d'autres moyens, qui concernent la prudence dans l'art politique. Force est d'accepter l'étape de la citoyenneté – la républicanisation universelle des institutions –, celle d'une organisation juridique de la coexistence, capable de produire une harmonie *légale* des libertés ; l'accès au but ne résultera d'aucun moralisme politique, cynique ou fanatique, « mais uniquement de l'organisation progressive des citoyens de cette terre au sein d'une espèce et en vue de la constitution de celle-ci comme système dont le lien soit cosmopolitique » (APP, 325). L'urgence, en matière de prudence politique, est de laisser advenir ce que l'histoire rend nécessaire, à savoir le règne du droit et cela, en tant que *propédeutique* à une moralisation qu'il est impossible d'obtenir par la force[1]. De sorte que le concept critique de progrès contribue à la théorisation d'une *sagesse politique* porteuse d'une responsabilité spécifique : le respect à l'égard des fins passe d'abord, en politique, par la responsabilité à l'égard des moyens. La prudence politique peut devenir l'alliée de la sagesse politique, au sens où, étant l'art de saisir les occasions les plus favorables à la décision, elle assume la responsabilité du choix des moyens et de l'opportunité d'introduire des réformes. Le point de vue cosmopolitique incite à cette sagesse de la prudence, car il ne regarde ni le despotisme, ni les révolutions du point de vue de la violence, mais uniquement du point de vue de leur contribution à l'avancement du droit. Le progrès étant seulement en marche vers les lumières, le meilleur conseiller du pouvoir se garde de tout anachronisme triomphaliste, en ne considérant pas comme achevé ce qui porte encore le signe d'un commencement, dès lors que « l'on est encore à disputer des idées de gouvernement et d'éducation »[2].

« Par où nous aimerions finir »

« Il est assez remarquable, bien que cela ne pût pas naturellement arriver d'une autre façon que, dans l'enfance de la philosophie, les hommes aient commencé par où nous aimerions finir maintenant, je veux dire par étudier la connaissance de Dieu et l'espérance, ou même la nature d'un autre monde » (CRP, 569).

Finir par où les peuples ont toujours commencé est une manière d'esquisser une histoire naturelle de la raison humaine. En philosophie, la théologie est également ce qui vient en dernier dans l'ordre de la succession des parties de la métaphysique traditionnelle. Mais la connaissance de Dieu est-elle aussi ce qui donne à la

1. « Malheur au législateur qui voudrait établir par la contrainte une constitution à fins éthiques », *Religion*, p. 130.

2. *Réflexions sur l'éducation*, trad. A. Philonenko, Vrin, 1966, p. 78.

philosophie critique son achèvement[1] ? La formule peut s'appliquer à la *Critique de la faculté de juger*: entre l'enfance et l'âge critique de la philosophie, le rapport pragmatique à la question de Dieu et à la métaphysique se trouve dépassé par un rapport éthique, et le devoir remplace la crainte aussi bien que l'utilité. Elle s'applique bien davantage encore aux considérations de l'*Opus postumum*, où l'Idée de Dieu apparaît comme ce qui couronne la rationalité pratique en même temps qu'elle donne à la philosophie transcendantale sa systématicité complète et l'unité de son objet. Le progrès des connaissances, forme d'une expérimentation continue de soi de la raison, est finalement surmonté dans l'unité d'une connaissance de soi de la raison. De sorte que si l'Idée de Dieu est la connaissance qui constitue «la fin et l'intention dernière» de la métaphysique (*Leçons*, 377), elle se trouve assumée par les moyens de la philosophie transcendantale, par une conceptualisation entièrement apriorique[2].

Le point de vue cosmique de la philosophie est adopté: le sujet se donne un monde par la raison technique (que l'*Opus postumum* étend à l'ensemble des procédures "par construction de concepts"), et il se donne un Dieu par la raison morale. La philosophie transcendantale est connaissance par Idées, qui donnent sens à la réalisation d'un monde moral. L'idéalisme transcendantal est ainsi fondé à dicter «des propositions synthétiques *a priori à partir de concepts*» qui ne signifient «pas ce que nous devons penser, mais ce que nous devons faire» (OP, 201). De sorte que Dieu fait partie de l'obligation de connaître le devoir (OP, 176), en tant que son Idée fait partie de la réalisation de celui-ci. S'agissant d'une pensée inachevée, la question se pose de savoir si l'*Opus postumum* aurait pu se présenter comme une quatrième *Critique*[3]: la raison s'avance assez loin dans une pensée de Dieu que l'on pourrait définir comme celle d'un maître moral de l'Univers. Dieu y est conçu comme la personnification du

1. La quatrième question critique, dans les *Leçons de métaphysique* et la *Logique*, est celle de l'homme, au sens où elle contient les trois autres.

2. «Il n'a besoin d'aucune démonstration de son existence à la façon d'un être de la nature, mais cela se trouve déjà dans le concept de cette idée, selon le principe d'identité: la seule forme constitue ici l'être de la chose» (OP, p. 231). F. Marty suggère l'hypothèse d'une reformulation critique de l'argument ontologique: «à travers le style non achevé de l'OP, qui surtout dans ses derniers feuillets oblige l'interprète à la plus grande prudence, il semble que l'on puisse voir là un énoncé, particulièrement net, de l'argument ontologique, puisqu'il n'y a pas à chercher d'autre argument que ce que le concept même permet de développer, à partir de sa seule forme», OP, note 513.

3. Cf. F. Marty, *l'Opus postumum kantien, une quatrième critique ?*, Bulletin de la Société française de Philosophie, 23 Avril 1988, Armand Colin.

devoir, il est, en tant que juge suprême, le sujet qui n'a que des droits[1]. Le concept de sujet libre, présentée comme la conquête de la pensée éthico-pratique, trouve en Dieu sa réalité la plus adéquate, son archétype[2]. Le rapport de l'individu à la moralité prend la figure d'une relation de la volonté à une autre volonté, reconnue comme suprême. Mais faut-il conclure à la priorité de la question de Dieu sur celle de la liberté, si « le concept de Dieu est le concept d'un sujet qui oblige hors de moi » (OP, 201) ? Et si la raison se reconnaît finalement déterminée par un autre (OP, 180), s'agit-il d'orientations que l'on pourrait oser dire "postcritiques" ?

Or ces considérations doivent être conciliées avec l'affirmation, pleinement critique, qu'il est absurde de poser l'existence de Dieu hors de l'homme (OP, 189). C'est l'humanité, en effet, qui est au principe de la réalité de deux mondes, du monde sensible (celui des concepts schématisables) et du monde moral (celui de la réalisation des Idées). C'est pourquoi l'ouvrage reprend comme un *leitmotiv* la même formule synthétique de l'accord entre ces deux mondes : la volonté morale considère les devoirs *comme* des commandements divins.

Comme il s'agit d'une mise en application de la philosophie transcendantale, connaissance par Idées, on a affaire à une pensée qui un usage philsophiquement libre de ses ressources. C'est ainsi que la raison elle-même oppose l'Idée de Dieu à cette cosmologie mystique qu'introduit la thèse d'une *âme du monde*. Car il n'y a de spiritualité libre possible que si l'Idée de Dieu, modèle d'une réalité non technique de la morale, est indépendante de la nature. Les sujets de la loi morale ne reconnaissent ainsi que la souveraineté d'un sujet suprême, archétype de la synthèse entre loi et volonté, forme idéale d'une volonté originairement morale, hors le mal. En ce sens, traiter les devoirs comme des commandements divins est la même chose que traiter les actions comme des fins (OP, 179).

On sait qu'il est impossible de donner à la morale une quelconque forme empirique de souveraineté tant que la représentation d'un maître moral n'échappe pas aux schèmes de la domination. Or une volonté morale ne saurait s'octroyer le droit surhumain de n'avoir que des droits et d'être législatrice de la vertu des autres. Il faut donc

1. « La *personnalité* est la propriété d'un être qui n'a que des droits, par suite une qualité morale » (OP. p. 198)

2. « On doit progresser le raison technico-pratique à la raison éthico-pratique, et du sujet comme être de la nature au sujet comme personne, c'est-à-dire comme être d'entendement, Dieu » (OP, p. 185).

traiter les devoirs comme des commandements de Dieu, pour ne pas les traiter, à la manière du *moraliste despotique* (PP, 61), comme des commandements de l'homme sur l'homme.

Cependant, cela ne permet pas à conclure à une réduction de la théologie à une simple anthropologie pragmatique. Si l'Idée de Dieu a le « privilège de valoir comme objet de foi », ce « privilège » est d'échapper à tout conditionnement empirique. Il est, certes, possible, de réduire la *représentation* de Dieu à un conditionnement pragmatique de l'éducation, mais il est impossible de « nous en servir comme d'un mobile de notre conduite » tant que nous n'en faisons pas un « devoir de l'homme envers lui-même » (DV, 119). C'est donc toujours d'une manière exclusivement libre que la volonté choisit de regarder moralement, et non pragmatiquement, son devoir. Elle est une volonté qui agit dans un monde de volontés, spirituellement libre, c'est-à-dire moral. De sorte que la pensée d'un archétype de la volonté morale apparaît comme ce qui accroît, au lieu de la pervertir, l'intimité de la libre décision : *est Deus in nobis* (OP, 181).

La responsabilité des fins. Les citoyens de la terre

La question : « que peut-il résulter de ce bien agir qui est le nôtre ? » (R, 23) porte sur les conséquences de la morale[1]. Un individu qui veut la loi doit en vouloir aussi les effets, à savoir le monde qui correspond au plus grand bien qu'il s'impose et se propose d'accomplir (R, 24). La troisième *Critique* a formulé la même injonction ; c'est le fait d'une pensée conséquente que de devoir « se faire au moins une Idée de la possibilité du but final » (CFJ, 259). Il s'agit alors de faire appel à la responsabilité des convictions, celles des athées aussi bien que des croyants, afin d'inclure les conséquences de l'action dans le vouloir de l'action. La *Religion* souligne aussi, de son côté, que la morale doit assumer téléologiquement l'espérance qu'elle fonde dans la volonté. Si la raison est disposée à rattacher le cours du monde aux lois de la moralité, c'est afin de vouloir, non seulement les fins, mais leur réalisation.

Il faut donc comprendre l'espérance comme la conséquence, et non comme la condition de l'action volontaire ; elle est, en quelque sorte, une principe de la responsabilité des fins. Si elle n'était que l'utopie qui conditionne le respect des lois, la philosophie pratique

1. Les *Leçons de métaphysique* introduisaient ainsi la Théologie rationnelle : la question d'un monde futur ne prend sens qu'au niveau d'une interrogation sur les conséquences du monde (p. 378).

serait amorale ou paresseuse. Du fait, par exemple, que la civilisation se mondialise en partant de l'Europe, il faut traiter les hommes comme des *citoyens de la terre*. Or ces citoyens du monde n'existent pas encore; ils le deviennent progressivement, et par la force des choses. Mais il manque les manières de penser qui sont encore nécessaires à l'instauration d'un rapport moral à l'état cosmopolitique de la civilisation. Il faut, dans l'état encore barbare de la politique internationale, attendre des philosophes et des clercs qu'ils produisent les concepts[1] (Réf. 1413) qui permettent de compendre ces relations multipliées comme de nouveaux devoirs publics.

Dans la religion, la volonté exprime la pérennisation de l'effort, et elle s'associe à ses propres effets en travaillant à la possibilité d'un autre monde. En matière de vertu, la morale donne à la croyance une place que ne peut occuper le savoir: si l'expérience fait paraître une amélioration graduelle des mœurs, il faut bien *croire* que cette manifestation phénoménale trouve son sens dans une transformation spirituelle véritable (R,72), c'est-à-dire dans la vertu nouménalement comprise. Nul témoignage empirique ne prouvera jamais qu'une conversion radicale a pu se produire au niveau insondable du caractère intelligible. L'expérience demeure une source de soupçon sur la conduite, même bonne, tant que celle-ci n'est pas mesurée à la seule aune de l'intention, et si l'intention du meilleur n'est pas jugée identique à une nouvelle intention, régénérée.

La religion fait sienne cette dynamique de la régénération volontaire, l'espérance de redevenir «enfant de Dieu», lorsqu'en Dieu est posée l'*équivalence* entre le progrès moral et la conversion morale, entre la réforme des mœurs et la révolution dans la mentalité. Elle assume la responsabilité morale des fins quand elle accorde foi à la foi, en présupposant que l'homme qui cherche en elle la participation aux fins dernières («que m'est-il permis d'espérer?») est bien celui qui *veut* faire ce qu'il *doit* faire. Dès lors que l'existence du mal oblige à juger crédible l'intention vertueuse, la religion contribue à l'espérance possible, en regardant l'homme en tant qu'homme de bien, comme une intention morale véridique, permanente dans sa résolution (R, 95). La religion sauve du désespoir sceptique en sauvant la mentalité en dépit de l'action elle-même, quand elle préfère, pourrait-on dire, le pécheur au péché.

C'est pourtant sur le terrain de la croyance qu'il se produit encore une "véritable antinomie de la raison avec elle-même" (R, 154).

1. AK, XV, Réflexion 1416.

Quand une religion subordonne la foi à un contenu doctrinal, à une science de la nature de Dieu, elle réclame une croyance en une *théorie* du monde, qui se sépare alors, comme en juge le point de vue critique, des ressources *pures*, strictement morales de la foi. Toutes les religions ont connu ce conflit entre la “foi d'église” et la “pure foi religieuse” (R, 159) : la subordination de la foi au dogme, qui produit un détournement de la morale au profit des prêtres (R, 152), c'est-à-dire au bénéfice d'un culte institué, de son rôle historique et même politique.

C'est donc la manière dont est *présentée* ou représentée l'espérance qui importe aux citoyens de la terre, de même que la meilleure représentation du progrès est celle qui constitue par elle-même une condition de sa réalisation. Il importe, dans les deux cas, que la foi dans le bien ne soit jamais séparée de la confiance accordée à l'Idée d'humanité. Aussi le choix de Kant en faveur du progrès ne témoigne-t-il d'aucun optimisme intempestif ; s'il fait bien du progrès l'horizon le plus le plus souhaitable de la civilisation, en dépit des maux qu'elle multiplie, c'est pour l'opposer à une tentation plus pernicieuse, la tentation de désespérer de l'évolution humaine. Cette tentation-là est un obstacle aux droits des hommes ; elle s'appuie sur un historisme catastrophiste pour donner au moralisme despotique une apparence de légitimité. C'est pourquoi la culture, et non le bonheur, est la fin dernière *naturelle* des citoyens du monde, car elle est créatrice d'obligations spécifiques, propres à un perfectionnement dont l'orientation puisse être dite morale.

Les religions donnent aux ressources subjectives de la croyance une signification empirique, une réalisation “mondaine” en quelque sorte, quand elles se donnent une réalisation institutionnelle analogue à celle d'une communauté politique. Il faut un chef suprême (R, 186), un peuple qui obéit, des juges qui condamnent ou pardonnent. Lorsque ces fonctions ne sont au service que de la survie institutionnelle d'une Eglise, ou de la force particulière d'un peuple, la foi n'est plus morale, mais *anthropomorphique* et servile (*ibid.*). Les théologiens, en tant qu'ils sont des savants, des exégètes érudits, contribuent à cette altération quand ils substituent le savoir à la foi, et conditionnent la croyance par la peur de l'au-delà. Il y a là une appropriation, de type politique, des symboles de l'espérance. Le procédé en a été analysé dans la Typique : il suffit de traiter un symbole comme un schème. L'hypotypose schématique (CFJ, § 59) a pour effet de limiter la signification d'un concept à une expérience ; il est possible de « physicaliser » les symboles de la foi dans la forme d'une institution.

L'hypotypose symbolique, au contraire, supprime les restrictions sensibles de la signification, elle donne à penser ce qui n'est pas objet de savoir, mais à quoi peut s'associer la croyance.

Le *malentendu* sur les raisons d'espérer peut être évité si l'on reconnaît que la foi qui se veut moralement pure est le ressort ultime de la demande symbolique. Il est possible de restaurer ce que Kant nomme l'*animation* des facultés de l'âme contre l'inertie de l'asservissement : par la régénération du pouvoir symbolique, qui rétablit, contre toute croyance passive ou dominée, l'antériorité du *faire* par rapport au *savoir* (R, 156). Que le symbolisme soit anthromomorphique ne le condamne nullement à la logique de l'appropriation par voie de domination. Tout au contraire, le symbole libère du pouvoir escompté de ses réductions ou de ses schématisations théoriques : "nous permettons un anthropomorphisme symbolique qui concerne en fait le langage, et non l'objet lui-même" (*Prolégomènes*, § 57).

L'élément du langage rapporte le symbole, non à une chose, mais à une Idée. De sorte que la philosophie transcendantale permet de comprendre les Idées comme les moyens d'une désappropriation symbolique, ou d'une « désaliénation » symbolique : elles confèrent aux symboles un pouvoir de signifier qui excède toute interprétation dominante. Kant ne procède-t-il pas de la même façon, en matière politique, lorsqu'il rapporte à l'Idée du droit, et non à la particularité des circonstances et des acteurs, la signification universelle que le public européen a pu reconnaître à la Révolution française, et ce, par une sympathie désintéressée qui ne considérait, dans l'événement, que le principe d'un progrès possible des institutions ? Sur le plan des croyances, les symboles religieux sont conçus comme les moyens d'une communication publique possible de l'intériorité (R, 180). Si la croyance peut être regardée comme l'expression d'une pure foi morale et, à ce titre, comme la propension à dépasser la foi statutaire en se délivrant de ses conditionnements empiriques, il y a peut-être là une conception assez audacieuse de la tolérance, qui admet la possibilité d'un accord entre les croyances, et ce, dans l'élément de la croyance elle-même.

BIBLIOGRAPHIE

Œuvres de KANT

– *Kants Gesammelte Schriften*, herausgegeben von der preussischen Akademie der Wissenschaften.

– Les œuvres éditées dans la *Philosophische Bibliothek*, Felix Meiner Verlag, comportent un index.

Traductions françaises utilisées

Kant, Œuvres philosophiques, 3 tomes, Bibliothèque de la Pléiade, éd. Gallimard, 1980-1986.

Histoire générale de la nature et théorie du ciel (1755), AK I, trad. P. Kerszberg, A. M. Roviello, J. Seidengart, Vrin, 1984.

L'unique fondement possible d'une démonstration de l'existence de Dieu (1763), AK II, trad P. Festugière, in *Pensées successives sur la Théodicée et la Religion*, Vrin, 2e éd. 1972.

Observations sur le sentiment du beau et du sublime (1764), AK II, trad. M. David-Ménard, Garnier-Flammarion, 1990.

Remarques touchant les Observations sur le sentiment du beau et du sublime, AK XX, trad. B. Geonget, Vrin 1994.

Rêves d'un visionnaire expliqués par des rêves métaphysiques (1966), AK II, trad. F. Courtès, Vrin, 1977.

La Dissertation de 1770, (*La forme et les principes du monde sensible et du monde intelligible*), AK II, trad. P. Mouy, Vrin, 1964.

Des différentes races humaines (1775), AK II, trad. S. Piobetta in *La Philosophie de l'histoire*, Aubier, 1947. Réédition in *Opuscules sur l'histoire*, Garnier-Flammarion, 1990.

Leçons de métaphysique, AK XXVIII, trad. M. Castillo, Le Livre de Poche, 1993.

Leçons sur la théorie philosophique de la religion, AK XXVIII, trad. W. Fink et G. Nicolas, Le Livre de Poche, 1993.

Critique de la raison pure, 1e éd. 1981, AK IV, 2e éd. 1787, AK III, trad. A. Tremesaygues et B. Pacaud, PUF, 1965.

Prolégomènes à toute métaphysique future qui pourra se présenter comme science, 1783, AK IV, trad. J. Gibelin, Vrin, 1965.

Idée d'une histoire universelle du point de vue cosmopolitique (1784), AK VIII, trad. S. Piobetta, Aubier, 1947. Garnier-Flammarion, 1990.

Réponse à la question : Qu'est-ce que les Lumières ? (1784), AK VIII, trad. S. Piobetta, Aubier, 1947. Garnier-Flammarion, 1990.

Fondements de la métaphysique des mœurs (1785), AK IV, trad. V. Delbos, Delagrave, 1982.

– Réédition in Le Livre de Poche, 1993.

Premiers principes métaphysiques de la science de la nature (1786), AK IV, trad. J. Gibelin, Vrin 2e éd. 1971.

Définition du concept de race humaine (1785), AK VIII, trad. S. Piobetta, Aubier, 1947. Garnier-Flammarion, 1990.

Conjectures sur les débuts de l'histoire humaine (1786), AK VIII, trad. S. Piobetta, Aubier, 1947. Garnier-Flammarion, 1990.

Qu'est-ce que s'orienter dans la pensée ? (1786), AK VIII, trad. A. Philonenko, Vrin, 5e éd. 1983.

Critique de la raison pratique (1788), AK V, trad. F. Picavet, PUF 6e éd. 1971.

Sur l'emploi des principes téléologiques en philosophie (1788), AK VIII, trad. S. Piobetta, Aubier, 1947. Garnier-Flammarion, 1990.

Première introduction à la Critique de la faculté de juger (1789), AK XX, trad. L. Guillermit, Vrin, 2e éd. 1975.

Critique de la faculté de juger (1790), AK V, trad. A. Philonenko, Vrin, 1965.

– Trad. A. Renaut, Aubier, 1995.

La religion dans les limites de la simple raison (1793), AK VI, trad. J. Gibelin, Vrin 5e éd. 1972.

Théorie et pratique (*Sur l'expression courante : il se peut que cela soit juste en théorie, mais en pratique cela ne vaut rien*) (1793), AK VIII, trad. L. Guillermit, Vrin 2e éd. 1972.

Les progrès de la métaphysique en Allemagne depuis Leibniz et Wolf (1793), AK XX, trad. L. Guillermit, Vrin 2e éd. 1973.

La fin de toutes choses (1794), AK VIII, trad. P. Festugière, in *Pensées successives sur la théodicée et la religion*, Vrin 2e éd. 1972.

Projet de paix perpétuelle (1795), AK VIII, trad. J. Gibelin, Vrin 3e éd. 1975.

D'un ton grand seigneur adopté naguère en philosophie (1796), AK VIII, trad. L. Guillermit, Vrin 2e éd. 1975.

Métaphysique des mœurs (1797), 1ère partie : *Doctrine du droit*, AK VI, trad. A. Philonenko, Vrin, 1971. 2e partie : *Doctrine de la vertu*, trad. A. Philonenko, Vrin, 1968.

– Trad. A. Renaut, Garnier-Flammarion, 2 vol., 1994.

Sur un prétendu droit de mentir par humanité (1797), AK VIII, trad. L. Guillermit, Vrin 2e éd. 1972.

Le conflit des facultés (1798), AK VII, trad. S. Piobetta, Aubier, 1947. Garnier-Flammarion, 1990.

Anthropologie du point de vue pragmatique (1798), AK VII, trad. M. Foucault, Vrin, 1964.

– Trad. A. Renaut, Garnier-Flammarion, 1993.

Logique (1800), AK IX, trad. L. Guillermit, Vrin 2e éd.1982.

Opus postumum., AK XXI, XXII, trad. F. Marty, PUF, 1986.

Ouvrages utilisés

ADICKES E., *Kant als Naturforscher*, Berlin, 1924.

ALQUIE F., *La critique kantienne de la métaphysique*, PUF, 1968.

– *La morale de Kant*, CDU, 1965.

ARENDT H., *La vie de l'esprit*, tome II, *Le vouloir*, trad. L. Lotringer, PUF, 1981.

–*Juger. Sur la philosophie politique de Kant*, trad. M. Revault d'Allones, Seuil, 1991.

AUBENQUE P., *La prudence chez Kant*, in *La prudence chez Aristote*, PUF, 1986.

BATSCHA Z., (herausgegeben von), *Materialen zu Kants Rechtsphilosophie*, Suhrkamp, 1976.

BRUCH J. L., *La philosophie religieuse de Kant*, Aubier, 1968.

– *Kant et les Lumières*, Revue de métaphysique et de morale, n° 4, 1974.

CASSIRER E., *Les systèmes postkantiens*, trad. à l'initiative du Collège de philosophie, Presses Universitaires de Lille, 1983.

– *Kants Leben und Lehre*, (1918), Wissenschaftliche Buchgesellschaft, Darmstadt, 1977.

CASTILLO M., *Kant et l'avenir de la culture*, PUF, 1990.

– *Leçons de métaphysique*, Présentation, Le Livre de Poche, 1993.

– *Fondements de la métaphysique des mœurs*, Préface, Le Livre de Poche, 1993.

– *Moral und Politik, Misshelligkeit und Einhelligkeit*, in *Zum ewigen Frieden*, herausgegeben von O. Höffe, Akademie Verlag, 1995.

CARNOIS B., *La cohérence de la doctrine kantienne de la liberté*, Seuil, 1973.

CHEDIN O., *Sur l'esthétique de Kant*, Vrin, 1982.

COHEN H., *Kant' Begründund der Ethik*, Berlin, 1877.

DEGGAU H. G., *Die Aporien der Rechtslehere Kants*, Fromman-Holzboog, 1983.

DELBOS V., *La philosophie pratique de Kant*, PUF, 1969.

DELEUZE G., *La philosophie critique de Kant*, PUF, 1963.

EISLER R., *Kant-Lexikon*, OLMS, traduction française : Gallimard, 1994.

FERRARI J., *Les sources françaises de la philosophie de Kant*, Klincksieck, 1979.

– *L'œuvre de Kant en France dans les dernières années du XVIIIe siècle*, Les Etudes Philosophiques, n° 5, 1981.

– (sous la direction de) *L'année 1793, Kant, sur la politique et la religion*, Vrin, 1995.

FERRY L., *Homo aestheticus*, Le Livre de Poche, 1991.

GOYARD-FABRE S., *Kant et le problème du droit*, Vrin, 1975.

– *Kant et l'idée de "société des nations"*, Dialogue, XXI, 1982.

– *La construction de la paix*, Vrin, 1994.

GRONDIN J., *Kant et le problème de la philosophie : l'a priori*, PUF, 1989.

GUEROULT M., *Canon de la raison pure et Critique de la raison pratique*, Revue Internationale de philosophie, n° 30, 1954.

GUILLERMIT L.,*Critique de la faculté de juger esthétque*, Pédagogie moderne, 1981.

– *L'élucidation du jugement de goût*, éd. du CNRS, 1986.

GURVITCH G., *Kant et Fichte, interprètes de Rousseau*, Revue de métaphysique et de morale, n° 4, 1971.

HABERMAS J., *Publizität als Prinzip der Vermittlung von Politik und Moral*, in *Materialen zu Kants Rechtsphilosophie*, Suhrkamp, 1976.

HEIDEGGER M., *Kant et le problème de la métaphysique*, trad. A. De Waehlens et W. Biemel, Gallimard, 1981.

HÖFFE O., *Introduction à la philosophie pratique de Kant*, éd. Castella, 1985.

– *Ethik und Politik, Grundmodelle und -probleme der praktischen Philosophie*, Suhrkamp, 2e éd. 1985.

HOTTOIS G., (édité par) *Lumières et romantisme* Vrin, 1989.

KOYRE A., *Etudes newtoniennes*, Gallimard, 1968.

KRÜGER G., *Critique et morale chez Kant*, trad. M. Regnier, Beauschene, 1961.

LACHIEZE-REY P., *L'idéalisme kantien*, Alcan, 1931. Vrin, 1950.

LEBRUN G., *Kant et la fin de la métaphysique*, A. Colin, 1970.

LONGUENESSE B., *Kant et le pouvoir de juger*, PUF, 1993.

LÖW R., *Philosophie des Lebendigen*, Suhrkamp, 1980.

LYOTARD J. F., *Leçons sur l'Analytique du sublime*, éd. Galilée,1991.

– *La réflexion dans l'esthétique kantienne*, Revue Internationale de philosophie, n° 175, 1990.

MALHERBE M., *Kant ou Hume*, Vrin, 1980.

– *L'empirique et le transcendantal dans les philosophies de Hume et de Kant*, Revue de métaphysique et de morale, n° 4, 1978.

MARTIN G., *Science moderne et ontologie traditionnelle chez Kant*, trad. J.C. Piguet, PUF, 1963.

MARTY F., *La notion de symbole chez Kant*, in *Le Langage*, Actes du XIIIe Congrès des Sociétés de philosophie de langue française, Genève, 1966.

– *La naissance de la métaphysique chez Kant*,, Beauschesne, 1980.

– *L'Opus postumum, une quatrième Critique ?*, Bulletin de la Société française de philosophie, 23 Avril 1988, A. Colin.

NABERT J., *L'expérience interne chez Kant*, Revue de métaphysique et de morale, 1924.

– *Essai sur le mal*, PUF, 1955.

PHILONENKO A., *Théorie et Praxis dans la pensée morale et politique de Kant, et de Fichte en 1793*, Vrin 1968.

– *Etudes kantiennes*, Vrin, 1982.

– *L'œuvre de Kant*, Vrin, tome I, 1981 ; tome II, 1983.

– *La théorie kantienne de l'histoire*, Vrin, 1986.

REBOUL, O., *Kant et le problème du mal*, Les Presses de l'Université de Montréal, 1971.

RENAUT A., (avec L. Ferry) *D'un retour à Kant*, in Système et Critique, Ousia, Bruxelles, 1984.

– *Philosophie politique III : Des droits de l'homme à l'idée républicaine*, PUF, 1985.

– *Anthropologie du point de vue pragmatique*, Présentation, Garnier-Flammarion, 1993.

– *Métaphysique des mœurs*, Présentation, Garnier-Flammarion, 1994.

– *Critique de la faculté de juger*, Présentation, Aubier, 1995.

RIVELAYGUE J., *Leçons de métaphysique allemande*, Tome II, Le Collège de philosophie, Grasset, 1992.

ROUSSET B., *La doctrine kantienne de l'objectivité*, Vrin, 1967.

SILBER J., *Der Schematismus der praktischen Vernunft*, Kantstudien, 56, 1965.

VERNEAUX R., *Le vocabulaire de Kant, Doctrines et méthodes*, Aubier, 1967 ; II *Les pouvoirs de l'esprit*, 1973.

VLACHOS G., *La philosophie politique de Kant*, PUF, 1962.

VORLÄNDER K., *Der Formalismus der kantischen Ethik in seiner Notwendigkeit und Fruchtbarkeit*, Marburg, 1893.

VLEESCHAUWER H.J. de, *La déduction transcendantale dans l'œuvre de Kant*, Champion, 1934.

– *L'évolution de la pensée de Kant*, Félix Alcan, 1939.

VUILLEMIN J., *Physique et métaphysique kantiennes*, PUF, 1955.

WEIL E., *Problèmes kantiens*, Vrin, 1970.

ZAC S., *Religion naturelle et religions révélées schez Kant*, Revue Philosophique, 1968.

–*Quelques opuscules précritiques*, Introduction, traduction et notes, Vrin, 1970.

INDEX

TABLE DES MATIÈRES

ACHEVÉ D'IMPRIMER
EN AVRIL 1997
PAR L'IMPRIMERIE
DE LA MANUTENTION
À MAYENNE
N° 116-97